GUERRE DES ALPES

AVEC

L'HISTOIRE DE CONI.

PRÉFACE.

L'ETUDE de l'Hiſtoire Militaire devient une occupation ſi générale dans notre ſiecle, qu'un Auteur qui n'auroit pas même le bonheur de réuſſir à donner aux détails des grands événemens toute la dignité qu'ils exigent, pourroit encore eſperer quelque ſuccès, s'il s'occupoit plus à faire briller la vérité que les ſaillies de ſon eſprit ou de ſon imagination. Un hiſtorien, ſous les yeux des juges équitables de nos jours qui connoiſſent la difficulté de rendre un ouvrage parfait, peut également ſe flatter de quelque indulgence, quoique ſon génie ne l'éleve point au niveau des grands hommes qu'il dépeint, ou qu'il compare entr'eux. Sans cette réflexion la raiſon & l'amour-propre m'euſſent toute ma vie condamné au ſilence, que je gardois depuis longtems.

TÉMOIN oculaire & employé dans les faits que je rapporte, quoique j'évite avec ſoin un égoïſme inutile à mon ſujet, j'ai pris le tems d'un long & involontaire loiſir pour lier ces événemens à ceux du ſiecle, & leur donner une forme hiſtorique. Je ne me permettrai point de les embellir par aucun ornement étranger, moins encore de les déguiſer par intérêt perſonnel. Si je tombe dans l'erreur, elle ne peut tirer ſa ſource que de quelque inadvertance, ou du principe invariable que je me ſuis fait, de ſuivre conſtamment mes idées, & de rendre les faits tels que j'ai cru les voir, ou que leur publicité les a marqués du ſceau de la vérité.

J'AI joint à l'hiſtoire d'une guerre, celle d'une partie de ſon théâtre. Dans les révolutions de Coni, de même que dans les altérations que lui cauſent les élémens, on jugera, par les obſtacles naturels à ce pays, de ceux qu'ont rencontrés pluſieurs Généraux & que d'autres Chefs pourront peut-être éviter ou prévenir

HISTOIRE
DE LA
GUERRE DES ALPES
OU CAMPAGNE DE MDCCXLIV.

PAR LES ARMÉES COMBINÉES

D'ESPAGNE ET DE FRANCE

COMMANDÉES PAR

S. A. R. L'INFANT DON PHILIPPE

ET S. A. S. LE PRINCE DE CONTI.

OÙ L'ON A JOINT

L'HISTOIRE DE CONI

Depuis sa fondation en 1120 jusqu'à présent.

PAR Mr. LE MARQUIS DE St. SIMON,

AIDE-DE-CAMP DE S. A. S. LE PRINCE DE CONTI.

A AMSTERDAM,

Chez MARC MICHEL REY.

MDCCLXX. XVII.

Un politique qui ne s'arrête point au ſimple récit des faits, mais qui cherche à démêler les paſſions & les intrigues des hommes, ne pourra s'empêcher de regarder avec quelque intérêt la naiſſance, les progrès & l'état d'un pays indifférent, pour ainſi dire, à tout ce qui ne joint pas ſon territoire, qui cependant affecte les principaux Souverains de l'Europe, même les plus éloignés, prend part aux plus grands événemens, & paſſe par les mains de tant de Rois, Princes, Prélats & Seigneurs. Il verra comment, faute d'un légiſlateur ou d'un chef, ce petit Etat élevant ſes idées à toutes les formes de gouvernement, & faiſant ſans ceſſe de foibles tentatives, eſſaye en vain de ſe donner quelque conſiſtance, & n'eſt fixé que ſous l'autorité d'un Prince puiſſant, qui le dépouille de toutes ſes prétentions. Il jugera par le rapport des petits Etats aux grands, de ce que peut produire l'ambition de voiſins envieux, ce qu'ils peuvent cauſer d'événemens & de révolutions pour de petits intérêts qu'ils ne ſatisfont jamais qu'à demi.

C'est à regret que j'ôte au peuple le préjugé qui lui fait trouver du merveilleux à rapporter toutes les époques d'un pays à l'unique dont il eſt quelquefois mal inſtruit, & à donner bien ſouvent à des villes des titres non moins faſtueux que trompeurs, tels que ceux d'imprenables, de pucelles, & autres de cette nature. C'eſt ainſi qu'on a parlé de Coni ſous ce dernier nom, préſenté ſous mille formes au peuple crédule.

J'offre à des eſprits plus éclairés le tableau des actions & les qualités du cœur de ceux qu'ils doivent juger. Leur mérite doit être fondé ſur la réputation qu'on leur accorde de leur vivant, autant que ſur la gloire à laquelle ils prétendent, que la poſtérité ſeule a droit de fixer irrévocablement.

Les Cartes & les Plans que j'ai joints à cette hiſtoire, peuvent arrêter les idées ſur des points fixes & vrais; j'en ai retranché tout ce que je n'ai regardé que comme acceſſoire, pour préſenter sans confusion les objets sur lesquels je voulois fixer l'attention de mes lecteurs: n'ayant point eu les secours qu'exigeroit un ouvrage de cette nature, ayant même essuyé les contretems que je devois le moins craindre, je n'offre qu'un travail fait avec exactitude & vérité, point assez fini pour donner une connoissance topographique aussi complette que celle des cartes qui doivent accompagner l'histoire militaire du Prince Ferdinand de Brunswick; ouvrage aussi précieux qu'utile, mais qu'un Souverain seul peut porter à ce point de perfection.

Les Alpes & tous les pays de montagnes peuvent difficilement être compassés dans des cartes, où l'on prend toujours de fausses idées des distances qu'on veut réduire à la mesure d'une échelle. Souvent il arrive que les deux pentes d'une montagne qu'on doit parcourir, sont quatre ou cinq fois plus longues que la baze que représentent les cartes, & qu'on employe sur le terrein des heures entieres à franchir un espace qui paroît nul où à peine perceptible sur un plan. L'inégalité de la nature est telle que pour faire de bons plans ou des cartes exactes des pays de montagnes, il faudroit y joindre des coupes & des profils, comme à des plans de fortifications.

La marche d'Annibal dans les Alpes a tant de rapport avec la Campagne que je décris, que je n'ai pu me défendre de parler de ce Héros & d'offrir à mes lecteurs le parallele du Général qui l'a suivi tant de siecles après dans le même pays. J'ai crû trouver une explication claire de l'Histoire Romaine de Polybe & de Tite-Live que le Chevalier Folard trouve si fautive, & sur laquelle on a fait de si savantes dissertations que j'ai le malheur de ne pas connoître. On ne sera point fâché sans doute de rendre à ces anciens toute la justice qu'ils ont méritée, & de les suivre sans difficulté dans toutes les circonstances sur lesquelles on n'a point été d'accord jusqu'à présent. La comparaison que j'ai faite de quelques

Auteurs Latins, m'a donné lieu de croire que leur maniere de s'énoncer, relativement aux mots employés habituellement de leur tems, dans un sens qu'ils entendoient clairement, pouvoit encore s'expliquer sans obscurité, sur-tout si l'on s'attachoit à les suivre littéralement plutôt qu'à les commenter. Notre ignorance de leur méthode familiere de s'exprimer, des figures les plus répétées dans leurs ouvrages, & des noms connus alors de tout le monde, a pu nous engager à les accuser d'avoir commis des fautes chaque fois que nous avons manqué de les comprendre. L'amour de l'ordre qui regne dans toutes les productions de notre âge, fait que nous aimons mieux trouver vingt erreurs & vingt contradictions dans un Historien qui nous laisse quelqu'embarras à le suivre, que de manquer de présenter un systême complet, & une histoire liée à notre façon, quelque peu semblable qu'elle soit à la leur. Mettant aussi peu de confiance dans mon sentiment que dans mes foibles lumieres, j'attens le jugement de mes lecteurs, pour me soumettre comme eux à la décision & à l'autorité que le Chevalier Folard déclare avoir le droit d'exercer sur nos opinions.

Après avoir lû le texte de Polybe & le commentaire du Chevalier Folard avec la plus grande attention, après avoir donné la même application à l'étude de Tite-Live, & après avoir vû comment Laurent Echard rapporte le même fait dans son Histoire Romaine au Chapitre X. & comment il est traité par Rollin dans son Histoire ancienne au Chapitre des Carthaginois, j'ai regardé réellement Polybe avec le même respect que le Chevalier Folard dit abusivement avoir pour lui. Je conviens cependant que son histoire est trop dénuée de circonstances & de descriptions. Tite-Live dit les mêmes choses que Polybe, sans contradiction, & acheve les tableaux que le premier semble n'avoir qu'ébauchés. Echard & Rollin me paroissent ne rien ajouter à ces Auteurs, & laissent

laissent encore beaucoup de choses à desirer. Silius Italicus, Consul Romain, admirateur & presque disciple de Cicéron, aidé des histoires de Polybe & de Tite-Live, a fait un poëme très-historique de la seconde Guerre Punique. Quoiqu'on l'accuse de passer sous silence peu de circonstances intéressantes, il ne dit rien des Allobroges, ni du Roi qu'Annibal y rétablit sur le trône. Il trace la route de ce Général par les Tricastins, où il paroît lui faire passer le Rhône, & le conduit par le pays des Voconces à la Durance dont il fait plus emphatiquement la même description que Tite-Live. Il ne parle point des Allobroges Ultra-druentiens, ni de la perfidie de ces peuples portant en leurs mains le simbole de paix que la nature produit sur leurs terres. Il décrit un grand combat sur les neiges, & semble en cet endroit prendre une liberté poëtique qu'on ne doit pas regarder comme un fait historique.

Le passage des Alpes décrit très-poëtiquement ne donne aucunes lumieres sur la route qu'Annibal a tenue dans ces montagnes. Comme le poëte parle d'Hercule qui le premier les a franchies, il ajoute qu'Annibal pour élever l'ame de ses guerriers leur cite cet exemple, & les exhorte à suivre les traces d'Hercule; ce qui peut avoir donné lieu de croire qu'il étoit sur les Alpes Grecques (le petit St. Bernard) qu'Hercule a passées; mais il s'en faut beaucoup que ce poëme soit une autorité pour cette opinion, puisque le passage de la Durance au delà du pays des Voconces la détruit absolument. Il parle aussi du rocher qu'Annibal fait éclater avec la flamme & le fer, mais il ne cite point le secours que Tite-Live dit que ce Général tira du vinaigre. Loin que le Chevalier Folard puisse justifier aucune de ses présomptions par ce poëme, il paroît que Silius Italicus est toujours d'accord avec Tite-Live, par conséquent en contradiction avec le Commentateur François (1).

(1) Silius Italicus de secundo bello punico. Liber Tertius.

La lecture de ces Auteurs m'a persuadé que le peu de connoissances que j'ai tâché d'acquérir, pourroit bien n'être pas absolument inutile à ceux qui voudroient apprécier la Campagne dont je fais l'histoire, & comparer les passages de ces mêmes montagnes dans des siecles si différens, ainsi que le génie & les ressources des Généraux, dont les Alpes ont dévelopé les talens militaires.

Voici donc ce que j'ai lû dans les décades de Tite-Live (2). J'ai tâché de faire une traduction en extrait, aussi fidele que littérale; je me propose de déveloper le sens dans lequel je l'ai saisi, de rapporter sur quelle autorité je me fonde, & la peine que je trouve à me rendre au sentiment du Chevalier Folard, qui non seulement est en contradiction avec les Auteurs qui l'ont instruit, mais qui me paroît aussi n'être pas d'accord avec lui-même & dégrader un immortel héros de l'antiquité.

Ce n'est plus moi, c'est Tite-Live qui parle, sans aucune addition de ma part.

„ Annibal passe le Rhône .... il s'enfonce dans le milieu des „ terres (3) de la Gaule & s'écarte de la mer, persuadé que plus „ il en sera loin, & moins il rencontrera les Romains, avec les- „ quels il veut éviter tout combat, avant d'entrer en Italie ..... „ Le quatrieme jour de sa marche, après avoir passé le Rhône, „ il vient camper dans une Isle au-dessous du confluent du Rhô- „ ne & de l'Arar .... il juge un différend entre deux freres qui „ se disputoient le Royaume des Allobroges ..... Annibal quitte „ ensuite son camp, & prenant sur sa gauche il vient au pays des „ Tricastins, ... il passe par les extrémités du pays des Vocon- „ ces, & arrive par celui des Tricoriens jusques à la Druente, „ sans avoir rencontré d'ennemis ..... Il a choisi ce chemin ne

(2) Edition Latine de Blauw, Amsterdam 1633. Livre XXI.

(3) Mediterranea Galliæ petit.

„ voulant point aller en ligne droite aux Alpes . . . . La Druen-„ te, qui prend sa source dans les Alpes, est de toutes les rivie-„ res des Gaules la plus difficile à passer . . . . Quelque volume „ d'eau qu'elle roule, elle ne peut jamais porter de bateaux, par-„ ce qu'elle n'est jamais arrêtée par des rives fixes, & ne coule „ pas constamment dans un même lit ; elle change sans cesse ses „ gués & ses gouffres, que les rochers qu'elle entraîne alterent „ ou détruisent, sans laisser aucune place à l'abri de leur rencon-„ tre . . . . Aucun passage, par cette raison, ne subsiste longtems „ au même endroit . . . . Quand Annibal passa la Druente, elle „ étoit par hazard grossie par les pluies, elle rouloit ses eaux „ avec un bruit effroyable, augmenté par les vaines clameurs & „ les inquiétudes de ceux qui la traversoient . . . . Environ trois „ jours après qu'Annibal eut quitté les bords du Rhône, Publius „ Cornelius Scipion, Général des Romains, marche en bataille „ pour l'attaquer . . . . Le trouvant décampé, Scipion embarque „ à Marseille son armée, pour revenir à sa rencontre au débou-„ ché des Alpes, au delà du Pô . . . . Annibal après avoir passé „ la Druente arrive au pied des Alpes, sans être inquiété par les „ Gaulois de ce canton . . . . Son Armée se livre à la frayeur, à „ l'aspect du pays & des êtres qui le peuplent . . . . Annibal ha-„ rangue ses soldats & ranime leur courage . . . . Il voit des mon-„ tagnards postés dans les défilés & sur les hauteurs dans les che-„ mins qu'il doit suivre . . . . Il s'arrête pour prendre des infor-„ mations . . . . Il apprend par les Gaulois ses alliés qui différoient „ peu de langage & de manieres avec les Gaulois montagnards „ (4) des bords de la Druente, qu'ils ne gardoient leurs postes „ que pendant le jour, & que la nuit ils se retiroient dans une

(4) Dans l'Edition de la traduction françoise du Tite-Live de Jacob Stoer en 1582. à Paris, ces Gaulois Trans-druentiens ne sont *jamais* nommés que montagnards.

„ ville prochaine . . . . Annibal marche de nuit, après avoir al-
„ lumé beaucoup de feux dans son camp pour tromper les mon-
„ tagnards . . . . Il s'empare de tous leurs postes . . . . Les Bar-
„ bares arrivent à la pointe du jour; & malgré l'avantage perdu,
„ ils attaquent les Carthaginois, qui les repoussent de tous cô-
„ tés . . . . Annibal se rend maître de la ville qui leur servoit de
„ retraite, de tous les bourgs & villages des environs, & en don-
„ ne le pillage à son Armée, qui subsista pendant trois jours de
„ ce butin . . . . Annibal ne trouvant plus de grands obstacles de
„ la part des montagnards, & très peu du côté de la nature,
„ continue sa marche tranquilement & sans se presser . . . Ayant
„ marché pendant trois jours, il arrive chez un autre peuple dont
„ le pays est plus ouvert, & dont les terres sont cultivées . . . .
„ Les Princes & Députés du pays viennent à sa rencontre, ...
„ le suppliant de leur accorder son alliance & son amitié . . . An-
„ nibal indécis, leur demande pour quelle raison ils en usent ain-
„ si . . . . Ils répondent qu'ayant appris le traitement rigoureux
„ qu'il a fait subir à leurs voisins, ils craignent d'essuyer un sem-
„ blable malheur, & se sont déterminés à venir lui demander la
„ paix, & à lui donner le nombre d'otages qu'il voudroit, pour
„ garans de leur bonne foi . . . . Annibal délibere . . . . Il les ad-
„ met enfin à son alliance, & leur accorde une si grande confian-
„ ce qu'il se laisse guider par eux dans la route qu'il doit tenir . . . .
„ Il met son armée en marche, les éléphans & la cavalerie en
„ avant, & se tient à la tête de l'infanterie . . . . Il passe par un
„ défilé fort étroit, pour entrer dans une gorge fermée de tous
„ côtés par des rochers inaccessibles . . . . Les Barbares qui l'a-
„ voient conduit dans ce piége, l'attaquent de tous côtés . . . .
„ Annibal soutient le combat pendant tout le jour . . . . La nuit
„ il se retire avec son infanterie sur un rocher isolé, forcé d'a-
„ bandonner sa cavalerie, ses éléphans & ses équipages . . . . Le

„ lendemain les Barbares ne l'attaquent plus avec la même vi-
„ gueur .... Annibal les charge & les repouſſe par-tout où il
„ peut les joindre .... Bientôt ils ne ſe montrent plus que com-
„ me des voleurs ou des aſſaſſins, qui cherchent à ſurprendre
„ des paſſans, ou des gens hors d'état de ſe défendre .... An-
„ nibal, ſoit par la mauvaiſe foi de ſes guides ou par ſon peu de
„ confiance en eux, eſt errant pendant neuf jours dans les mon-
„ tagnes, & ne parvient à la ſommité des Alpes qu'après ce ter-
„ me .... Elle étoit déjà couverte de neiges, l'automne étoit
„ avancé .... L'armée ſe livre au découragement de nouveau,
„ .... Annibal harangue encore une fois ſes troupes, leur mon-
„ tre l'Italie, & les plaines qu'arroſe le Pô, qu'ils voyoient au-
„ tour d'eux .... Il les encourage par l'eſpérance de la gloire &
„ de la fortune qu'il leur promet en Italie .... Il fait ranger la
„ neige dans la place de ſon camp, & dans les chemins qu'il fait
„ ouvrir pour arriver à la plaine .... Il ſe trouve arrêté par un
„ rocher qui ferme abſolument ſon paſſage, & qu'il ne peut évi-
„ ter ni tourner. Le Soldat le plus entreprenant n'y peut paſſer
„ qu'avec peine, en s'accrochant aux arbuſtes & aux racines qui
„ pouſſent dans les crevaſſes de ces rochers .... La pente eſt
„ d'une exceſſive roideur .... La neige nouvelle tombée ſur
„ l'ancienne, fait qu'on ne peut pas y tenir pied .... L'armée
„ eſt réduite à la plus cruelle extrémité, chacun croit voir ſa
„ perte certaine au ſein des Alpes, & perſonne n'imagine aucun
„ moyen de s'en garantir .... Annibal appaiſe le murmure de
„ ſon armée, & l'exhorte à s'employer courageuſement à ſe
„ frayer un chemin à travers le rocher .... Il ordonne de grands
„ abbatis de bois, en fait un bucher immenſe, qu'il dreſſe contre
„ le rocher; il y met le feu, qui devient encore plus vif par un
„ grand vent .... Avec le ſecours du vinaigre *jetté* ſur le rocher
„ brûlant, il amollit la pierre: à force d'inſtrumens de fer, il

„ parvient à briser le rocher; & le quatrieme jour, il rend son „ chemin praticable, en le coupant par de fréquens détours, qui „ le rendoient plus facile à franchir aux éléphans. Il part enfin „ avec ses éléphans exténués & son armée accablée de fatigue & „ de froid.... Il marche pendant trois jours, & arrive dans la „ plaine, cinq mois après son départ de Carthage-la-neuve, & „ quinze jours après celui du pied des Alpes.... Il arrive sur „ les bords du Tesin.... Scipion avoit déjà passé le Pô pour „ venir à sa rencontre.... Annibal bat les Romains.... Il „ poursuit sa route vers Rome, &c."

Il me semble facile de concilier Polybe avec Tite-Live, leurs divers détails éclaircissent mutuellement un même fait. L'inspection des lieux m'a donné l'idée la plus nette de toute l'Histoire de Tite-Live où je ne trouve rien de faux, d'obscur, ni d'embarassant, mais seulement un nom de riviere prise pour une autre, corrigé par la suite même du discours, & par le sens historique. Tous les Savans sont aujourd'hui d'accord sur cette erreur, qu'ils corrigent tous.

Annibal a pris la résolution d'aller attaquer les Romains dans Rome même. Il en prend la route, il traverse le Rhône vers le pays des Tricastins: Publius Cornelius Scipion le suit; mais Annibal l'évite autant qu'il peut, étant déterminé à ne le combattre qu'en Italie. Pour cet effet aussi-tôt qu'il a passé le Rhône, il tend vers le milieu des terres de la Gaule, croyant que plus il s'éloignera de la mer, & moins il rencontrera les Romains. Je place le passage du Rhône six ou sept lieues plus haut que le Chevalier Folard ne le met d'après les mémoires de Mandajors, parce que Polybe dit (5) qu'Annibal passa ce fleuve à quatre journées de son embouchure dans la mer, & que Tite-Live dit qu'Annibal envoya Hannon fils de Bomilcar avec un gros détachement

(5) Chap. VIII. Liv. III.

passer ce fleuve vingt-cinq milles au dessus de la place où il s'étoit arrêté, à cause qu'une grande Isle qui s'y trouvoit donnoit plus d'étendue aux eaux du Rhône & faciliteroit son passage.

Du point où je fais passer le Rhône au pays des Tricastins (ainsi que Silius Italicus) jusqu'à la mer, on compte environ vingt & une lieues, qui peuvent répondre à la distance qu'on suppose pour quatre journées de marche, & de ce même point on trouve en remontant le fleuve vingt-cinq milles, c'est-à-dire, huit lieues & un tiers, une grande Isle qui subsiste de tems immémorial, entre Baix sur la droite, & Mirmande sur la gauche du Rhône. Polybe & Tite-Live sont aussi d'accord que de ce point de passage, les Carthaginois employerent quatre jours pour arriver dans l'Isle qui ressemble au Delta. De ce même endroit suivant la route que je trace, les Carthaginois font environ vingt-trois lieues pour arriver dans l'Isle du Delta, ce qui peut être regardé de même que vingt & une lieues pour quatre jours de marche.

Le Chevalier Folard plaçant le passage du Rhône entre Avignon & Orange à quinze lieues de son embouchure, & faisant arriver les Carthaginois dans l'Isle du Delta près de Romans, ne donne que quinze lieues pour la distance des quatre premieres journées de marche, & en fait faire trente aux Carthaginois dans les quatre jours qu'ils emploient à se rendre du Rhône à Romans. Erreur trop sensible pour qu'on ne sente pas la nécessité de fixer le passage du Rhône plus vers le milieu de cette distance énoncée par huit journées de marche.

Je me servirai dans cette occasion du Texte de Polybe pour expliquer celui de Tite-Live. Voici le passage de Polybe.

„ Quand les éléphans eurent passé (le Rhône), Annibal fait „ d'eux & de la cavalerie son arriere-garde, & marche le long „ du fleuve, prenant sa route de la mer vers l'Orient comme s'il „ eût voulu entrer dans le milieu des terres Européennes. Car,

„ le Rhône a ses sources au dessus du Golphe Adriatique, cou-
„ lant vers l'Occident & venant de ces parties des Alpes qui re-
„ gardent le Septentrion. Il prend son cours vers le Couchant
„ d'hyver & se décharge dans la mer de Sardaigne. Ses eaux
„ traversent toute une vallée dont les Gaulois appellés Ardyens
„ occupent le côté septentrional, & le méridional est bordé par
„ les racines des Alpes, qui sont vers le Septentrion. Cette val-
„ lée est séparée des plaines des environs du Pô, par les Al-
„ pes qui s'étendent depuis Marseille jusqu'à l'extrémité du
„ Golphe Adriatique, & qu'Annibal venant du Rhône traver-
„ sa pour entrer dans l'Italie".

Ce que Polybe entend par la route qu'Annibal commence le long du fleuve, & qui va de la mer vers l'Orient, comme s'il eût voulu entrer dans le milieu des terres Européennes, peut très-bien se concevoir si l'on prend une Carte de l'Europe sur laquelle on tire vers l'Orient une ligne qui donne la direction de la marche d'Annibal. Prenant cette ligne de la mer au pays des Tricastins & dans le milieu des terres de l'Europe, on verra qu'elle laisseroit sur sa droite les Lacs Majeur & de Cosme, la Mer de Gènes, le Golphe Adriatique & la Mer noire, & qu'on auroit sur sa gauche le Lac de Gevève en partie, celui de Constance, la Mer du Nord, la Mer Baltique, les Lacs de Ladoga & d'Onega ainsi que la Mer blanche, & qu'elle se trouveroit véritablement une ligne méditerranée, qui ne s'écartant pas d'abord beaucoup du Rhône traverseroit l'Isere entre Romans & Grenoble, & passeroit entre Chamberi & Montier, Munich & Salzbourg, Prague & Vienne, & s'étendroit vers Varsovie, qui se trouve dans le centre des terres Européennes de même que toutes les villes de cette route. C'est ainsi que je crois entrer dans le sens de Polybe & de Tite-Live qui s'éclaircissent mutuellement.

Polybe traitant les choses en grand, ne fait que donner l'ébauche

bauche ou la masse de son Tableau : c'est ainsi qu'il dit que le Rhône a ses sources au-dessus du Golphe Adriatique, laissant au Lecteur cent lieues de longueur sur soixante environ de large dans lesquelles sont les sources du Rhône, qu'il ne fixe pas plus précisément. Dans une Mappemonde ou dans une Carte de l'Europe on les trouve cependant tout d'un coup. Traitant de même les Alpes en grand, Polybe leur donne une étendue que ces montagnes ont réellement, mais qu'on est accoutumé de subdiviser en plusieurs noms, depuis Marseille jusqu'au Golphe Adriatique.

Ce passage fait assez voir que les anciens prenoient les choses plus en grand que nous, & subdivisoient bien moins les objets qu'ils confondoient sous des noms généraux. Le gigantesque de ces images que nous ne recherchons pas assez, peut être une des principales causes de nos erreurs ou de nos méprises. Nous avons peine à nous prêter à des figures de cette étendue, & nous ne concevons pas que pour désigner la direction d'une route de vingt lieues, l'on fasse courir notre imagination sur une longueur du centuple. Et cependant Tite-Live imite Polybe ; mais il raccourcit l'image en disant les (6) *méditerranées de la Gaule*, au lieu que Polybe trace une ligne méditerranée dans toute l'Europe. Il est vrai de dire que ces bornes sont invariables & que dans tous les temps on les reconnoît mieux que tous les endroits désignés par des villes ou des villages, dont en peu de siecles on perd la mémoire, & sur lesquels on dispute ensuite comme sur la place de l'ancienne Babylone.

Pour revenir aux faits historiques, Scipion arrive en ordre de bataille à la suite d'Annibal qu'il cherche à combattre ; il trouve que non seulement il a passé le Rhône, mais qu'il s'est même enfoncé dans les terres & ne doute pas qu'il ne soit dejà fort près

(6) C'est-à-dire *in medio Terrarum*, au milieu des terres.

des Alpes. Désespérant de le joindre, au lieu de passer le Rhône, il embarque son Armée, & la ramene par Pise, pour attendre Annibal au débouché des Alpes. Il auroit pu passer par Gènes, & le trajet par mer, de sorte que celui par terre eût été plus court, mais il ne vouloit pas s'engager dans les montagnes qui séparent cette ville du Piémont, & craignoit de ne pas être sûr de la place où il pourroit rencontrer les Carthaginois. Il fut aussi surpris de la diligence que du bonheur d'Annibal, quand il apprit que non seulement il s'étoit heureusement tiré des Alpes, mais qu'il avoit même depuis détruit la Capitale des Taurinois, & qu'il étoit déjà fort proche de son armée, qui n'avoit cependant point encore passé le Tesin.

Comme Annibal avoit le tems d'arriver avant les Romains, il ne se pressa point d'aller aux Alpes; il prit donc sur sa gauche & vint choisir une position dans une Isle formée par le Rhône & l'Isere & par une chaîne de montagnes presqu'inaccessibles. Il pouvoit dans cette position attendre Scipion en cas qu'il le suivît trop vivement, & le surprendre si ce Général passant inconsidérément le Rhône, ignoroit d'abord le camp qu'il occupoit. D'ailleurs son Armée avoit besoin de se pourvoir des choses les plus nécessaires, qu'il devoit lui procurer avant de l'engager dans les Alpes. Polybe & Tite-Live disent qu'Annibal vint camper dans une Isle au confluent des rivieres d'Arar & du Rhône. L'Arar est sans nul contredit la Saone, & l'inscription de l'Hôtel-de-ville de Lyon, qui dit que le rapide Rhône & la douce Arar y joignent leurs eaux, empêche tous les Géographes d'avoir aucun doute à cet égard.

On ne peut s'empêcher de reconnoître que le mot Arar est mis à la place de celui d'Isarar, parce que le texte même de Polybe le prouve comme je vais le faire voir. Pour ôter tout scrupule & ne pas avoir l'air de substituer un mot à un autre de mon autorité, j'ajouterai qu'on connoît deux textes grecs de Polybe, dans l'un desquels cette riviere est nommée autrement que dans l'autre, preuve incontestable qu'il doit y avoir une faute.

Gronovius dans le texte qu'il a suivi trouvant le mort Arar, l'a de même employé dans sa traduction : quoique Mandajors prétende (7) que le mot Araros n'existe dans aucune édition de Polybe, & qu'il soutienne qu'on n'y trouve que celui de Skoras; cependant dans l'édition de Gronovius de 1670 on trouve le mot Araros dans le texte grec.

Sigonius a trouvé dans le second texte dont il a fait la traduction, le terme de Skoras à la place de celui d'Arar, & comme on ne trouve aucune riviere de ce nom & que la difficulté ne peut regarder que la Saone ou l'Isere, on s'est fort occupé d'interpréter ce terme, sur lequel on a beaucoup disserté. Quelques personnes enfin confrontant les lettres grecques du mort Skoras & celui d'Isaras ont trouvé le même nombre de lettres, & que par de légers changemens dans la forme grecque des premieres lettres qui ont assez de rapport entr'elles, on pouvoit lire Isoras au lieu de Skoras, ensorte qu'une simple correction d'ortographe a donné le mot Isarar, que le fil de l'histoire rend d'autant plus nécessaire, que celui d'Arar contredit formellement toutes les autres circonstances, & toute opération militaire possible : D'ailleurs, les Savans sont d'accord aujourd'hui sur l'erreur & conviennent qu'on a employé le mot d'Arar au lieu de celui d'Isarar. D'autres ont cru que ce mot Skoras n'existoit que dans très-peu de copies de Polybe, faites par des Moines du moyen âge, & que l'altération du mot Isaros s'est faite par une correction mal entendue, où l'on auroit pris les deux premieres lettres de ce mot mal allignées, pour en faire deux signes sur la troisieme lettre. Effectivement

(7) Dans un mémoire inséré dans l'histoire de l'Académie Royale des Inscriptions. pag. 295. Tom. III. Edit. d'Amsterdam.

on trouve ces deux signes sur le premier Alpha du mot Araros. Cette altération est la plus simple, & ceux qui savent le grec la trouvent la plus vraisemblable.

Polybe fait d'abord la description géographique de ce pays qu'il dit qu'on appelloit l'Isle, parce qu'il est entre deux rivieres & une chaîne de montagnes presqu'inaccessibles qui bornent son territoire & lui donnent la forme d'un Delta, c'est-à-dire, d'un triangle dont les trois côtés seroient égaux.

On ne voit rien qui ressemble à un Delta au dessus du Rhône & de la Saone, mais on le trouve parfaitement dessiné sur la carte, si l'on prend pour les trois angles du Delta, premiérement Lyon, où le Rhône change sa direction & coule du Nord au Sud, après être descendu de l'Est à l'Ouest, secondement Valence au dessus de laquelle l'Isere se jette dans le Rhône, & si l'on prend pour troisieme point le pont de Beauvoisin, en tirant des lignes de Lyon & de Valence à cet endroit. Polybe dit que ce Delta ressemble à celui du Nil à son embouchure, avec cette différence que dans le Delta d'Egypte la mer forme un des côtés, & que dans le Delta de la Gaule un des côtés est formé par une chaîne de montagnes presqu'inaccessibles.

A l'inspection de la carte on voit que le Rhône, l'Isere & la chaîne de montagnes qui s'étend des environs de Grenoble jusqu'au lac du Bourget, sont des bornes très-sensibles & qu'on reconnoît parfaitement, quelque altération que le Rhône ait apportée dans son cours, qu'on sçait qu'il change assez souvent, rendant à l'un de ses bords la terre qu'il enleve à l'autre ; il n'étend ses dommages qu'à peu de distance de son ancien lit, duquel on le voit alternativement sortir & rentrer sans s'éloigner très-sensiblement.

On ne trouve au delà du Rhône ni forme de Delta ni montagnes inaccessibles. Ainsi la description géographique décide sans contredit la poſition de l'Iſle entre le Rhône & l'Iſere. Polybe après cette deſcription dit qu'Annibal trouva dans cette Iſle deux freres qui ſe diſputoient le Royaume des Allobroges. Il n'eſt pas douteux que le Royaume des Allobroges ne fût contenu dans cette Iſle. Céſar, comme je l'explique plus bas, en parlant de ce mot *Allobroges*, dit que le Rhône ſépare les Allobroges des Helvétiens, & perſonne n'a jamais cité d'Allobroges le long de la Saone; ainſi l'hiſtoire place clairement le camp d'Annibal dans l'Iſle, & l'Iſle au pays des Allobroges; & l'hiſtoire eſt en cela d'accord avec la Géographie.

Ptolomée appelle Vienne, *caput Allobrogum*, le Chef-lieu des Allobroges. Un Militaire qui ſuit les faits hiſtoriques, & qui croit Annibal fait pour lui donner des leçons, demanderoit volontiers à ceux qui ſoutiennent qu'il a campé dans la langue de terre où Lyon eſt bâtie, comment il a pû faire ce trajet en quatre jours & quelle idée ils ont de ce Général, comment ils concilient la réputation qu'il s'eſt ſi juſtement acquiſe, avec une telle marche. Paſſer le Rhône au pays des Tricaſtins pour le repaſſer enſuite auprès de Lyon, & placer ſon camp dans un angle de terre fermé par deux rivieres, où le Général Romain pouvoit aiſément l'enfermer en paſſant ſimplement la Saone! On ne trouveroit pas moins ſurprenant que Polybe & Tite-Live n'euſſent pas cité ce ſecond paſſage, qui ne demandoit pas de moindres précautions & de moindres peines que le premier, qu'il le feroit qu'Annibal eût choiſi cette étrange poſition, & qu'un Militaire aujourd'hui puiſſe croire qu'un ſi grand Général, ſans aucune néceſſité, voulant éviter Scipion dont il s'étoit mis à couvert en paſſant le Rhône, ſe fût expoſé ſans raiſon à ſe retrouver du même côté de ce fleuve que lui, défendu ſeulement par la Saone qu'on paſſe aiſément, vu la lenteur de ſon cours. Il faut ſe ſouvenir que Scipion n'a point paſſé le Rhône pour ſuivre

Annibal, & que ce Général cherche à l'éviter.

Mais pour mieux faire juger que cette Isle est entre le Rhône & l'Isere, je rapporterai les termes du Pere Thuillier dans la traduction de Polybe que Folard a suivie.

„ Annibal après quatre jours de marche vint à un endroit appellé l'Isle, lieu fertile & très-peuplé, à qui l'on a donné ce nom (8) parce que le Rhône & la Saone coulant des deux côtés l'aiguisent en pointe à leur confluent. Cette Isle ressemble assez & pour la grandeur & pour la forme au Delta d'Egypte, avec cette différence néanmoins qu'un des côtés du Delta est formé par la mer où se déchargent les fleuves qui forment les deux autres & que ce sont des montagnes presque inaccessibles qui bornent un des côtés de l'Isle" (9).

Polybe ni Tite-Live ne disent point à quel endroit de l'Isle Annibal campa; il est certain que s'il avoit pu faire quarante-cinq lieues, & passer le Rhône pour entrer dans l'Isle en quatre jours de marche, il ne seroit pas possible d'admettre qu'il eût campé plus loin que la place où est Lyon, qui se trouve à l'entrée de cette Isle supposée.

Du pays des Tricastins où il avoit passé le Rhône, jusqu'aux environs de Romans à l'entrée de la véritable Isle, Annibal avoit fait quatre marches d'environ vingt-trois lieues. Il seroit de toute impossibilité qu'il eût pu faire encore plus de vingt lieues qu'on compte de Romans à Lyon, & qu'il eût de plus trouvé le tems de passer le Rhône dans ces quatre jours. Folard aussi rejette cette idée & place le camp d'Annibal à Romans ou dans les environs, ainsi qu'il est raisonnable de le croire.

Le Texte de Polybe qui suit, s'exprime si clairement qu'il

(8) Dans le texte grec on lit, dans un endroit appellé l'Isle, lieu très-fertile & très-peuplé, ainsi nommé à cause de la nature de la chose.

(9) Histoire de Polybe. Chap. X. page 76. du Tome 4. Edit. de Paris 1728.

donne à mon gré toute l'intelligence de la marche.

Annibal trouva dans cette Isle „ deux freres qui armés l'un
„ contre l'autre se disputoient le Royaume. Le plus ancien mit
„ Annibal dans ses intérêts & le pria de l'aider à se maintenir
„ dans la possession où il étoit. Le Carthaginois n'hésita point,
„ il voyoit trop combien cela lui seroit avantageux. Il prit donc
„ les armes & se joignit à l'aîné pour chasser le cadet. Il fut bien
„ récompensé du secours qu'il avoit donné au vainqueur. On
„ fournit à son armée des vivres & des munitions en abondance.
„ On renouvella ses armes qui étoient vieilles & usées: La plu-
„ part de ses Soldats furent vêtus, chaussés, & mis en état de
„ franchir plus aisément les Alpes. Mais le plus grand service
„ qu'il en tira, fut que ce Roi se mit avec ses troupes à la queue
„ de celles d'Annibal, qui n'entroit qu'en tremblant dans les ter-
„ res des Gaulois nommés Allobroges, & les escorta jusqu'à
„ l'endroit d'où elles devoient entrer dans les Alpes. Il avoit
„ déjà marché pendant dix jours, & avoit fait environ huit
„ cens stades le long du fleuve : déjà il se disposoit à mettre
„ le pied dans les Alpes, lorsqu'il se vit dans un danger auquel
„ il étoit très-difficile d'échaper" (10) &c. &c.

Tite-Live entre dans de plus grands détails que Polybe & donne à ce passage toute la clarté possible. Il fait cependant la même faute que l'un des textes de Polybe, en citant la riviere d'Arar. Il dit „ Annibal à son quatrieme camp entra dans l'Isle.
„ Là, les rivieres de la Saone & du Rhône, qui viennent des
„ Alpes par des routes différentes, ayant embrassé quelque ter-
„ rein, coulent dans un même lit, ou se réunissent en un seul
„ lit (11)." Je ne le justifierai point par la traduction équivoque

(10) Chapitre X. de l'Histoire de Polybe.

(11) Quartis castris ad insulam pervenit, ibi Arar Rhodanusque amnes diversis ex Alpibus decurrentes, agri aliquantùm amplexi, confluunt in unum. *Edit. Latine de Tite-Live par Crevier Liv. XXI. Tom. II. page 44.*

de cet endroit qui semble insinuer, qu'il entendoit que l'Isle étoit au dessous du point de réunion des deux rivieres. S'il a répété le mot Arar d'après Polybe qui l'avoit dévancé d'environ deux siecles, ce que j'ai dit de ce mot convient également aux deux historiens.

On voit d'abord qu'Annibal étant dans l'Isle, y trouve deux freres qui s'y disputoient le Royaume. Ce Royaume est sans nul contredit celui des Allobroges; Vienne est aussi sans nul contredit la capitale des Allobroges, comme Strabon, Ptolomée, & les Géographes anciens en convienent, ainsi que ceux de nos jours. Elle se nommoit en Latin *Vienna Allobrogum*, & Genève est appellée par César la derniere ville, & non pas la capitale des Allobroges (12). La position de Vienne dans l'Isle démontre sans réplique que l'Isle n'étoit point au confluent des rivieres où la ville de Lyon n'existoit pas encore, s'il est vrai que le Consul Lucius Minucius Plancus l'ait fondée du tems de César ou d'Auguste comme on le croit. Polybe dit clairement qu'Annibal se joignit au frere aîné qui le prioit de le soutenir dans ses droits; ainsi des environs de Romans, Annibal se porte avec son armée à Vienne capitale des Allobroges, pour se joindre à Brancus, c'est le nom de celui qu'Annibal fit Roi; il y reçoit tous les secours dont ses Soldats avoient besoin, & qu'il ne pouvoit trouver que dans une capitale.

On ne trouve nulle part qu'il y eût alors de ville de cette espece sur l'Isere plus près que Grenoble (13); mais la position de Grenoble est trop éloignée pour qu'Annibal ait pu s'y rendre en quatre jours de St. Paul-Trois-Châteaux ou des environs, moins encore

(12) Commentaires de César. Liv. I.

(13) Grenoble s'appelloit *Cularo Allobrogum*: elle fut détruite longtems après, & ayant été rétablie & augmentée par l'Empereur Gratien, elle prit le nom de *Gratianopolis* dont on a fait *Granopolis* & *Grenoble*.

encore de fept lieues plus loin où Folard dit qu'il a paffé le Rhône. Grenoble ne devoit pas être une ville de reffource pour l'armée d'Annibal, comme celle de Vienne. Annibal campant près de cette ville auroit fait face à l'Ifere, & alors s'il avoit marché par fa gauche, il feroit entré dans les Alpes par la route que lui trace le Chevalier Folard ou par les Alpes Pennines (le grand St. Bernard) ou par les Grecques (le petit St. Bernard). Tite-Live dit expreffément (14) qu'il ne conçoit point comment on peut s'obftiner à croire qu'il eût pris l'une de ces deux routes, puifqu'elles le conduifoient également pas les Salaffes chez les Gaulois Libuens, fort loin des Taurinois, c'eft-à-dire par la vallée d'Avoft (où l'on trouve encore un village de Sala, moins célebre que la ville qu'il remplace, où l'on ramaffoit autrefois l'or dans la riviere de Doria Baltea comme dans le Pactole) dans le haut-Monferrat, fort au deffus de Turin; qu'il ne conçoit pas non plus comment les Carthaginois (Poeni) auroient donné le nom de Pennines à cette partie des Alpes, puifque les Véragres (les peuples du Valais) n'ont aucune connoiffance de ce fait, & qu'ils difent que le nom de Pennines vient du Pen facré, qui fait l'objet du culte des gens de ce pays. Dans ces tems où les Druides regnoient fur tous les Celtes, parmi lefquels ces peuples font comptés, on rencontroit en chaque pays des montagnes, des rochers, des forêts & des arbres facrés: ainfi les montagnes autour de celle du Pen facré prenoient de là leur nom de Pennines.

On s'eft encore plus attaché de nos jours à foutenir qu'Annibal a dû paffer par le petit St. Bernard depuis qu'on affure qu'on

(14) Liv. XXI. §. XXXVIII. *Alpen* eft compofé de deux mots celtiques; *al*, qui fignifie montagne, & *pen* qui veut dire fommet élevé.... On appelloit auffi Pen les pointes de rocher qui avoient une pointe très-faillante; & Pen enfuite a été pris pour le rocher même: ainfi le Pen facré des Celtes étoit fans doute la pointe de rocher fur la fommité la plus élevée de ces montagnes.

a trouvé dans cette montagne tous les ossemens d'un éléphant. Ce fait n'a rien d'extraordinaire si l'on conçoit que lorsque les Carthaginois étoient campés sur le mont Viso, l'on fut agréablement surpris de voir revenir quantité de chevaux & de bêtes de charge qu'on croyoit perdus, & qu'il ne seroit pas étonnant qu'un éléphant effrayé & peut-être blessé, ait été mourir vingt lieues plus loin que le mont Viso (15). Ce qui doit paroître le plus étonnant, c'est que ces ossemens exposés à l'air se soient conservés entiers pendant deux mille ans. On a de même depuis peu trouvé plusieurs carcasses d'éléphans dans l'Amérique derriere les monts Apalaches, quoiqu'on croye que ce pays n'en nourrit aucun.

On promene aussi de tems à autre des Eléphans, Rhinoceros, Caméléophans & Chameaux qu'on montre aux curieux de l'Europe d'une ville à l'autre; ainsi la carcasse d'un éléphant trouvée dans un pays, qu'on appelle dans plusieurs cartes la grande route des Romains, ne doit pas faire une objection suffisante contre le texte positif de plusieurs Auteurs, & contre la possibilité des faits & des opérations militaires qu'il est impossible de concilier avec cette route. Si, pour suivre Polybe, on lui faisoit redescendre le fleuve en prenant par sa droite au lieu de prendre par sa gauche, il auroit plus de mille stades, au lieu de huit cens, à suivre le long des deux fleuves & non pas le long du fleuve; mais après ce trajet, il se trouveroit également sur la route du

(15) Lucrece Auteur Romain intermédiaire à Polybe & à Tite-Live, très-célebre par son poëme *de rerum naturâ*, cite dans cet ouvrage l'exemple des éléphans qui fuyoient & chargeoient même leurs maîtres lorsqu'ils étoient blessés, fait, qui ne pouvoit être établi que par les détails de l'expédition d'Annibal, le premier qui avoit introduit des éléphans en Italie. De trente-sept auxquels Polybe dit qu'il fit passer le Rhône, il a pû facilement en perdre quelques-uns dans les Alpes, où les barbares en avoient dû blesser.

Ut nunc sæpe boves Lucæ, ferro malè mactæ,
Diffugiunt, fera facta suis cum multa dedere.

Lucret. de rerum naturâ. Lib. V.

pays des Voconces & des Tricoriens, pour aller à la Durance, & de là ſuivre ſon paſſage des Alpes, tel que je comprens qu'il l'a fait.

Cette poſition de Vienne, bien clairement expliquée, donne l'intelligence de la ſuite de la marche d'Annibal, qui ſe porte en dix jours de Vienne au pied des Alpes en ſuivant d'abord le fleuve pendant huit cens ſtades, qui à raiſon de vingt-quatre ſtades par lieue, font environ trente lieues, qui ſe trouvent entre Vienne & St. Paul-Trois-Châteaux ou ſes environs. Tite-Live achevera de donner l'intelligence la plus complette de cette marche, & le nom d'Iſle donné par le Pere Thuillier à l'angle de terre où Lyon eſt bâti, ne ſera pas certainement l'Iſle où camperent les Carthaginois.

Comme Polybe ne s'explique pas plus clairement ſur la ſuite de la route d'Annibal, le Chevalier Folard ne croit pas devoir s'y conformer; de plus il rejette abſolument toute la narration de Tite-Live. Il eſt indiſpenſable d'entrer dans un grand détail, pour apprécier les lumieres & les connoiſſances du Chevalier Folard & voir ſi le ſyſtême tout nouveau qu'il donne du paſſage des Alpes d'Annibal, eſt plus raiſonnable & plus digne de ce Général, que ce qu'en racontent les hiſtoriens de l'antiquité, d'où lui-même a dû prendre les premieres connoiſſances de ce trait de l'hiſtoire ancienne; l'on pourra par-là juger s'il eſt en droit de n'en faire aucun uſage.

Pour donner du poids à ſon mépris pour Tite-Live, il s'emporte en invectives contre cet Hiſtorien. „ Il eſt, *dit-il*, peu rai-„ ſonnable dans la deſcription qu'il fait de cette marche .... il „ l'eſt encore moins dans le paſſage de la Durance qui n'eſt qu'un „ fort petit ruiſſeau; car pour rendre ſa narration plus recom-„ mandable, il a eu recours à la fiction & au merveilleux, & a „ fait une grande & impétueuſe riviere d'un filet d'eau". Il ajoute dans ſes notes (16) „ que les Auteurs à fables & à prodiges „ dont Polybe ſe mocque, ſont les mêmes où Tite-Live a puiſé tant de contes de vieilles dont ſon hiſtoire eſt toute par„ ſemée ".

Il ſemble que dans l'extrait que je viens de donner de Tite-Live, il n'entre aucun de ces contes de vieilles; & ſi ſon paſſage de la Durance a mérité ce titre de la part du Chevalier Folard, j'excuſerai ce commentateur, & je juſtifierai Tite-Live en diſant qu'ils ont raiſon tous les deux. Le premier parle de la Durance auprès de ſa ſource aux environs de Briançon, & l'autre la dépeint plus de vingt lieues plus bas, lorſqu'elle a reçu nombre de torrens & l'écoulement de toutes les eaux de tant de montagnes qui ſe trouvent ſur ſes deux rives. Tite-Live dans ſa relation ajoute même, que cette riviere étoit par hazard groſſie alors par les pluies; ce qui n'eſt point un phénomene en automne, où chaque année les pluies ſont plus abondantes qu'en aucune autre ſaiſon. On ne connoît point encore de nos jours en France une plus dangereuſe riviere que la Durance; car on ne met point en doute que la Druente & la Durance ne ſont qu'une même riviere; cependant on la paſſe très-aiſément où le Chevalier Folard croit qu'Annibal l'a traverſée. En juſtifiant Tite-Live, je prendrai l'occaſion de dire à ſon ſujet que je ne le regarde point comme un Auteur dont l'hiſtoire puiſſe eſſuyer auſſi peu de contradiction que celle de Polybe, parce que ce dernier étoit contemporain d'Annibal & déclare avoir été ſur les lieux examiner le paſſage d'Annibal qu'il n'a pas aſſez particulariſé, mais que je crois avoir ſaiſi préciſément, tant ſes diſpoſitions ont des traits frappans & marqués, que je tâche de rendre ſenſibles. Tite-Live avoue que de ſon tems, on avoit déjà de grandes difficultés ſur la place préciſe du paſſage d'Annibal dans les Alpes; il a choi-

(16) Polybe pag. 73.

si dans les mémoires publiés alors, ce qu'il a trouvé de plus conforme au récit de Polybe, Auteur reconnu pour véridique; au défaut des détails de Polybe, il a recueilli tout ce qu'il a trouvé de plus vraisemblable; c'est pour cette raison que ne sachant pas précisément par quel col Annibal a traversé les Alpes, il ne nomme plus aucune ville ni montagne jusqu'à ce qu'Annibal soit arrivé devant la capitale des Taurinois, qu'il détruit, avant de livrer bataille à Scipion sur les bords du Tésin.

Annibal, comme on vient de le voir, étant allé se joindre à Brancus qu'il avoit fait Roi des Allobroges, campa sous Vienne vis-à-vis du Rhône faisant face à ce fleuve, car il avoit laissé les Romains de l'autre côté. Aucun Militaire ne pourroit croire qu'Annibal eût manqué d'observer cette premiere regle de la guerre, de placer son camp en face de l'Ennemi, & non pas en face de l'endroit où l'on veut se rendre. Dans la position du camp de Vienne, Annibal prenoit sur sa gauche pour aller au pays des Tricastins, & suivoit le Rhône pendant huit cens stades ou trente lieues; ainsi l'on ne peut apporter aucun argument raisonnable contre ce fait, puisque la position d'Annibal est établie par Polybe & que rien ne la contredit. Le pays des Tricastins n'a point changé de nom depuis Annibal; il est appellé de même dans la grande Carte du Théâtre de la guerre du Piémont & de Savoye dessinée par Samson, & gravée à Amsterdam par Covens & Mortier, & dans nombre d'autres Cartes plus modernes. St. Paul-Trois-Châteaux, ou Tricastels, en est la Capitale, & se trouve précisément à la distance de huit cens stades de Vienne en descendant le Rhône, quoique Ptolomée dans une Carte extrêmement fautive, établisse les Tricastins en Suisse au-dessus du lac de Genève entre le Rhône & le Doux, (17). Annibal en arrivant

(17) La position de la ville de Lyon, & celle des rivieres de la Saone, du Doux, du Rhône, de l'Isere & de la Durance, sont si visiblement fausses, qu'on

dans ce canton sçavoit déjà, comme le dit Ammian Marcellin, l'embarquement & la résolution des Romains. Il reprit alors le véritable & le meilleur chemin, qui le conduisoit droit aux Alpes & au col de l'Argentiere, où le passage est le plus facile. Ce qui me fait croire que ce passage étoit connu des Romains, dès les tems les plus anciens, c'est qu'on y trouve au débouché du passage des Barricades, dans la vallée de Sture, un village appellé Pied-de-port par corruption de pied de porte. Les anciens appelloient porte ces défilés étroits qui sembloient fermer l'entrée d'un pays. C'est ainsi que Xénophon parle des portes Caspiennes qu'Alexandre rendit célebres depuis, n'ayant pas trouvé dans les défilés qui bordent la mer Caspienne, de moindres obstacles qu'Annibal dans les Alpes. Les Pyrénées ont du côté de la France un village appellé St. Jean-pied-de-port, précisément après un défilé qui semble être la porte des Pyrénées. Je ne suppose pas que le passage du col de l'Argentiere fût le seul où l'on traversât les Alpes, puisque César, comme on le verra bientôt, suivit une autre route, & que les Romains, longtems avant, les avoient franchies, comme Annibal le dit à son armée dans une de ses harangues: mais ils avoient déjà donné le nom de porte à ces passages étroits.

Du pays des Tricastins, Tite-Live prolonge la marche des Carthaginois par l'extrémité du pays des Voconces. Les Tablettes géographiques pour l'intelligence des Poëtes Latins (18) di-

ne peut assez s'étonner de l'erreur de Ptolomée à l'égard du pays des Tricastins que cette Carte a placé dans la Suisse entre le Rhône & le Doux au-dessus du lac de Genève. Je ne puis pas me persuader que Ptolomée ait fait cette faute, & j'ai supposé que cette Carte ainsi que la plupart & peut-être toutes celles qu'on a mises sous le nom de Ptolomée, ont été inventées & dessinées par les commentateurs de ses livres, qui dans leur origine n'étoient vraisemblablement accompagnés d'aucune Carte. Voyez *Orbis antiqui Tabulæ Geographicæ secundum Ptolomeum Amsterodami* 1730 *in folio. Tabula III. Europæ.*

(18) Edition de Paris 1755.

ſent que „ ces peuples appartenoient à la Gaule Narbonnoiſe & „ qu'ils étoient établis dans le Diois canton du Dauphiné & dans „ le territoire de Vaiſon au Comtat Venaiſſin". C'eſt effectivement la Province de Die qui joint les Tricaſtins. De-là, ſuivant Tite-Live, l'armée Carthaginoiſe traverſe le pays des Tricoriens, avant d'arriver à la Durance. Les Tricoriens, dit le même livre „ ſont des colons François fixés dans une partie du „ Dauphiné, ſur le territoire de Gap". Le Gapençois ſe trouve précifément entre le Diois & la Durance. La Notice de l'ancienne Gaule de Danville & les Dictionnaires ſont tous d'accord ſur les noms actuels des Tricaſtins, des Voconces, des Tricoriens, & de la Druente: ainſi l'on chemine avec Tite-Live ſans obſcurité. On ſuit Annibal après ſon paſſage du Rhône dans les méditerrannées, c'eſt-à-dire dans le centre du pays; on s'arrête avec lui dans l'Iſle qui ſe trouve ſi bien dépeinte; de ſon premier camp il ſe porte à Vienne où, comme le diſent Polybe & Tite-Live, il donne aux Allobroges un Roi; il deſcend enſuite le long du fleuve & arrive en dix jours à la Durance. Les Camps marqués dans ma Carte ne peuvent ſervir qu'à déſigner le nombre des ſtations & la direction de la route, ſur laquelle je n'ai point d'autres mémoires que les Auteurs anciens qui me paroiſſent tracer ce chemin, & que je n'ai pas la hardieſſe de réformer, comme l'a fait le Chevalier Folard. Annibal arrive à la Durance ſans obſtacle: cette riviere deſcend d'Embrun à Siſteron; c'eſt donc entre ces deux villes, qui ſe trouvent à la droite & à la gauche de la route des Carthaginois, qu'il faut chercher la place à laquelle ils arrivent. La direction de la marche conduit à la Bréoule ou fort près. La Durance ayant reçu l'Ubaye, offre en ce lieu le tableau que Tite-Live en fait. Les Alpes qui ſont au-delà ſe préſentent telles qu'Annibal les a vues. Ces rochers, cet aſpect ſauvage & déſert, ces pays affreux ſont encore les mêmes, &

ſurprennent les voyageurs. La poſition de la Bréoule convient parfaitement à la petite ville où les barbares ſe retiroient pendant les nuits. On voit au-deſſous de la Bréoule ſur les bords de la Durance une eſpece de plaine, & une poſition aſſez ſemblable à celle qu'Annibal fit occuper à ſon armée. Les chemins aiſés qu'elle ſuivit d'abord, ſont encore très-ouverts; enfin les montagnes, les défilés & les hauteurs où la vigilance d'Annibal ſurprit les montagnards n'ont rien de différent aujourd'hui du tableau fait autrefois par Tite-Live. On trouve dans ce canton plus que dans aucun autre, de ces rochers coupés à pic par la nature, du haut deſquels on peut écraſer facilement les paſſans avec des pierres. J'ai dit un mot, à la fin de mon *Hiſtoire de la Guerre des Alpes*, de ces défilés & de ces mauvais pas que le Prince de Conti rencontra près de la Bréoule & d'Ubaye.

Je ne trouverois rien à objecter contre le paſſage de la Durance à la Bréoule, ſinon que s'il avoit pu ſe faire plus près d'Embrun, & qu'Annibal eût paſſé par le débouché d'Ocellum, que Céſar nous a fait connoître plus de cent ans après, & dont je parlerai bientôt, il faudroit alors trouver dans les environs d'Embrun un endroit, où l'on pût reconnoître ſenſiblement la deſcription que Tite-Live fait des lieux, & qui ſe trouve ſi conforme dans la route où je continuerai de ſuivre Annibal d'après Tite-Live, ſans ajouter ni ſuppoſition ni préſomption même de ma part. Comme Céſar arrive d'Ocellum à la Durance, qu'il a dû paſſer à Briançon ou à Embrun, j'ai regardé ſi cette riviere offroit aux environs de l'une ou de l'autre de ces places l'image que Tite-Live en a donnée; elle ne ſe voit ni près d'Embrun, ni dans ſon voiſinage. Cette ville au ſein des Alpes ne peut pas être regardée comme à leur pied; la Durance y eſt infiniment plus reſſerrée qu'à la Bréoule, & plus on la remonte, moins ſon lit préſente les particularités qui ſe trouvent à la Bréoule, conformes à la deſcription de Tite-

Live & de Silius Italicus, moins encore peut-on y appliquer les autres circonſtances de la narration de cet Auteur.

J'ai cherché ſur les bords de la Durance entre Briançon & Embrun, ſi je ne trouverois point de rapport plus frappant. Guilleſtre ou Mont-Dauphin pourroient bien être regardés comme la petite ville où les Gaulois Allobroges ſe retiroient. La Durance, avant d'arriver à ces endroits qui ne la joignent pas tout-à-fait, a quelques places vagues où elle s'étend avec aſſez de liberté. Celle que le Prince de Conti choiſit pour le camp qu'il fit occuper à Guilleſtre, d'où le Lieutenant-Général d'Aramburu partit avec ſix bataillons qui compoſoient la ſixieme colonne, pour ſe rendre au col de l'Argentiere, pourroit paſſer pour le ſecond camp d'Annibal après ſon paſſage de la Durance (19); mais l'on ne rencontreroit plus dans le ſein des montagnes aucune ville qui puiſſe tenir lieu de celle qu'habitoit le peuple perfide qui vint au devant d'Annibal avec des couronnes & des branches d'olivier.

Quiéras ſeroit le ſeul endroit propre à y ſuppléer, mais il n'a nulle reſſemblance aux traits dépeints par Tite-Live. Il ne ſeroit pas poſſible d'ailleurs, quelque labirinthe qu'on s'efforçât d'y tracer, d'y faire marcher une armée pendant neuf jours, ſans qu'elle ne pût pas viſiblement gagner, avant ce terme, la ſommité des Alpes. On compte vingt-ſix cols petits ou grands qui de la vallée de Quiéras conduiſent de l'autre côté des Alpes.

Le col du mont Viſo le plus difficile & le plus long, par lequel François I. a paſſé, n'a que pour ſept heures de marche de la vallée de Quiéras à celle du Pô, proche de Cruſſol: tous les autres cols aboutiſſant aux vallées de Lucerne & de St. Martin

(19) *Caſtra inter confragoſa omnia præruptaque quàm extentiſſima poteſt valle locat.* Tite-Live. Liv. XXI. & XXXII. Il place ſon camp, dans ce pays inégal & plein d'eſcarpemens, dans la vallée qu'il trouve la plus ouverte.

ſont moins longs, excepté celui de Lamaye au-deſſus d'Abriés, qui conduit au Sauze de Sézane en ſept heures de marche ; de Briançon l'on gagne aiſément en peu d'heures la ſommité des Alpes ; ainſi l'on ſera forcé de convenir qu'Annibal a paſſé la Durance, dans la direction de ſa marche, fort près de la Bréoule, & qu'il a ſuivi la route dont Tite-Live donne une deſcription ſi complette qu'il eſt impoſſible de manquer de la reconnoître, ſi on la cherche ſur les lieux & même ſur les cartes, pourvû qu'on ne s'arrête aux opinions d'aucun de ſes commentateurs, & qu'on prenne pour des faits poſitifs ce qu'avancent Polybe & Tite-Live.

Annibal, après s'être rendu maître de toutes les hauteurs, des châteaux, des villages & de la ville où ſe retiroient les montagnards, en abandonna le pillage à ſon armée. La Bréoule a pu facilement ſe relever de cet échec qu'ont eſſuyé preſque toutes les villes anciennes. Ubaye a vraiſemblablement été l'un des châteaux & des bourgs dont Annibal abandonna le pillage à ſon armée.

Comme je ne place pas le paſſage de la Durance préciſément à la Bréoule, il pourroit arriver qu'Annibal l'eût fait auprès de Tallard, ou entre cette petite ville & la Bréoule, ce qui ne changeroit rien à toute la marche que j'arrange d'après Tite-Live, & donneroit un plus court trajet pour les dix jours de marche du camp de l'Iſle à la Durance ; plus le paſſage eſt au bas de la riviere, plus elle eſt ouverte & moins gênée par les montagnes, qui ne la reſſerrent étroitement que de la Bréoule en remontant.

Polybe dit qu'Annibal quittant cette ville pillée „ marcha pendant quelques jours aſſez tranquillement. Au quatrieme voici „ un nouveau péril qui ſe préſente. Les peuples qui habitoient „ ſur cette route inventent une ruſe pour le ſurprendre. Ils viennent au devant de lui portant à la main des rameaux d'olivier, „ & des couronnes ſur la tête. C'eſt le ſignal de paix & d'amitié

„ chez ces barbares, comme le Caducée chez les Grecs".

Cette circonſtance répand une grande lumiere ſur la route d'Annibal, & confirme bien que ce Héros paſſa par Barcelonette, qui ſe trouve à la diſtance qu'indique Polybe.

Pour montrer qu'on ne doit pas juger de la diſtance des lieux ſur l'échelle fautive des Cartes, je citerai que le Prince de Conti, croyant arriver commodément de Barcelonette à la Bréoule à ſon retour en France, marcha pendant dix heures, n'étant accompagné que de ſa ſuite, & n'ayant aucun détachement de troupes avec lui: il avoit cependant pris des guides pour le conduire à la Bréoule par les chemins les plus courts: quelques-uns de ſes Aides-de-Camp, du nombre deſquels j'étois, arriverent aſſez tard à la Bréoule, tandis que le Prince de Conti ne parvint à Ubaye que longtems après, ſur les dix heures du ſoir. Ainſi cette marche comptée pour dix lieues, peut être miſe en comparaiſon avec celle d'une armée, forte en cavalerie, en équipages & en éléphans, qui prend trois jours pour faire ce même trajet à ſon aiſe, les difficultés ne ſe rencontrant qu'auprès de la Bréoule & d'Ubaye. Annibal peut s'être porté juſqu'à Barcelonette ſans paſſer par Ubaye, comme firent les Aides-de-Camp qui ne rejoignirent le Prince de Conti que le lendemain, & paſſerent par des chemins qui reſſembloient fort à ceux qu'ils avoient trouvés en arrivant à la Bréoule, & que Tite-Live a ſi bien peints.

Barcelonette eſt une ville très-ancienne: on voit dans mon Hiſtoire de Coni, qu'elle eſt depuis longtems très-conſidérable, & que ſon origine & ſa fondation ſont inconnues; la tradition les porte juſqu'aux époques les plus reculées. Elle eſt la ſeule ville de l'autre côté de la Durance où l'on puiſſe trouver des oliviers, il n'en croît aucun dans toutes les Alpes Pennines, Grecques ou Cottiennes, & il n'eſt pas vraiſemblable que des peuples euſſent pris pour ſymbole de paix la branche d'un arbre qui ne croissoit point chez eux, & qu'ils n'auroient pu se procurer que très-difficilement; car il n'en vient qu'autour de la ville de Barcelonette, où le pays, comme le disent Polybe & Tite-Live, est plus cultivé & plus ouvert; ou bien il faudroit les aller chercher dans la Provence ou dans les Alpes maritimes, qui très-vraisemblablement du tems d'Annibal n'avoient aucune communication avec les Alpes Pennines ou Grecques, où par conséquent il n'est pas possible de se persuader que l'olivier fût un symbole de paix comme le Caducée chez les Grecs. Barcelonette est encore aujourd'hui comme un point de centre au sein des Alpes, où l'on vient chercher un passage soit par la vallée de Sture, soit par celle de Mayre ou de Château-Dauphin: je dis dans ma description des Alpes par quels cols elle y communique. Si l'on faisoit une recherche expresse dans ces environs, d'après ce que dit Tite-Live & ce que j'explique, je suis persuadé qu'on découvriroit bientôt ces défilés, ce vallon étroit & fermé de rochers inaccessibles, & ce fatal plateau, sur lequel l'Infanterie Carthaginoise & son Chef passerent une si cruelle nuit; je les crois derriere les montagnes à l'Ouest de Tournous & de St. Paul d'Ubaye.

Dans toutes les courses que j'ai faites entre Barcelonette & Briançon, je me rappelle plusieurs places qui pouvoient induire Annibal en erreur, & le faire varier dans sa route, non en circulant, ou revenant sur ses pas, ce que je ne suppose pas que ce Général ait fait, mais en suivant des gorges & de fausses vallées, où il a pu passer neuf jours à gagner la sommité des Alpes. Je donnerois pour preuve des connoissances d'Annibal sa conduite même; car sachant où trouver la plaine d'Italie, il aima mieux briser les rochers & se frayer un chemin, dont on a frémi depuis lui jusqu'à nos jours, que de quitter la sommité des Alpes pour retourner sur ses pas & chercher une autre route que celle qu'il s'ouvrit avec tant de peine: ce qui prouve bien que ce grand Capitaine n'auroit pas voulu donner une preuve visible d'ignorance en retournant sur ses pas, mais que son ame véritablement grande ne trouvoit point d'obstacle insurmontable: ceux qu'il rencontroit étant nécessairement sur sa route, ce Héros croyoit qu'il falloit les surmonter, & s'exposer plutôt à périr, ou à perdre une partie de ses équipages & de son armée, que de reculer pour aller chercher un chemin d'un autre côté (20).

J'AI remarqué qu'Annibal ayant dépassé le col de l'Argentiere, & s'obstinant à vouloir se jetter sur sa droite, dans la saison des neiges, a dû trouver les mêmes embarras que le Comte de Lautrec rencontra dans le mois de Juin aux Granges-aux-Ruissons près du col de Vars. On y distinguoit très-clairement ces neiges anciennes qui s'accumulent tous les ans, sans qu'on conçoive encore comment elles ne haussent ni ne baissent, & paroissent toujours les mêmes, dures comme les pierres, & d'une couleur bleue qui les différencie de la nouvelle, qui ne fond tout-à-fait que sur la fin de l'été.

LA sixieme Colonne que conduisoit le Comte de Lautrec, auroit envain tenté, dans le mois de Mai, de trouver l'ouverture des vallées de Grana, de Mayre, ou de Château-Dauphin; elle auroit erré comme les Carthaginois pour arriver enfin au mont Genêvre ou au mont Viso, après avoir parcouru toutes les montagnes où sont les cols de Vars, de l'Hermitage, Maurin, Longuet, Lagnieres, la Croix, Cervieres, &c.

TITE-LIVE annonce clairement qu'Annibal est venu sur le mont

(20) Polybe au Chap. IX. parlant des choses que débitoient les Auteurs contemporains sur Annibal dit, „ quoi qu'en disent ces écrivains, Annibal condui- „ sit cette grande affaire avec beaucoup de prudence: il étoit informé exacte- „ ment de la nature & de la situation des lieux où il s'étoit proposé d'aller; en- „ fin pour n'avoir rien à craindre de la difficulté des chemins, il s'y faisoit „ conduire par gens du pays, &c."

Viso. Le ſimple aſpect de la nature le confirme, & la comparaiſon du mont Genêvre au mont Viſo rapportée aux détails hiſtoriques de Tite-Live ne doit laiſſer aucun doute. Le mont Viſo domine les Alpes, il eſt le plus à la droite de la route qu'Annibal tenoit, & tout ce que dit l'Hiſtorien de la nature & de la diſpoſition des rochers, convient infiniment mieux au mont Viſo qu'au mont Genêvre: l'on voit dans mon Hiſtoire de la Guerre des Alpes que les pentes de ce dernier ſont ſi faciles & ſi unies, qu'on peut s'y faire traîner ſur des ramaſſes (21), même après la ſaiſon des neiges. Je l'ai paſſé de cette maniere dans le mois d'Août, dans la Guerre de mille ſept-cens trente-quatre. Sur le mont Viſo l'on ne rencontre que des eſcarpemens preſque continuels; il eſt de toute impoſſibilité, vû l'inégalité de la nature, d'y conduire aucune voiture, tandis qu'on fait paſſer toutes celles qui vont en Italie par le mont Genêvre, & que c'eſt preſque la ſeule montagne de toutes les Alpes où l'on ne démonte point les voitures pour les tranſporter à dos de mulet. C'eſt ſur cette montagne que dans la guerre de mille ſept-cens trente-quatre paſſerent tous les canons & les équipages de l'Artillerie Françoiſe.

Une circonſtance encore qui peut convaincre qu'il n'eſt ici queſtion que du mont Viſo, c'eſt que ſuivant Polybe & Tite-Live, „ les Carthaginois faiſoient preſqu'autant de chûtes que „ de pas, parce que leurs pieds rencontrant la neige ancienne „ ſous la nouvelle, & ne trouvant aucun appui, gliſſoient ſans „ ceſſe ſans pouvoir ſe retenir". Il eſt de fait que la neige fond tous les ans ſur le mont Genêvre, puiſqu'on y *ramaſſe* ſur le terrein à ſec. Ainſi ces Auteurs n'ont pas déſigné un mont où les pentes ne ſont point eſcarpées & coupées de rochers, & où l'on ne trouve jamais de neige ancienne, à moins que ce ne ſoit ſur quelque tête où l'on voit du premier coup d'œil qu'on n'a pas be-

(21) Les ramaſſes ſont des eſpeces de traîneaux conduits par des hommes.

soin de passer ; ce qu'on ne fait pas de gayeté de coeur & qu'on ne peut pas imaginer qu'Annibal ait fait sans raison, d'autant plus que les deux Auteurs disent que ce Général vint reconnoître le rocher, & que ne trouvant aucun moyen de l'éviter il ne lui restoit d'expédient que celui de le couper.

C'est nécessairement du mont Viso „ qu'Annibal montre à ses „ Soldats l'Italie & les terres qu'arrose le Pô, qui se trouvoient „ autour d'eux & au pied des Alpes" (22); ce fleuve prend sa source au pied du mont Viso; l'on assure à ceux qui se piquent d'avoir une bonne vue, que de son sommet on découvre la plaine du Piémont: on me l'a montrée comme on fait à tous les voyageurs, mais je suis forcé de convenir que je n'ai pû la voir qu'en imagination, à cause de l'oscillation de l'air, & de la longue chaîne de montagnes qui se trouve entre deux. Ce n'est point ainsi que du Pic du midi, le plus haut des Pyrénées, j'ai découvert la plaine de Tarbes, où la vué s'étend aussi loin qu'il est possible que l'oeil puisse atteindre; mais aussi la plaine de Tarbes est plus proche du Pic du midi que celle du Piémont du mont Viso. Il est vrai que de Turin, on voit le mont Viso.

Il faut encore joindre à tant de raisons, que Polybe dit qu'avant son passage du Rhône, Annibal avoit déjà dans son armée un petit Roi, nommé Magile, qui l'étoit venu trouver des environs du Pô. Ce Magile fit une harangue aux Carthaginois en deçà du Rhône, pour „ annoncer les résolutions que les Gaulois „ citérieurs avoient prises contre les Romains, toutes très-pro„ pres à donner du coeur & de la confiance aux Soldats d'Anni„ bal. *Polybe ajoute*, il sembloit qu'on ne pouvoit se défier de la „ promesse que les Gaulois faisoient, de les conduire jusqu'en „ Italie par des lieux où ils ne manqueroient de *rien* & par où „ leur marche seroit courte & sure". D'où l'on peut aisément

(22) *Subjectosque alpinis montibus Circum-padanos Campos.* Lite-Live. Lib. XXI.

conjecturer que ce Magile ayant, comme tous les autres barbares, le dessein de détruire les Carthaginois, pour profiter de leurs dépouilles, les conduisit dans les plus dangereux passages des environs de son pays qu'il connoissoit bien, & où l'on pouvoit plus aisément exécuter les complots tramés entre ces barbares. La trahison continuelle de ces Gaulois inspiroit une défiance habituelle au Chef des Carthaginois, qui ne contribua pas peu à le faire rester pendant neuf jours dans les Alpes, avant d'en pouvoir gagner la sommité, lorsqu'il eut essuyé la trahison du peuple perfide (23).

QUOIQUE François I. dans son passage du mont Viso n'ait pas rencontré ce chemin d'Annibal, & qu'il ait fait couper quarante-cinq toises de rocher pour s'y frayer une route, comme on le dit dans le pays & comme je l'ai lû dans des mémoires particuliers, il me semble qu'on ne doit point pour cette raison refuser de se rendre à l'évidence, que le mont Viso est l'endroit où le Héros de Carthage a donné de si grandes preuves de son courage & de l'élévation de son ame.

QU'IL

(23) Dans un nouveau voyage d'Italie fait par un François en 1765 & 1766, imprimé à Venise & débité à Paris chez Dessaint en 1768, „ on trouve qu'Anni- „ bal ayant cotoyé l'Isere pendant dix jours l'an 219 avant J. C. arriva suivant „ Tite-Live à un château qui étoit le chef-lieu de ce pays. Cette forteresse étoit „ St. Jean de Maurienne, suivant Simler & Mr. Groslé qui le font passer par le „ mont Cénis; mais l'opinion commune est pour le mont St. Bernard. C'est de- „ puis cette expédition qu'on a appellé du nom d'Alpes Pennines la chaîne de „ montagnes qui va du côté du midi, comme on appelle les montagnes, qui vont „ au nord de la Lombardie, Alpes Grecques à cause du passage d'Hercule." *Plin. III.* 17, 11. On a vu ce que j'ai déjà cité de Tite-Live à propos de cette équivoque d'Alpes Pœnines, ou Pennines: on peut y ajouter encore ce que dit Danville dans sa Notice de l'ancienne Gaule au mot Alpe, où l'on voit un St. Bernard prêtre de l'église d'Aouste qui renversa l'Idole Penn du sommet de la montagne qu'on appelloit Pennine, & prêcha l'Evangile aux montagnards qui changeant de culte appellerent le Pen sacré, mont St. Bernard.

Qu'il soit descendu par la vallée de Pragelas ou par celle du Pô, il a dû facilement le troisieme jour de sa marche planter ses drapeaux dans les plaines qu'arrose ce fleuve, malgré le mauvais état des hommes, des éléphans & des bêtes de charge.

Ainsi sans rien changer à la narration de Tite-Live, & sans interprétation douteuse ou forcée, il me semble un guide assuré qui nous mene dans la route d'Annibal; & quoique je ne sache pas précisément par quel col ce Général est entré dans ce fatal vallon, & quelle route il s'est ouverte pour arriver à la sommité des Alpes, je ne le perds pas plus de vue qu'un chasseur, qui des hauteurs, laisse sa meute parcourir les routes & les fourrés d'un bois à l'entrée duquel il l'a conduite; il ne la voit plus, mais il l'entend au loin & la rejoint aussi-tôt qu'elle quitte les fonds. Je me retrouve de même avec Annibal sur le mont Viso, sans m'inquiéter de tous les détours où la fraude de ses guides, son peu de confiance en eux, & son manque de connoissance de l'intérieur des montagnes, a dû le faire errer pendant neuf jours. J'ajouterai qu'il est presque nécessaire qu'Annibal soit parti des environs de Barcelonette, qu'il ait dépassé le col de l'Argentiere, & que ce soit dans le tems des neiges, pour trouver assez de montagnes pour y marcher pendant neuf jours sans en gagner plus tôt la sommité; car cette circonstance que Folard rejette absolument, ne me paroît pas de nature à devenir une faute d'imprimeur ou de copiste dans Polybe & Tite-Live; elle donne même une grande facilité pour trouver l'enceinte dant laquelle les Carthaginois ont essuyé de si cruelles fatigues pendant un terme si long. On voit dans ma Carte des Alpes par la position des sources des rivieres qui coulent à l'Est & à l'Ouest, que ces points qu'on nomme *les eaux pendantes*, donnent la véritable position de la sommité des Alpes, & l'on peut observer dans l'itinéraire du Chevalier Folard, combien il a négligé cette expression & les conséquences qu'il en devoit tirer, pour ne pas placer si-tôt Annibal dans les vallées, où l'on peut dire qu'il le fait errer sans aucun principe & sans aucune raison, plus indéterminément & inconséquemment que ce Général n'a fait dans le sein des montagnes les plus difficiles, où les perfides Gaulois avoient espéré de le détruire. Je ne me lasse point de répéter que j'ai d'Annibal une trop grande opinion pour me figurer que ce Général ait erré sans direction. Il aura toujours voulu prendre sur sa droite du côté de l'Orient, où il savoit que devoient se trouver les vallées qui conduisoient à la plaine.

On voit dans la marche des Colonnes du Prince de Conti, que quatre bataillons commandés par Don Pedro Garcia s'étoient séparés de la sixieme, sur la gauche de laquelle ils marchoient à travers monts & vallées, & quatre-cens hommes aux ordres du Comte de Monteynard tenoient avec une peine extrême le milieu; les bataillons & le détachement employerent trois jours à faire environ cinq lieues pour se rendre au camp de la montagnette, au dessus du poste des Barricades. On peut juger par la différence de ce corps à celui qu'Annibal conduisoit, de quelle nature pouvoient être les obstacles que ce Général avoit à vaincre; puisque de si petits corps d'Infanterie n'avoient pu surmonter la nature qu'avec tant de peine, & par une si longue fatigue; aussi le Prince de Conti persuadé que rien n'étoit impossible aux hommes, ne s'effrayoit ni de l'exemple d'Annibal, ni des foibles représentations de ceux dont il savoit également & se faire obéir & relever l'ame & le courage.

Quant à la difficulté de rassembler tout le vinaigre qu'on suppose qu'il a fallu pour dissoudre les pierres d'une montagne, il me paroît qu'elle se détruit d'elle-même, si l'on suit avec attention l'opération que Tite-Live rapporte, si l'on en compare les circonstances avec les idées qu'elles font naître, & si l'on forme enfin dans son imagination un tableau net de ce qu'on conçoit: il faut aussi se rappeller que le vinaigre étoit d'un usage très-commun dans les armées des anciens, qu'on en faisoit des distributions régulieres aux Soldats, afin qu'ils ne bussent jamais d'eau pure, celle des torrens & des montagnes étant sur-tout très-dangereuse.

Annibal en pleine marche, se trouve subitement arrêté; il accourt pour reconnoître l'obstacle, il trouve un rocher dont la pente est d'une roideur excessive & dont la saillie dans le défilé ne laisse qu'un passage fort étroit, que le Soldat le plus hardi, dit Tite-Live, ne peut franchir qu'en saisissant les arbustes & les racines qui poussoient entre les fentes de ce rocher, sur lequel la neige & la glace empêchoient que le pied ne pût s'assurer. Il est aisé de s'en faire une image. Ce sentier descendoit de la tête d'une montagne vers son pied; la pente étoit d'une roideur excessive & coupée cependant par quelques rochers en saillie sur le bord du sentier; il falloit descendre ce chemin en écharpant la montagne, c'est-à-dire, en s'écartant de la ligne directe ou perpendiculaire & en suivant une ligne droite mais qui se feroit écartée sur la droite ou la gauche. Ces sortes de sentiers sont les seuls qu'on rencontre sur les montagnes, qu'on ne monte jamais de pied en cime comme les torrens en descendent: quand la montagne a sa pente trop droite, le sentier devient impraticable & on est obligé de le couper par plusieurs zigzags. Il n'est pas nécessaire d'aller dans les montagnes pour voir un modele de ces chemins: il n'est point de colline ou de glacis dont la pente soit un peu roide dans les parcs & les jardins, que l'on ne soit forcé de descendre de cette façon. L'imagination peut aisément se porter à l'étendue d'une montagne telle que le mont Viso qu'on croit de deux mille cinq-cens toises plus haut que le niveau de la riviere qui part de son pied, lorsqu'elle est arrivée à Turin; on peut aussi facilement concevoir que ce sentier tracé par les gens du lieu ſur le rocher étoit expoſé à tous les éboulemens qui tomboient d'en-haut, & qu'ainſi ces inégalités conſolidées de ſiecle en ſiecle par la nature y formoient des défilés & rompoient l'uni de la ſurface.

Tandis que les ames effrayées de ſes guerriers, (intrépides dans d'autres occaſions,) ſe livrent au découragement & au déſeſpoir, Annibal s'éleve au-deſſus des difficultés, & trouve les moyens de ſurmonter l'obſtacle. Il voit que chaque expérience qu'il fait pour ſe frayer une autre route, lui coûte des hommes qui périſſent dans les neiges & les fonds qu'elles cachent, il forme le plan de briſer ce rocher & de l'emporter par éclats. Il commence par relever le courage de ſon armée, abattue autant par la fatigue & le froid que par le déſeſpoir de ſe trouver dans un pays affreux dont elle n'eſpere pas de ſe pouvoir tirer. Il donne les ordres que lui ſuggere un eſprit prompt & préſent qui ne s'effraye ni du danger, ni des foibleſſes de ceux qu'il commande. Il employe ſon armée à rendre ſur le champ le paſſage praticable au moins pour l'Infanterie & la Cavalerie. „ Il prit le parti de camper à la „ tête du défilé, & pour cela il en fit ôter la neige. On creuſa „ enſuite par ſes ordres un chemin dans le rocher même, & ce „ travail fut pouſſé avec tant de vigueur, qu'au bout du jour „ qu'il avoit été entrepris, les bêtes de charge & les chevaux „ deſcendirent ſans beaucoup de peine. On les envoya auſſi-tôt „ dans les pâturages & l'on établit le camp dans la plaine où il „ n'étoit pas tombé de neige. Reſtoit à élargir aſſez le chemin „ pour que les éléphans y puſſent paſſer. On donna cette tâche „ aux Numides que l'on partagea par bandes, qui ſe ſuccédoient „ les unes aux autres, & qui purent à peine finir en trois jours. „ Au bout de ce tems les éléphans deſcendirent, exténués par „ la faim, ne pouvant qu'à peine ſe ſoutenir. Car quoique ſur le „ penchant des Alpes il ſe trouve des deux côtés des arbres, des

„ forêts, & que la terre y puiſſe être cultivée, il n'en eſt pas de „ même de la cime & des lieux voiſins. Couverts de neige pen- „ dant toutes les ſaiſons, comment pourroient-ils rien produire? „ L'armée deſcendit la derniere, & au troiſieme jour elle en- „ tra enfin dans la plaine, mais beaucoup inférieure en nom- „ bre à ce qu'elle étoit au ſortir d'Eſpagne" (24).

On voit par ce détail l'eſpece d'ouvrage que l'armée eut à faire d'abord: ce fut de tracer ſur une pente extrêmement roide un chemin qui ne devoit pas être tout droit. La montagne n'étant pas couverte de terre, & n'offrant qu'une ſurface de pierre, on creuſa le ſentier ſuivant la trace qu'Annibal ordonna: comme il avoit vraiſemblablement très-peu de largeur, & qu'on ne doit pas ſuppoſer qu'il y paſſât des voitures, & vu qu'on employa tous les ouvriers que la place put permettre, cet ouvrage qui ſe faiſoit „ dans un défilé qui s'étendoit à la longueur d'environ un ſtade „ & demi" (25), c'eſt-à-dire, de 150 toiſes ou neuf cens pieds de roi (26), s'avança dès le premier jour (tant on y travailloit avec ardeur) juſqu'au point d'y faire paſſer les chevaux & bêtes de charge. Mais comme il conſervoit encore de grandes inégalités, & vraiſemblablement des rochers en ſaillie qui pouvoient, ſur-tout dans les tournans, repouſſer les éléphans du côté de la pente & du précipice & les y faire tomber, il falloit élargir l'ouvrage commencé, & c'eſt la tâche qu'Annibal donna aux Numides, qui travaillerent pendant trois jours. Tite-Live explique l'eſpece de travail qu'ils firent; ils aſſemblerent une quantité prodigieuſe de bois que l'armée coupa, & en compoſerent un bucher qu'ils dreſſerent contre le rocher: le vent rendit le feu plus actif.

La quantité de bois verd, ſa diſpoſition, le ſoufle du vent,

(24) *Polybe Chap. XI. Liv. III.* (25) *Polybe Liv. III. page* 80.

(26) Pline donne 120 pas ou 625 pieds au ſtade; le ſtade Grec n'avoit que cent toiſes ou 600 pieds de roi.

faciliterent la calcination de la pierre, que le feu fit rougir comme les marbres & les cailloux les plus durs qu'on renferme dans un four à chaux (27). Annibal ſupplée aux murs du four par la quantite de bois. Pour donner une idée de l'effet du vinaigre, il dit que les Carthaginois putréfient le rocher avec le vinaigre, expreſſion qui ne nous ſurprend que parce qu'elle ne nous eſt pas familiere, & qui n'a pas cependant l'énergie de celle de liquéfier les pierres, qui convient à l'action de l'eau froide jettée ſur la chaux-vive, qu'elle rend liquide comme elle-même. Qui n'auroit pas la connoiſſance de cette opération phyſique, ou ne s'en feroit pas une image poſitive, auroit plus de raiſon de blâmer l'expreſſion de *liquéfier*, que celle de pourrir les pierres. Il n'eſt ici queſtion que d'un ſimple rocher que les Soldats ont couvert de bois: quand il eſt pénétré des flammes & que les fentes & crevaſſes ſont de plus en plus ouvertes par l'action du feu, le vinaigre jetté dans ces fentes, trouve encore le rocher ardent dans l'intérieur, quoiqu'on puiſſe s'approcher de ſa ſurface; il bouillonne en tombant dans des crevaſſes que ſon action fait ouvrir de plus en plus, non comme l'eau froide fait ſur la chaux-vive, mais comme la poudre qui ne ſeroit pas tout-à-fait renfermée, & dont l'exploſion ne ſeroit pas totalement gênée, qui jettée dans ces mêmes crevaſſes n'auroit pas la force de briſer & de ſéparer ces rochers, mais les ébranleroit légérement, les feroit entr'ouvrir, & donneroit la facilité d'en détacher les éclats avec le fer, comme fit Annibal.

La calcination a ſes dégrés, & toutes les pierres cuites ne ſe liquéfient point comme celles de la chaux; le plâtre eſt un ſecond dégré de calcination, où la pierre moins pourrie reſte encore

(27) *Ita torridam incendio rupem ferro pandunt, molliuntque infractibus modicis clivos.* Tite-Live Liv. XXI. §. XXXVII. Par ce moyen ils ouvrent le rocher ardent avec le fer & adouciſſent les rampes en les coupant par petits zigzags.

plus compacte & plus liée, & a besoin d'être réduite en poudre à force de bras pour s'amalgamer avec l'eau; la calcination du rocher d'Annibal pouvoit être un troisieme dégré, où la pourriture de la pierre étant moins complette ne donneroit de facilité que pour enlever plus aisément les éclats & les brisures que le vinaigre occasionnoit. Je me représente ce grand ouvrage exécuté par quelques mineurs seulement, travaillant pied-à-pied & jettant de tems en tems du vinaigre dans les crevasses, en faisant même de nouvelles, pour que le vinaigre les augmentât & leur donnât la facilité d'emporter pièce à pièce ce rocher, qui par ce moyen cédoit aisément à l'action du fer, que Tite-Live dit qu'ils employoient. Dans ce sens je ne conçois pas qu'il ait fallu la quantité de vinaigre que supposent ceux qui s'imaginent sans doute qu'on en jetta sur la pierre comme de l'eau sur un feu qu'on veut éteindre, & qu'à force d'humecter ainsi la surface du rocher ardent, on auroit ouvert ses pores & amolli sa composition. Il s'agissoit d'emporter trois ou quatre pieds de rocher qui vraisemblablement faisoient tout ce qui manquoit de largeur au sentier, pour faire passer des éléphans aux endroits où les bêtes de charge avoient déjà pu descendre, & d'élargir les tournans ou les angles que formoient les zigzags, qu'on avoit été forcé de faire pour rendre la pente moins glissante. Ces pierres ou rochers en saillie se pouvoient travailler de haut en bas puisqu'ils étoient auparavant sur une pente qu'on avoit escarpée déjà par le pied, du côté de la montagne, pour y creuser le sentier des chevaux. Le vinaigre jetté sur le haut de ce rocher, pénétroit aisément dans ses crevasses dont il suivoit les fils; la pierre amollie par le feu cédoit plus aisément aux leviers & aux coins de fer, & l'on doit sentir que ce qui prit le plus de tems ne fut pas de casser le rocher, mais de l'amollir avec le feu & le vinaigre, & d'attendre que la chaleur fût assez dissipée pour pouvoir y travailler. Si cette image que je m'en fais d'après Polybe & Tite-Live est vraie, deux hyvers ont suffi pour rendre à cette montagne sa premiere pente & sa premiere forme. Les divers éboulemens ont rempli les sentiers tracés en zigzag, & plus les Numides ont creusé ces sentiers, plus les éboulemens ont trouvé de fondemens pour s'asseoir & pour faire disparoître toute trace de chemins & d'angles : c'est ainsi que les terres & les décombres jettés du haut d'une terrasse sur un glacis, ont bientôt rempli toutes ses inégalités & en font d'un autre genre.

Polybe qui ne parle point de l'opération du feu ni du vinaigre, n'a pas sans doute regardé cet ouvrage comme un monument fait pour en imposer à la postérité ; il a traité ces détails comme minucieux, & tels que vraisemblablement on en voyoit tous les jours chez les Grecs, où les cavernes & les voûtes souterraines sont plus communes & plus vastes qu'en aucun lieu de la terre, & où l'on ne doit pas supposer que la nature les ait toutes fabriquées, comme on ne peut pas mettre en doute qu'elle n'ait fait celle d'Antiparos, & de plusieurs autres Isles de l'Archipel, que les voyageurs voyent avec le plus grand étonnement.

Tite-Live élevé chez les Romains qui n'avoient point encore pris tous les arts & les sciences des Grecs, qui ne sçavoient pas encore tirer parti de l'action de l'eau froide sur les pierres ardentes pour les faire tomber par éclats, a cité cette circonstance aux Romains comme une chose singuliere pour eux. Silius Italicus presque son contemporain ne parle que du feu, sans ajouter le secours du vinaigre, circonstance qu'il n'a pas cru digne de sa poësie. Plus Tite-Live est concis dans cette narration, plus l'imagination de ses Commentateurs s'est échauffée, & s'est efforcée de faire regarder ce travail comme un prodige & un modele admirable, mais inimitable. On est enfin parvenu à le regarder comme une fable, & comme une impossibilité, parce qu'on ne s'est s'eſt point fait un tableau naturel de la choſe, & qu'on a laiſſé librement errer ſon imagination, ſans jamais approfondir ſes idées.

Rollin dans ſes remarques ſur ce paſſage qu'il ne regarde ni comme une impoſſibilité, ni comme une ſuppoſition, dit que Pline attribue au vinaigre une force extraordinaire, & telle que celle dont Annibal avoit beſoin dans cette circonſtance.

Ce que je trouve de plus merveilleux dans l'opération d'Annibal, de quelque façon qu'il ait percé le rocher, ſoit avec le vinaigre, ſoit autrement, c'eſt que cette grande ame ait formé ce vaſte projet.

L'exécution m'en paroît d'autant plus ſimple qu'il employoit à cet ouvrage une armée, réduite à la condition de l'Equipage d'un vaiſſeau, quand un danger éminent rend l'Officier & le Soldat actifs comme le Matelot, & les fait tous travailler ſans relâche & ſans diſtinction, pour le ſalut commun. On trouve des ſouterrains au pied du mont Viſo du côté du Piémont qu'on appelle les pertuis du mont Viſo, que pluſieurs perſonnes croyent avoir ſervi de chemin à Annibal; mais ces pertuis qui ne ſont que des eſpeces de grottes & de cavernes ſans profondeur, ne reſſemblent point aux deſcriptions de Polybe & de Tite-Live, qui ne donnent aucune idée qu'Annibal ait entrepris de creuſer le mont Viſo par le pied. Ces pertuis d'ailleurs regardent le Pô, & ſont par conſéquent à l'oppoſite du côté par lequel les Carthaginois arriverent au mont Viſo.

Qu'il me ſoit permis à préſent de montrer quelles idées le Chevalier Folard ſubſtitue à celles de Polybe, qu'il ne commente pas, mais qu'il corrige, & à celles de Tite-Live qu'il traite avec tant de mépris. J'ai fait graver ſa carte du paſſage des Alpes par Annibal, pour ne laiſſer rien perdre de toutes les lumieres qu'il donne ou des erreurs qu'il préſente.

Son itinéraire conduit Annibal en quatre jours des bords du Rhône qu'il vient de passer, dans l'Isle que forment le Rhône & l'Isere; il disserte sur les rivieres d'Arar & d'Isarar, la Saone & l'Isere, & conclut enfin que le camp d'Annibal dans l'Isle, dut être aux environs de Romans. Il veut bien admettre qu'Annibal établit sur le trône des Allobroges l'aîné des deux freres qui se le disputoient. Croyant qu'il ne pouvoit point exister d'autres Allobroges que ceux du pays où se trouvoit Annibal, il a voulu que la scene des Gaulois nommés Allobroges, & voisins de la Durance, se rapprochât pour se passer dans le canton qu'on désignoit particuliérement sous le nom de Royaume des Allobroges. Trouvant des Allobroges & la Durance auprès de Briançon, il a bâti tout son systême sur ce fondement, & a rejetté toutes les circonstances de Polybe & de Tite-Live qui ne quadroient pas avec son plan. J'en suspens un moment les détails, pour donner l'intelligence du mot *Allobroge*, qui sans doute est le principe de l'erreur du Chevalier Folard. Ce mot, Celtique dans son origine, est composé de deux mots, *all* qui veut dire *haute*, & *bro*, qui signifie *terre*, dont on tire aisément le nom de montagne & celui de montagnards qu'on rend par celui d'Allobroge.

Les sçavans ne disputent point cette étimologie; le Dictionnaire de Trévoux fait l'énumération de tous ceux qui sont de cet avis, & comme il cite Bochat & des auteurs respectables, ce n'est point sur le Dictionnaire que je me fonde, mais sur ses explications très-détaillées, au mot *Allobroges*.

Pour ajouter à cette autorité des exemples, je choisis César, l'auteur le plus respectable à mon gré, & dont le mérite est le plus universellement reconnu, principalement par ceux qui, suivant ses traces, cherchent à prendre chez lui des connoissances militaires.

Cet auteur, dès le commencement de ses Commentaires, donne les bornes des pays qu'il parcourt; il doit d'autant moins se tromper sur celles des Allobroges, que les peuples désignés sous ce nom étoient dans son gouvernement, & il s'appliquoit à les bien connoître. Il dit donc, que le Rhin sépare les Germains des Helvétiens, & que le Rhône sépare les Allobroges des mêmes Helvétiens: & quelques pages plus loin, il cite des Allobroges au-delà du Rhône. On ne dispute point qu'il n'en ait effectivement existé de l'autre côté du Rhône, puisqu'on sçait qu'ils ont occupé le Val de Romey, le district de Chatillon de Michaie & les vallées à l'Ouest de la chaîne des montagnes qu'on appelle le mont Jura.

Dans les remarques sur la carte ancienne des Gaules faite par le célebre Samson, & qu'on trouve à la tête des Commentaires de César (28), il cite les Allobroges, qui possédoient au-delà du Rhin des villes & des terres; mais n'admettant point d'Allobroges au-delà du Rhin, Samson substitue le nom du Rhône à celui du Rhin, & trouve qu'il n'est pas possible que des Germains Allobroges soient venus faire des plaintes à César contre les Helvétiens qui faisoient de grands ravages autour d'eux, lorsqu'ils se disposoient à quitter leur pays pour passer dans les Gaules avec toutes leurs familles. On a même substitué dans beaucoup d'éditions Latines des Commentaires de César au mot *Rhenum* (le Rhin,) *Rhodanum* (le Rhône); & alors quoique les Helvétiens fussent maîtres sur le Rhône d'un pont bâti dans un Fauxbourg de Genève, la derniere ville des Allobroges, & que ce fleuve leur servît de borne; on a trouvé plus raisonnable de croire qu'une partie des Helvétiens étoient Allobroges, & venoient se plaindre à César, que de reconnoître des Allobroges ou montagnards

(28) Edition Françoise de la Haye 1743. pag. 112. *qui trans Rhenum, vicos possessionesque habebant.*

établis au-delà du Rhin. J'infere au moins de ce passage qu'on connoissoit des Allobroges ailleurs que dans le Royaume de ce nom.

C'est ainsi que Polybe cite les Allobroges Ultra-Druentiens, de l'autre côté de la Durance ; il les qualifie du nom de *Gaulois nommés Allobroges* : ce qui prouve bien clairement que ce mot n'étoit qu'une épithete qu'on ajoutoit au nom de la nation. C'est ainsi que Lyon *Lugdunum*, composé de deux mots Celtiques *Lug*, *dun*, qui veulent dire *sur hauteur*, n'est point le nom privatif de Lyon, qui étoit la ville des Ségusiens sur une hauteur, ni celui de Leyde, le *Lugdunum* des Bataves, qui avoit quelque tour sur la hauteur qu'on nomme *le bourg*, ni de Comminges qui s'appelloit *Lugdunum Covenæ*, non plus que le *Lugdunum* de Dauphiné, qui s'appelle aujourd'hui Monléans. J'y joindrai le mot *mediterraneum* dont nous avons fait le nom privatif d'une mer, qui n'a plus d'autre désignation que celle de Méditerranée ; ce mot cependant ne signifie autre chose que *milieu des terres*, nom qui convient également à la mer Noire, à la mer Caspienne & à toutes celles qui sont dans le centre des terres. On a vû que Polybe cite les méditerranées Européennes, en donnant la direction de la route d'Annibal après qu'il eut passé le Rhône, & ce mot ne signifie autre chose que le centre des terres. *Alpen* est de même, comme je l'ai dit, un composé des mots *all* & *pen*, haut-sommet de montagne, & l'on voit dans Polybe même, qu'il confond toutes les montagnes depuis Marseille jusqu'à la mer Adriatique sous le nom d'Alpes.

On trouve nombre de mots semblables dans les auteurs Latins dont on peut avoir l'intelligence en partie dans les Mémoires de l'histoire ancienne de la Suisse par Bochat, & dans plusieurs autres Etymologistes.

Quand un Commentateur ne connoît ces mots que par une

ſimple déſignation, & qu'il en ignore l'étimologie ou les diverſes ſignifications, il accuſe ſon original, les copiſtes, les imprimeurs, & raſſemblant toutes les circonſtances qui conviennent à ſes idées, il en fait un plan auquel il ne donne de la liaiſon qu'en blâmant les autres paſſages qui ſont d'accord avec ceux qu'il rejette, & par conſéquent peu ſuſceptibles de connexion avec le ſens qu'il adopte. C'eſt ainſi que le mot *Allobroge* pris pour nom privatif d'un peuple & pour baſe du ſyſtême du Chevalier Folard, l'a pu faire tomber dans l'erreur.

César me fournit encore une ſeconde conviction contre le Chevalier Folard, & une autorité pour Tite-Live. Ce Général, non moins célebre, non moins courageux & non moins habile que celui des Carthaginois, trace à peu de choſes près la même route qu'il a faite pour paſſer d'Italie au pays des Allobroges, & qu'Annibal a ſuivie pour paſſer des Allobroges en Italie. Céſar (29) arrive à Ocellum (30), où il entre dans les Alpes, & pour arriver à Genève à l'extrémité du pays des Allobroges, il paſſe par le pays des Voconces. Samſon dans ce même commentaire ſur la carte ancienne des Gaules au mot *garocelli* trace ſa route par Suze, Exilles, Oulx, Sézane, le mont Genêvre, Briançon, Gap, Die, d'où il gagne le pays des Allobroges: Tite-Live fait paſſer Annibal du Royaume des Allobroges, par Die & Gap, pour arriver à la Durance. On peut voir ſur la premiere carte, que ces deux Héros font le même détour, & marchant de l'Eſt à l'Oueſt, ou de l'Oueſt à l'Eſt, prennent tout d'un coup auprès du Rhône du Sud au Nord, ou du Nord au Sud, ſans ſuivre la ligne droite que le Chevalier Folard trouve plus

(29) Commentaires de César. Liv. I.

(30) *Ocellum*, la derniere ville de la Gaule citérieure au pied des Alpes, eſt Oulx, Exilles, ou Huſſeaux: ces places ſur leſquelles les Sçavans ont fait de longues diſſertations, ſont toutes les trois très-près de Suze.

vraisemblable, & qu'il est essentiel d'examiner avec attention, parce que Tite-Live dit expressément qu'Annibal ne voulut pas la suivre.

COMME ce Commentateur ne trouve pas raisonnable la route qu'Annibal tient au Midi, il rejette de même celle que quelques Sçavans ont supposé qu'il a prise du côté du Nord par le mont St. Bernard qu'il déclare vouloir „ laisser en repos, il n'y passera „ pas un ame, ses neiges ne seront point foulées, il ne s'illustre- „ ra pas par tant de combats, par tant d'équipages pris ou per- „ dus, par tant d'Officiers ruinés, & de Soldats morts de mise- „ re" (31).

IL se débarrasse de Polybe en disant que „ ces huit-cens sta- „ des, sans qu'il soit besoin d'évoquer l'ombre de Polybe pour „ nous tirer d'embarras, seront une imagination, une faute de „ copiste, dont son Auteur se moqueroit s'il mettoit la tête „ hors de son tombeau".

APRE's cette saillie, qui ne résout point le problême, il rejette non-seulement la marche de 800 stades le long du Rhône, mais celle à travers le pays des Tricastins, des Voconces & des Tricoriens, réforme les *Gaulois nommés Allobroges* par Polybe, & fait arriver Annibal successivement à Grenoble, à Vizile, au bourg d'Oisans, au mont de Lens, au Lautaret, à Briançon où il passe la Durance, au mont Genêvre, à Sézane, au mont Cestrieres, à Suze, au col de la Fenestre, & enfin le douzieme jour à Pignerol.

COMME il met sans doute au nombre des contes de vieilles qu'il reproche à Tite-Live, l'histoire du Rocher de la sommité des Alpes & des ressources qu'Annibal tire du vinaigre & du feu, son silence exprime suffisamment à cet égard ce qu'il pensoit. Il réforme la marche de neuf jours postérieure au passage de la Du-

(31) Histoire de Polybe. Tom. IV. Liv. III. pag. 59. Edition de Paris 1728. in4°.

rance, comme celle de dix jours qui l'a précédée. Pour ne pas composer une histoire toute neuve, il place l'attaque du pied des Alpes, & du premier jour de marche après le passage de la Durance, au cinquieme jour de son itinéraire, où la Durance se rencontre sur sa route: l'attaque du peuple perfide, dont les guides, dit Polybe, marcherent pendant deux jours à la tête de l'armée d'Annibal, est renvoyée jusqu'au neuvieme jour, & l'action selon lui se passe aux environs du col de Cestrieres, dans la vallée de Pragelas, ayant déjà fait une marche depuis qu'il avoit passé la sommité des Alpes. Il établit Annibal sur le rocher de Balboté proche de Fenestrelles pendant cette terrible nuit qui suit le combat qu'il soutient contre ce peuple perfide, le conduit à Suze vers le Nord, le fait revenir de Suze au Midi sur ses pas, par le col de la Fenestre, & le rend enfin à Pignerol le douzieme jour.

Dans Polybe & Tite-Live les 10 jours de marche jusqu'à la Durance, les 3 pour arriver au peuple perfide, les 9 pour gagner la sommité des Alpes, & les 3 pour descendre jusqu'à la plaine, qui donnent 25 jours de marche sans les séjours, sont énoncés clairement & sans aucune équivoque: cependant le Chevalier Folard les réduit à douze. Il place le Lautaret au pied des Alpes, quoique l'une des plus hautes montagnes, dont la neige n'a de mémoire d'homme quitté le sommet, & il fait arriver Annibal au pied du mont Genêvre.

Ce Général trouve à Sézane la riviere de Doire qui coule à l'Est, & vient par Oulx & Exilles à Suze, d'où elle arrive dans la plaine du Piémont & à Turin. Le Chevalier Folard semblant refuser toute notion géographique & toute connoissance astronomique au Général Carthaginois, qu'il suppose n'être guidé dans sa route ni par le ciel, ni par les rivieres, ni par les vallées, lui fait quitter la riviere de Doire & la vallée de Sézane, pour s'engager de nouveau dans les montagnes; il le conduit à Cestrieres, auprès duquel est la riviere de Cluson, qui coule dans la vallée de Pragelas & aboutit à Pignerol; il lui fait quitter cette vallée aussi légérement que celle de Sézane: mais ce qui paroît le plus incroyable, il le conduit au nord de cette même vallée, pour l'engager de nouveau dans les montagnes sans nécessité ni raison; il lui fait essuyer le terrible combat dont il a cru reconnoître la place (32) qu'il ne fixe que sur l'autorité de ses connoissances, ainsi que tous ces détails qu'un Militaire aura peine à comprendre, & qu'il avoue lui-même n'être qu'une conjecture de sa part. Il fait parvenir enfin Annibal à Suze, ville & vallée assez remarquable où il pouvoit prendre langue, & s'instruire de la route qu'il devoit tenir pour arriver à la plaine du Piémont. Elle étoit plus facile encore à trouver que de Sézane; c'étoit la même vallée devenue plus ouverte, & que tout autre auroit cru devoir naturellement suivre, puisqu'elle conduisoit droit à Turin; mais sans qu'il en donne aucune raison, il le fait retourner sur ses pas, & revenir par le col de la Fenestre, fort près de son rocher de Balboté, pour le faire enfin parvenir à Pignerol, d'où il va dévaster la principale ville des Taurinois, c'est-à-dire, Turin, qui se trouvoit au bout de la vallée de Suze, qu'il avoit déjà rencontrée deux fois dans sa marche.

Ce commentaire que j'ai relu bien des fois, avant de croire qu'il fût tel que je le rends, est accompagné d'une carte qui ne peut donner aucune notion, pas même de la malhabileté d'un Général qui suivroit cette route, & tiendroit cette conduite.

La carte la plus commune mettra le lecteur à portée de juger si le Chevalier Folard après ce commentaire a raison de dire: „ On me permettra d'être un peu décisif sur ce point que je pos- „ sede bien. Cela me sied beaucoup mieux qu'à un autre qui ne les

(32) A la page 93.

„ les aura ni vues ni étudiées, comme j'ai fait, dans les Alpes & „ les Pyrénées " (33).

De pareilles cartes ne sont que des écarts & le jeu d'une imagination qui ne s'est pas donné la peine de les réduire à aucune mesure, proportion, ni relation avec la vérité; elles sont faites pour donner à de jeunes gens des idées des Commentaires de Folard, & non pas des idées des faits historiques & des positions géographiques; ainsi trompés, ils ne peuvent les prendre que fausses, d'après des tableaux qui ne représentent point la nature. L'image que le Chevalier Folard trace trois pages plus bas de la bataille d'Annibal contre les Allobroges, présente encore moins d'objets & de positions qu'on puisse supposer ressembler à quelque partie des Alpes, & le terrein bien ouvert où il place les Phalanges des deux armées, a peu de rapport avec les traits historiques de Polybe & de Tite-Live, & paroît difficile à concilier avec la nature des Alpes. Si, comme il le fait entendre, le combat s'est passé dans la vallée de Pragelas, il paroît plus incroyable que cette vallée puisse être prise pour un vallon fermé de tout côté par des rochers inaccessibles (comme Polybe le dépeint, aussi bien que Tite-Live) & pour l'endroit le plus propre à l'exécution de la perfidie des montagnards qui croyant avoir enfermé les Carthaginois, les chargent en queue & par les flancs tout à la fois. C'est pour ce combat sur-tout qu'il est essentiel de comparer le texte de Polybe, & la façon dont Folard l'explique & le commente. Peut-être plusieurs autres cartes de ce livre auront-elles le même défaut. Je suis forcé de soutenir que dans le parallele du Général Carthaginois avec le Général François qui passe tant de siecles après dans les mêmes places, ces cartes ne peuvent être absolument d'aucun usage, & même qu'elles ne don-

(33) Tom. IV. pag. 91.

nent aucune intelligence de l'histoire de Polybe & de Tite-Live, ni de la conduite d'Annibal.

La réputation du Chevalier Folard est cependant si bien établie par ses Commentaires sur Polybe, qu'en risquant de telles observations & un sentiment si contraire au sien, j'ai besoin de toute l'attention de ceux qui me jugeront, pour n'être pas condamné par simple prévention. J'espere qu'on ne me refusera pas de se rappeller que Guischardt (34), dont on n'a pas connu tout le mérite dans la république des Provinces-Unies, a cependant très-clairement démontré que Folard a souvent bien moins suivi le texte de son Auteur, que les écarts de son imagination trop vive, ensorte qu'on peut dire que ses idées étoient obscures dans ses beaux jours, & confuses à la fin de sa vie (35).

J'examine si scrupuleusement la marche qu'il suppose & je la trouve si peu conforme aux faits & aux circonstances que nous apprennent les Historiens qu'il a pris pour ses maîtres, que je trouve qu'elle ne leur fait pas moins de tort qu'au Héros dont il dégrade le caractere. Je tâche de présenter les mêmes objets moins défigurés; j'apporte la plus grande attention à ne changer aucune des pensées de ces Auteurs, & à présenter les mêmes images que les tems n'ont point défigurées, me contentant de substituer les noms nouveaux aux anciens, & de suppléer ceux qu'on a passés sous silence.

Polybe & son commentaire, ainsi que Tite-Live, sont si fort à la portée de tout le monde, & l'on peut si facilement se procurer des cartes qui puissent suppléer à ce qui manque à celles du Chevalier Folard, que j'ai lieu d'espérer que ceux qui s'étonne-

(34) Voyez ses mémoires militaires sur les Grecs & les Romains. Edit. de la Haye 1758.

(35) On sçait assez la fin de cet Auteur qui passa de l'étude de Polybe à la contemplation des merveilles de St. Médard.

roient de la hardiesse de ma critique sur un ouvrage si généralement vanté, mais malheureusement si fort en erreur, voudront bien entrer avec attention dans ces détails, & ne décider qu'avec réflexion.

L'on a plus de facilité que jamais de s'instruire sur l'art militaire. Outre les relations, & les plans particuliers des Généraux d'Armée envoyés dans les bureaux de guerre de chaque Souverain, dont on peut quelquefois se procurer des copies, tout Officier, en France sur-tout, s'il a l'ambition de se rendre utile un jour, ou de se distinguer dans le métier des armes, se fait une habitude & un devoir de lever les cartes & les plans des endroits remarquables où la guerre le conduit, & d'en recueillir ce qu'il peut trouver sur les lieux.

J'ai suivi réguliérement cet usage pendant dix campagnes, où j'étois à portée d'être bien instruit. Si je dois à cette méthode le bonheur d'avoir présenté mes idées avec assez de clarté pour les rendre utiles, je serai suffisamment récompensé par l'exemple que j'aurai donné, même aux dépens de mon amour-propre, & par la justice qu'on voudra bien rendre à mon zêle & à ma sincérité. Pour abréger le travail de cette Préface à ceux qu'une trop longue discussion pourroit dégoûter, j'ai réduit dans une Table de comparaison les principaux faits sur lesquels on peut décider de la route d'Annibal & de son passage des Alpes.

Polybe, d'une naissance très-distinguée en Grece, avoit acquis beaucoup de réputation par ses armes, & s'étoit toujours appliqué singuliérement à bien connoître le métier de la guerre. Lorsque le sort de la Grece le mit au pouvoir des Romains, ses connoissances & ses talens militaires lui firent bientôt gagner l'amitié de Scipion & de Fabius. Il avoit été tout exprès sur les lieux pour reconnoître le passage d'Annibal, & tous les endroits où ce

Général avoit combattu les Romains. On peut le regarder comme l'Auteur le plus désintéressé, puisqu'il n'étoit ni Romain ni Carthaginois. Il jouit de la réputation d'être un des meilleurs écrivains de l'antiquité. Il mérite par conséquent qu'on s'occupe plus à étudier, qu'à commenter son texte.

TITE-LIVE par son histoire Romaine s'est fait regarder comme un Auteur précieux à tous les siecles, & l'on regrette tous les jours de ne pas posséder toutes ses Décades. Il est, à ce qu'il me semble, toujours d'accord avec Polybe.

TELS sont les deux Auteurs dont je compare les passages essentiels. Je n'ai placé mon opinion après leur histoire que parce que je la crois tout-à-fait conforme à ce qu'ils ont dit, & pour ne point détourner les lecteurs des idées que leur donnent ces Auteurs. Je n'ai rangé le Chevalier Folard à la quatrieme Colonne que pour ne point ramener le lecteur des idées de ce commentateur aux miennes, que je regarde comme une suite & une explication de Polybe & de Tite-Live, tandis que les siennes présentent un tableau tout différent, où l'on perd de vue tous les traits de l'Historien Grec & du Romain.

ERRATA.

Page 14 *ligne* 11. la Provence d'Overyssel avoit *lisez* deux des Provinces de l'Union avoient

GUERRE

GUERRE DES ALPES

OU CAMPAGNE DE MDCCXLIV.

PAR LES ARMÉES COMBINÉES

D'ESPAGNE ET DE FRANCE.

L'Empire d'Occident avoit eu pendant près de cinq ſiècles une ſucceſſion peu interrompue d'Empereurs de la Maiſon d'Autriche. Charles VI., craignant de la voir éteindre en ſa perſonne, s'étoit occupé toute ſa vie du ſoin d'en conſerver la ſplendeur & la puiſſance, s'il ne pouvoit en perpétuer le nom. Il avoit donné l'Archiducheſſe Marie Thérèſe ſa fille aînée en mariage au Duc François de Lorraine, qu'il avoit engagé de reſter à ſa Cour: deux de ſes nièces avoient épouſé les Electeurs de Saxe & de Baviere. Dérogeant à l'ordre de ſucceſſion, établi dans ſa Maiſon par l'Empereur Charles V., il avoit fait une Pragmatique Sanction, qui devoit réunir tous ſes Etats héréditaires ſur une ſeule tête; il avoit exigé des Electeurs & Electrices de Baviere & de Saxe la rénonciation à ſa ſucceſſion, en faveur de ſa fille aînée Ducheſſe de Lorraine. Cette Pragmatique Sanction, produite en 1713, n'avoit d'abord été connue que de la Famille Impériale; mais l'Empereur voulant lui donner force de Loi,

Pragmatique Sanction.

la fit recevoir (en 1724) par tous les Princes de l'Empire, & proposa depuis à tous les Souverains de l'Europe de la reconnoître & d'en assurer l'exécution. La Maison de Bourbon étoit trop puissante pour que l'Empereur la négligeât; mais elle avoit alors des intérêts directement opposés à ceux de la Maison d'Autriche, outre une habitude invétérée d'inimitiés nourries par de longues & continuelles guerres. Le Trône d'Espagne n'avoit été véritablement abandonné à la Maison de Bourbon que faute de Prince dans la Maison d'Autriche. Philippe V. de Bourbon avoit possédé longtems ce Royaume, avant que l'Empereur Charles qui le lui avoit disputé personnellement, eût voulu le reconnoître. Philippe avoit conquis depuis, & reperdu les Royaumes de Sicile & de Sardaigne, & attendoit en dédommagement les successions éventuelles des Duchés de Parme & de Toscane, dont les Souverains n'avoient point de successeurs désignés. Quoique ces Etats fussent assurés à Don Carlos fils de Philippe V. par le Traité de la Quadruple-Alliance (en 1718) & que ce Prince dût passer en Italie pour s'en assurer la succession, le Traité ne s'accomplissoit point & l'Espagne faisoit retentir l'Europe de ses plaintes. L'Empereur à la mort du Duc de Parme s'étoit mis en possession de ce Duché: il avoit fallu de nouveaux Traités pour l'engager à s'en désaisir, & Don Carlos n'avoit été reçu dans l'Italie qu'après treize ans de délais & de négociations. A peine établi dans Parme, il en avoit été dépossédé par l'Empereur, mais la sanglante Campagne de 1734, mémorable par les victoires des François à Parme & à Guastalla, avoit obligé celui-ci à faire de grands sacrifices. Don Carlos, fuyant de Parme, étoit venu par une heureuse révolution s'emparer des Royaumes de Naples & de Sicile; & l'Empereur n'ayant pu les retirer de ses mains, les avoit abandonnés par le Traité conclu à Vienne en 1736, mais terminé seulement en

1738. en vertu duquel il recouvroit en dédommagement le Duché de Parme; le Duc François de Lorraine cédoit ses Etats patrimoniaux à Stanislas Leczinsky, qu'Auguste Electeur de Saxe, de la Maison de ce nom, avoit dépossédé du Trône de Pologne; Louis XV. Roi de France & Gendre de Stanislas devoit à sa mort posséder les Duchés de Lorraine & de Bar pour les réunir à la Couronne de France, & le Duc de Lorraine recevoir l'investiture accordée ci-devant à Don Carlos du Grand-Duché de Toscane, dont il fut mis en possession à la mort du Grand-Duc, en qui la Maison de Médicis fut éteinte. La Pragmatique Sanction avoit été garantie, à cette Paix, par les Souverains intéressés dans cette guerre. Etat de l'Europe après la Paix de Vienne.

Charles VI. n'ayant survécu que peu de tems à ce Traité, n'avoit point eu celui de faire élire son Gendre Roi des Romains, ce qui eût été le plus grand avantage pour sa Pragmatique Sanction. La mort de l'Empereur avoit occasionné la guerre; l'Archiduchesse Marie Thérèse d'Autriche, Grande-Duchesse de Toscane, avoit reçu, en son propre & privé nom, le serment de fidélité de tous les sujets de l'Empereur son pere, associé le Grand-Duc de Toscane à son autorité, sous le titre de Co-Régent, & pris celui de Reine de Hongrie. Plusieurs Souverains avoient protesté contre cette prise de possession, & prétendoient que par leur accession à la Pragmatique Sanction, ils n'avoient entendu ni pû garantir que les Etats qui devoient appartenir légitimement à l'héritier de Charles VI., qu'ils n'avoient point prescrit leurs droits, moins encore ceux de divers Souverains, qui par la mort de l'Empereur devoient rentrer en possession de biens dont ils étoient héritiers, à quelque titre que ce fût.

Charles Electeur de Baviere soutint que sa rénonciation & celle de l'Electrice son Epouse n'étoient point de nature à l'em- Baviere.

pêcher de faire valoir les droits qu'il avoit de son chef, en vertu du Testament de Ferdinand d'Autriche, dont Albert V. Duc de Baviere duquel il descendoit avoit épousé la fille aînée, appellée à la succession des Royaumes de Bohème & de Hongrie, en cas d'extinction d'héritiers mâles de la Maison d'Autriche. La Grande-Duchesse de Toscane prétendoit que c'étoit seulement en cas d'extinction d'héritiers légitimes, & que suivant ce même Testament elle étoit incontestablement héritiere de ces Royaumes.

Espagne. PHILIPPE V. de Bourbon, Roi d'Espagne, avoit aussi fait son opposition & sa protestation pour le maintien de tous ses droits, qu'il ne spécifia pas d'abord, mais particuliérement pour rester seul Grand-Maître de l'Ordre de la Toison d'or, qu'il prétendoit n'appartenir qu'au Royaume d'Espagne, mais que l'Empereur Charles VI. avoit regardé comme l'Ordre de la Maison de Bourgogne, dont il étoit l'héritier. Cette simple prétention facile à discuter & à concilier s'étendit par la suite jusques sur la succession de tous les Etats de la Maison d'Autriche, que le Roi d'Espagne prétendit lui appartenir comme héritier de la fille de l'Empereur Maximilien II., Epouse de Philippe II. dont il descendoit par les femmes; prétendant qu'elle devoit avoir la succession par droit d'aînesse, si les femmes étoient habiles à se porter héritieres de la succession de la Maison d'Autriche.

Portugal. JEAN V. de Bragance, Roi de Portugal dès 1706, occupé de sa fin que son âge & ses infirmités lui faisoient envisager comme prochaine, n'écoutoit que la voix de la religion, ou plutôt des ministres des autels. Il avoit vu le Royaume d'Espagne absolument dégarni de troupes, &, par délicatesse de conscience plus que par politique, il n'avoit pas voulu choisir ce tems pour discuter des intérêts importans & même pressans qui demandoient un nouveau Traité de paix, ou devoient occasionner la guerre.

Le Prince du Bresil, éloigné des affaires & des Conseils, respectoit l'Eglise, & la laissoit disposer sans opposition de toute l'autorité. La Princesse du Bresil, loin de l'exciter à d'autres sentimens, paroissoit sacrifier tout ressentiment à sa famille & à son nom. Le Roi d'Espagne étoit son pere : le Roi de France avoit dû l'épouser. Le Duc de St. Simon son Ambassadeur en avoit été faire la demande avec un appareil & une magnificence jusques-là sans exemple : quatre cens Seigneurs François l'avoient suivi à Madrid, & donné à ses fêtes un éclat d'autant plus brillant que le Duc de St. Simon y sacrifia une fortune immense dont il fut récompensé par un brévet de Grand d'Espagne & un Cordon rouge de l'Ordre de la Toison d'or. L'Infante conduite en France (en 1722) & élevée à la Cour du Roi qu'elle devoit épouser, ne l'avoit jamais rendu responsable des raisons politiques qui la firent reconduire (en 1725) à la Cour d'Espagne pour passer ensuite en Portugal. La Religion en ce pays absorbant alors toutes les idées, & étouffant toute politique & tout intérêt, Jean V. se piquoit d'observer la plus exacte neutralité non seulement avec l'Espagne dont il avoit à se plaindre, mais même avec tout le reste de l'Europe.

FRÉDÉRIC III. monté nouvellement sur le Trône de Prusse (convaincu que les droits des Souverains sont inaliénables, qu'ils les tiennent de Dieu & de leur Epée, & qu'en étant responsables, c'est à eux-mêmes à se les procurer) se mit à la tête d'une armée avec laquelle il se fit reconnoître Duc de Silésie, & prêter serment de fidélité, protestant qu'il n'entendoit en aucune façon violer sa garantie de la Pragmatique Sanction. Bornant ses conquêtes à ses droits, dont il fit de publiques déductions, il offrit à la Grande-Duchesse de Toscane, non seulement son amitié, mais même son alliance contre ses Ennemis, ce qu'elle refusa. Frédéric III. s'étoit joint à l'Electeur de Baviere, aux Rois de Prusse.

Par le Traité du 18 Mai 1741. France & d'Espagne, auxquels se réunirent ensuite les Rois de Pologne & de Sardaigne. D'après ces divers Traités, la Reine de Hongrie devoit être dépouillée de la Basse-Silésie, de la Ville de Neiss & du Comté de Glatz par le Roi de Prusse; de la Haute-Silésie & de la Moravie par le Roi de Pologne; du Royaume de Bohème, du Tirol & de la Haute-Autriche par l'Electeur de Baviere. L'Italie & la Lombardie devoient être le partage de la Maison de Bourbon, & du Roi de Sardaigne; & la France devoit garder les conquêtes qu'elle feroit, & casser pour toujours le Traité de la Barriere.

Russie. Elizabeth Petrowna, devenue Impératrice de Russie après les révolutions de l'Empereur Iwan & de l'Impératrice Anne, étoit vainement alliée de la Reine de Hongrie. Arrêtée par les armes des Suédois, elle n'avoit pu lui donner aucun secours, & quand elle s'en fut débarrassée par la capitulation d'Helsingfort *, si fatale à la Suéde, elle eut d'autres raisons de différer la marche de ses troupes.

* 4 Septembre 1742.

Turquie. Suéde. Perse. Le Grand-Seigneur se préparoit à faire une puissante diversion en Russie, suivant sa convention avec la Suéde, qui ne pouvoit plus rien par elle-même, lorsqu'il en fut détourné par la guerre que lui déclara le Sophi de Perse.

Angleterre. Hanovre. L'Angleterre soutenoit la Reine de Hongrie de toutes ses forces; George II. son Roi & Electeur d'Hanovre en même tems, s'efforçoit de faire regarder aux Anglois ses Etats d'Allemagne comme unis à leur Couronne; au point d'exiger leur secours en tout tems, de même que si le Pays d'Hanovre avoit fait partie des trois Royaumes de la Grande-Bretagne, ou un quatrieme Etat de leur union. N'ayant point encore pu convaincre les Anglois de ce principe, & craignant tout pour son Electorat, il avoit signé à Hanovre le 7 Septembre avec la France un Traité de Neutralité pour le Pays d'Hanovre seulement: il s'étoit engagé de n'apporter aucun empêchement à l'Election de Charles de Baviere à l'Empire, & la France s'étoit obligée à défendre son Electorat. Ce Traité avoit été exécuté fidélement à cet égard, mais les Anglois n'avoient point fait difficulté de prendre les armes ; & ce même Electeur d'Hanovre, à leur tête comme Roi d'Angleterre, s'étoit avancé sur le Mein, où il avoit été dans la position la plus critique, lorsque le Maréchal de Noailles l'enferma dans son Camp d'Aschaffembourg ; l'Artillerie Françoise détruisoit toute son armée à travers le Mein : le Roi d'Angleterre s'en étoit tiré fort heureusement par l'imprudence des Officiers-Généraux François, qui (disoit le Maréchal de Noailles) n'avoient pas voulu lui obéir ; crime qu'on ne rechercha point après la malheureuse Journée de Dettingen.

Le Roi d'Angleterre avoit négocié pour quatre ans six mille Hessois dont 1200 de Cavalerie & le reste en Infanterie, qu'il employeroit ainsi qu'il le jugeroit à propos. Hesse.

L'Electeur de Baviere soutenu des armes de France & de Prusse, avoit déja conquis presque toute l'Autriche. La Reine de Hongrie s'étoit retirée à Presbourg, tandis que ses Ennemis avançoient jusques aux portes de Vienne, qu'ils ne chercherent point à prendre. L'Electeur de Baviere tournant tout d'un coup sur la Bohême avoit été bientôt le maître de la campagne. Le plan ayant été fait de surprendre par quatre côtés la Ville de Prague capitale de ce Royaume, le Major Chevert qui avoit concerté cette opération avec le Comte de Saxe, alors Lieutenant-Général, osa, suivi de trois hommes seulement, escalader des murailles de plus de 30 pieds de hauteur ; il parvint heureusement au haut, s'empara des sentinelles & du corps de garde, & ouvrit au Comte de Saxe la porte de la ville, dans laquelle les François embusqués se jetterent incontinent. La Ville prise, l'Electeur de Baviere s'étoit fait reconnoître Roi de Bohême, & prêter serment de fidélité. Baviere.

Diette de l'Empire.

LA Diette de l'Empire assemblée à Francfort, avoit refusé de reconnoître le suffrage Electoral de Bohême entre les mains de la Reine de Hongrie ; après qu'elle eut été dépouillée de ce Royaume, & que l'Electeur de Baviere en eut été reconnu Roi, on l'avoit unanimement proclamé Roi des Romains: huit jours après il avoit été élu Empereur sous le nom de Charles VII. & immédiatement couronné ; mais au même tems, la Reine de Hongrie avoit porté la guerre au sein de la Baviere, & le lendemain du jour de son couronnement, le nouvel Empereur avoit perdu Munich la Capitale de ses Etats.

Electeurs Ecclésiastiques & Palatin.

LES Electeurs de Mayence, de Trèves & de Cologne, & l'Electeur Palatin se proposoient de garder une exacte neutralité, qui ne leur donna que le droit de révendiquer des fournitures qu'ils furent obligés de faire aux armées des deux partis, & leur furent fort couteuses.

Prusse.

D'UN autre côté le Roi de Prusse allié de l'Empereur, avoit remporté sur les Troupes de la Reine de Hongrie, commandées par le Prince Charles de Lorraine son beau-frere, une victoire célebre à Czazlaw, & formé dans la personne du Prince Henri de Prusse son frere, un Général dont la science & la pratique militaire n'ont jamais été depuis en défaut. Les François avoient aussi remporté un avantage considérable sur la Cavalerie Autrichienne à Sahay. Le Roi de Prusse sollicité vivement par les Anglois d'accorder à la Reine de Hongrie cette alliance qu'elle avoit d'abord refusée, avoit fait sa paix avec elle par le Traité de Breslaw qui lui conserva la Silésie.

Saxe.

AUGUSTE Electeur de Saxe & Roi de Pologne n'avoit engagé que son Electorat au soutien de ses prétentions dont il ne tarda pas à se départir aussi-tôt que le Roi de Prusse son allié cessa de le soutenir: la Pologne n'avoit pris aucune part à la guerre.

La Pologne.

APRES la défection de ces alliés, que le Maréchal de Belle-Isle

Isle pressentit trop tard, & qu'il n'avoit point prévue, les François avoient été trop heureux de pouvoir se rendre à Prague, ce qu'ils ne durent qu'à leur courage & à leur fermeté. Ils y avoient été bientôt assiégés par les Troupes Autrichiennes, commandées par le Grand-Duc de Toscane en personne, & par son frere le Prince Charles de Lorraine.

L'Empereur Charles VII. s'occupoit à défendre ses Etats Electoraux, où la Reine de Hongrie faisoit chaque jour de nouvelles conquêtes. Son malheur lui fit négliger la bonne intelligence qu'il auroit dû conserver avec ses alliés, & sur-tout avec les François. Cette mésintelligence devenant de jour en jour plus considérable eut les suites les plus fâcheuses.

Louis XV. avoit fait partir une seconde armée de France, pour aller délivrer la premiere qui se défendoit avec un courage intrépide dans Prague, où elle manquoit de tout. Le Maréchal de Belle-Isle, sur qui rouloit le commandement (1), & toute l'intrigue politique de cette Guerre, y avoit été renfermé, de même que le Maréchal de Broglio, avec environ 25000 François. Les assiégeans quatre fois plus nombreux, ne faisoient que d'inutiles ouvrages, qu'ils voyoient d'abord détruits. Les assiégés ne cessoient de faire des sorties sur eux, & d'opposer ouvrages à ouvrages. Dans l'une de ces sorties le Duc de Biron Lieutenant-Général à la tête de 12000 hommes, non content d'avoir détruit tous les ouvrages des assiégeans, avoit osé s'avancer jusqu'au sein de leur armée qu'il avoit remplie de désordre & de confusion, & après le plus brillant succès, il étoit rentré

Seconde armée de François en Allemagne.

(1) Quoique le Maréchal de Broglio fût plus anciennement élevé à ce grade que le Maréchal de Belle-Isle, & qu'il le commandât de droit, le Maréchal de Belle-Isle étoit toujours pourvu d'ordres particuliers auxquels le Maréchal de Broglio devoit se soumettre, & étoit prévenu par le Ministere qu'il devoit passer en Baviere aussitôt qu'on ne jugeroit plus sa présence nécessaire à l'armée de Bohème.

dans Prague, quoique dangereusement blessé, avec une perte considérable des siens. Ces belles actions n'empêchoient pas les François d'être fort mal à leur aise: la disette étoit extrême; le Maréchal de Belle-Isle y avoit fait remédier en partie, en faisant tuer grand nombre de chevaux pour la nourriture des Troupes; il avoit fait observer une exacte discipline dans son camp sous la ville, & dans la ville même, ensorte qu'il ne s'y passoit pas le moindre désordre.

Aussitôt que le Grand-Duc de Toscane avoit appris la marche du Maréchal de Maillebois qui venoit avec 40000 hommes au secours de Prague, il étoit parti suivi du Prince Charles son frere & de presque toute son armée, pour aller à sa rencontre; mais n'ayant pu rien entreprendre, il avoit laissé le commandement à son frere pour se rendre à Vienne. Le Maréchal de Broglio étoit sorti de Prague, pour venir prendre le commandement de la nouvelle armée, sans avoir jamais pu la conduire à Prague, mais aussi sans que le Prince Charles de Lorraine eût pu l'entamer. Cependant la Baviere avoit été presque toute délivrée des Autrichiens, accourus de toutes parts contre les François. Le Prince de Lobkovits étoit revenu bloquer Prague, mais malgré le nombre supérieur de ses Troupes, le Maréchal de Belle-Isle avoit eu le bonheur de faire sa retraite, qu'il regardoit comme la plus glorieuse action de cette guerre. En effet bloqué par une armée considérable dans une ville, où il avoit dû prendre la précaution de mettre des piles de bois dans tous les quartiers, pour la brûler au moindre mouvement que pourroient faire ses habitans, ennemis déclarés des François; ayant une route de près de quarante lieues à faire dans un pays dévasté, pour arriver à Egra, dans une saison que le froid & la neige rendoient insupportable; rien n'avoit rebuté le Maréchal de Belle-Isle. Quoique malade, il fit ouvrir une des portes de Prague vers le milieu de la nuit du

16 au 17 Décembre 1742 : le Marquis de Sandricourt, de la maiſon de St. Simon, le plus ancien Lieutenant-Général de l'armée, étoit ſorti le premier, à la tête de toute la Cavalerie, composée de moins de quatre mille chevaux, dont il y avoit trois mille nouvellement achetés dans Prague même & dans les environs: il avoit été chargé de la conduire juſqu'en France, où elle étoit arrivée ſans autre perte que celle qu'occaſionna la rigueur de la ſaiſon; quelques équipages & traîneurs qui ne pouvoient pas ſuivre, avoient été la ſeule proye des Troupes légeres, qui voltigeoient autour de l'armée. Le Maréchal de Belle-Iſle avec 12000 hommes d'Infanterie & 30 pieces de canon avoit ſuivi le Marquis de Sandricourt immédiatement; ſon projet avoit été ſi ſecret & ſi bien concerté que ni la Cavalerie ni l'Infanterie Françoiſe ne purent être atteintes dans leur marche par aucun corps un peu conſidérable des ennemis, quoique harcelées chaque jour par des Troupes légeres qui les déſoloient. Chevert qui avoit eſcaladé la ville avoit été choiſi pour y reſter enfermé avec ſix mille François, preſque tous malades ou bleſſés. Le Prince de Lobkovits, après avoir été vainement à la ſuite du Maréchal de Belle-Iſle, étoit revenu devant Prague, qu'il avoit ſommé de ſe rendre à diſcrétion; mais le brave Chevert menaçant de mettre la ville en feu & de s'enſévelir ſous ſes ruines, au lieu de déshonorer ainſi les armes de France, avoit obtenu par capitulation la liberté de ſe retirer avec tout ſon monde & les honneurs de la guerre, juſqu'à Egra, où le Marechal de Belle-Iſle avoit fait repoſer ſon armée. Celle du Maréchal de Broglio n'avoit pu ſauver la Baviere que les Autrichiens avoient envahie pour la ſeconde fois.

Retraite des François de Prague.

L'Empereur peu d'accord avec les François, victimes de cette diſcorde, avoit été contraint de ſe retirer à Augsbourg, après avoir perdu tous ſes Etats; la Reine de Hongrie s'étoit fait prêter en Baviere serment de fidélité, par représailles de celui que l'Empereur avoit reçu en Bohème. Louis XV. retirant toutes ses Troupes d'Allemagne invitoit les Princes de l'Empire a y rétablir la paix; son armée se tenoit sur ses frontieres. Le Maréchal de Coigni avoit sçu contenir celle du Prince Charles de Lorraine qui vouloit tenter le passage du Rhin, & fait passer au fil de l'épée trois mille Grenadiers Autrichiens, qui de l'Isle de Reignac, s'étoient avancés jusqu'à Rhinvillier.

Le Prince Charles de Lorraine s'en étoit vengé l'année suivante, en passant ce même fleuve avec toute son armée, sans que le Maréchal de Noailles chargé de le garder, eût rien fait pour l'en empêcher. La France étoit dans une extrême inquiétude sur les suites de cet événement, quand le Roi de Prusse rentra dans son alliance, & dans celle de l'Empereur, pour engager la Reine de Hongrie à reconnoître Charles VII. pour Empereur & lui rendre ses Etats héréditaires. Frédéric avoit porté de nouveau la guerre en Bohème & en Moravie, & forcé le Prince Charles à repasser le Rhin, pour accourir au secours de la Bohème dont la Capitale étoit déjà prise.

La République des Provinces-Unies.

La République des Provinces-Unies attentive à la balance de l'Europe, sentit combien le Roi de Prusse en altéroit l'équilibre: elle prévint l'Angleterre sur les suites de la foiblesse de la puissance Autrichienne, & ces deux Etats de concert prirent la résolution d'arrêter le Roi de Prusse dans ses conquêtes.

L'assemblée des Etats-Généraux manque presque toujours de cette harmonie à laquelle la République qu'elle représente doit autant sa grandeur, qu'au secours des Alliés qui l'ont aidée à se former & à s'affermir. On diroit que c'est un congrès où sept Puissances belligérantes envoyent des Députés, uniquement occupés chacun de leur intérêt particulier. Ce nombre de Députés se multiplie à l'infini, quoiqu'il n'accroisse point en voix pour aucune Province ; mais oblige l'Etat à traiter dans un Conseil particulier des affaires, qu'il ne peut cependant décider qu'avec l'approbation des Députés.

DANS la circonstance actuelle, comme dans beaucoup d'autres, les Députés des Etats-Généraux n'étoient point d'accord; cependant aidés de la politique du Conseil-Secret, ils convinrent que la République réunie à l'Angleterre sur ce point, feroit signifier au Roi de Prusse le *nec plus ultra* que l'équilibre de l'Europe permettoit d'assigner à ses conquêtes. Quand il fut question d'en venir à l'exécution du plan, que ces Puissances Maritimes pouvoient, peut-être alors, soutenir par leurs armes, il s'éleva dans l'assemblée une opposition inattendue, & d'autant plus dangereuse qu'elle paroissoit ne contredire en rien ce qu'on venoit de décider. L'on proposa de communiquer à la France le nouveau plan & de l'engager à le soutenir. Cette résolution fut approuvée, & la signification au Roi de Prusse suspendue. La France prit du tems pour délibérer ; le Roi de Prusse fit des conquêtes, s'allia même avec la France, & les Médiateurs furent réduits à jouer, comme les autres, un simple rôle dans la guerre, qui devenoit générale.

LA République cependant affectoit de vouloir être Neutre, ne pouvant s'ériger en Médiatrice ; elle faisoit augmentation sur augmentation dans ses troupes & cherchoit plus à se rendre redoutable qu'à faire du mal. La France l'exhortoit à la plus exacte neutralité, & la République temporisant ne donna que de foibles & tardifs secours aux Anglois, qui suivirent avec plus de vivacité le rétablissement de l'équilibre. Les troupes Républicaines ne se joignirent à celles des Anglois que quelques jours après la bataille de Dettingen, où leur présence eût donné toute une autre tournure. Entraînée dans la suite plus sérieusement dans cette guerre, la République perdit des Places & acquit un

Stadhouder & l'hérédité du Stadhouderat. La paix lui restitua ses Places, & confirma le Stadhouderat.

Le Roi de Prusse ne fit point éclater le ressentiment qu'il dut avoir des résolutions de la République, il se contenta d'appuyer la demande de la restitution des Marquisats de Tervere & de Flessingue à la Maison d'Orange, à titre de garant de cette succession: ce qu'il obtint.

Cologne. L'Electeur de Cologne attendoit que quelqu'ennemi se déclarât contre la République pour se joindre à lui dans l'espérance de faire détruire les Forts de Breewort & de Bourtagnes, qu'il prétendoit que la Province d'Overyssel avoit fait construire sur le terrein de la Westphalie, dont il étoit Souverain.

Batavia. C'est dans ce même tems que la République recevoit une secousse violente par la conjuration des Chinois à Batavia. La Compagnie des Indes Orientales (premiere source de sa richesse) eût été détruite de fond en comble, sans le remede violent qu'elle employa contre les Chinois.

Dannemark. Le Roi de Dannemark ne laissoit point la République sans inquiétude, sur la fin qu'auroient les difficultés considérables qu'il lui suscitoit sur la pêche de Groenland & d'Islande, dans un moment où la guerre alloit s'allumer de toutes parts. Il avoit reçu des subsides de l'Angleterre, & croyoit s'assurer ou d'un Médiateur, ou d'un Allié contre la République.

France. Quoique Louis XV. eût donné de si puissans secours à l'Electeur de Baviere, il n'avoit pas moins à cœur de soutenir la cause d'Espagne, à laquelle il étoit doublement intéressé, par l'alliance commune avec l'Electeur de Baviere, & par celle qu'il avoit contractée en donnant en mariage sa fille aînée la Princesse Louise Elisabeth à Don Philippe Infant d'Espagne, qui devoit jouir des Pays que l'Espagne révendiquoit en Italie, & qu'elle espéroit y conquérir.

L'Infant Don Philippe étoit parti d'Espagne avec une armée de 30000 hommes ; traversant la France, il avoit espéré de pénétrer en Italie par les Alpes, tandis que le Duc de Montemar conduisoit par mer une seconde armée à laquelle il devoit se joindre. Le Duc de Montemar avoit été escorté par les Flottes d'Espagne & de France que l'Amiral Haddock commandant une Flotte Angloise, avec laquelle il croisoit sans succès dans la Méditerranée, n'osa pas attaquer, n'étant pas le plus fort & les Anglois n'ayant pas encore commencé la guerre contre la France. La Flotte combinée avoit débarqué tranquilement quinze mille hommes à Orbitello. Les Anglois faisoient ouvertement la guerre à l'Espagne. L'Amiral Vernon par la manœuvre la plus hardie étoit venu battre en brêche Porto-Bello, de dessus ses vaisseaux encrés dans le Port, & exposés à tout le feu des Forts ; il s'étoit rendu maître en deux jours de la ville. On avoit essayé de prendre de même Carthagène ; mais le Chef-d'Escadre Chaloner Ogle n'en avoit remporté que la confusion de l'avoir manquée, tandis qu'on avoit déjà frappé des médailles à sa gloire pour cette conquête. Espagne.

Charles Emanuel Roi de Sardaigne & Duc de Savoye, dont les protestations à la mort de l'Empereur Charles VI. avoient eu pour objet le Milanois, sur lequel il prétendoit avoir des droits par une fille de Philippe II. dont il descendoit, ne s'étant point accordé sur ses prétentions avec l'Espagne, pour en faire la conquête & le partage, avoit renoncé non seulement à son alliance, mais même il s'étoit engagé par le Traité de Worms * avec l'Angleterre, la Hollande, & la Reine de Hongrie ; il avoit pris toutes les mesures possibles pour empêcher les Espagnols & leurs alliés de forcer le passage des Alpes, qu'il avoit fait retrancher, autant que le terrein l'avoit permis, dans plus de cinquante lieues de longueur. L'Infant Don Philippe avoit enlevé d'abord une Sardaigne.

* (1742).

partie de la Savoye & Chambéry sa Capitale, mais il avoit été contraint de l'abandonner.

Naples. La Flotte Angloise parvenue jusqu'à l'entrée du Port de Naples, menaçant la ville d'un bombardement que rien ne l'empêchoit d'exécuter, avoit forcé Don Carlos Roi de Naples à signer un Traité de neutralité, qui comprenoit toutes les Puissances belligérantes, & l'avoit contraint de retirer les troupes qu'il avoit déjà jointes à celles du Roi d'Espagne son pere, que commandoit le Duc de Montemar. Par ce moyen la descente des Espagnols en Italie, malgré la bataille de Bitonto dont le Duc de Montemar joignit le nom au sien, avoit eu peu de succès; quoique la durée de la Neutralité de Naples n'eût pas passé le terme d'une année.

Grand-Duché de Toscane. Le Grand-Duc de Toscane avoit signé une pareille Neutralité avec l'armée d'Espagne, pour son Grand-Duché de Toscane, avec cette différence cependant, que les Espagnols alloient faire la guerre au Grand-Duc dans sa qualité de Co-Régent des Etats de la Reine de Hongrie, tandis que les Anglois qui n'étoient point en guerre avec Naples, défendoient à son Roi de secourir son pere, ni son frere.

Modene. Le Comte de Gages avoit été envoyé la campagne suivante pour commander cette armée. Mais malgré la bataille de Campo-Santo que le Lieutenant-Général Don Fernando Della Torre avoit remportée sous ses ordres, le Duc de Modene avoit été déclaré Généralissime des armées du Roi d'Espagne, & tandis qu'il les commandoit le Roi de Sardaigne s'étoit emparé de Modene & de tous ses Etats: ainsi les Espagnols n'avoient point encore pénétré dans le Milanois (2).

L'Infant

(2) C'est dans cette action que le Lieutenant-Général Don Fernando Della Torre marchant avec 1200 chevaux d'élite contre un corps infiniment plus nombreux de Cavalerie Autrichienne, ayant son fils unique à ses côtés, le vit tomber d'une blessure mortelle qu'il reçut dans la poitrine: un Carabinier s'arrêtant pour descendre

L'Infant Don Philippe avoit repris Chambéry & la Savoye une seconde fois, aussi facilement que la premiere, mais n'ayant fait aucun siége & ne s'étant ouvert aucun chemin, tout le succès de sa campagne n'avoit été que de passer l'hyver en Savoye.

Louis XV. sentant la nécessité de donner à son gendre des secours plus puissans, renforça son armée de 30000 François aux ordres d'un Prince de son sang, chef de la branche de Conti, dont l'ambitieuse impatience n'avoit pu souffrir de rester tranquille en France, tandis que l'Allemagne étoit pleine de Soldats François; il s'étoit échapé de la Cour pour joindre l'armée, & avoit eu l'occasion en Baviere de déveloper cette intelligence & ces talens militaires qui faisoient concevoir de lui les plus grandes espérances, & annonçoient une ame comme celle du grand Condé, dans le même âge où ce Prince avoit commandé des armées, & gagné des batailles. Le Prince de Conti ne bornoit point la science militaire à l'unique bravoure; son vaste génie embrassoit l'objet, le plan, la conduite & les suites d'une guerre, savoit également mesurer la force des armes & les ressources politiques de son ennemi. Ayant fait un cours méthodique de chaque partie de la guerre, son mécanisme n'étoit point une barriere où l'on pût l'arrêter. Instruit des intérêts des Princes & du secret des Cours par la confiance intime de son Roi, ses projets étoient

François en Italie.

descendre de cheval & secourir le blessé, le Lieutenant-Général le regardant d'un œil sévere, lui dit: Carabinier, vous servez le Roi, marchez. Il ne s'occupa plus de son fils qu'il aimoit tendrement, que lorsqu'il eut dispersé le corps de Cavalerie ennemie, & fait deux charges avec autant de succès contre l'Infanterie Autrichienne; il revint alors le chercher & le trouva mort. Ce généreux pere pleuroit encore avec amertume ce fils longtems après. Le Roi son Maître, autant pour récompenser sa bravoure que pour illustrer une si belle action, le créa Marquis de Campo-Santo, nom du Champ de bataille dont il étoit resté le maître; il lui accorda d'autres graces, comme celle de Commandeur de l'Ordre de St. Jacques, auquel sont attachées des Commanderies effectives.

réfléchis & conséquens; il ne les mesuroit point à la longueur non plus qu'à la briéveté d'une guerre, dont les honneurs ou les avantages particuliers ne pouvoient rien ajouter à sa grandeur: il ne songeoit qu'à la gloire du Roi & aux avantages de l'Etat. Toujours grand, souvent extrême dans ses idées, il n'auroit point voulu s'arrêter à de simples actions brillantes, à des succès passagers, ou d'une suite incertaine, mais à l'exemple de César, avancer en conquêtes, & les soutenir par sa réputation autant que par ses armes. Entier dans ses résolutions, sévere dans leur exécution, prodigue dans les moyens, rien ne lui donnoit des entraves; rien ne paroissoit impossible à son activité; il possédoit même l'art de l'inspirer à ceux qu'il employoit, soit en flattant leur amour-propre, soit en excitant ce noble désespoir où l'honneur fait trouver quelquefois la gloire & le succès, quand la raison ne montre qu'une perte certaine.

Le Prince de Conti quittant la Cour où sa sœur venoit d'épouser le Duc d'Orléans, partit dès le mois de Février, pour se rendre à Aix, Capitale de la Provence; l'Infant Don Philippe, & le Marquis de la Mina, Capitaine-Général des Troupes Espagnoles, l'attendoient. La Flotte combinée de France & d'Espagne avoit battu près de Toulon celle des Anglois que commandoit l'Amiral Mathews; le combat cependant avoit été de telle nature, que les Vice-Amiraux des deux nations alliées se reprochoient mutuellement de n'avoir point profité de leurs avantages, & de s'être trop ménagés dans l'action. Cependant le Royal-Philippe, vaisseau de 120 canons & de 1200 hommes d'équipage, avoit eu 500 hommes tués ou blessés: le Vice-Amiral Navarro, du nombre des derniers, avoit cédé le commandement de ce vaisseau au Capitaine Delage, qui soutint avec honneur le combat, quoique démâté de ses mâts de hune. Les Anglois avoient pris un vaisseau de la Flotte Espagnole, mais les François le reprirent, & le trouverent ſi maltraité du combat qu'ils en retirerent l'équipage & les munitions, & le coulerent eux-mêmes à fond. La méſintelligence & les plaintes avoient éclaté, & les Flottes rentrées dans les ports pour réparer les déſordres du combat, n'annonçoient point qu'elles duſſent encore ſe réunir. Les Anglois n'avoient pas regardé le Te-Deum que les François & les Eſpagnols avoient fait chanter, comme une preuve ſuffiſante de victoire; ils ſe crurent en droit de ſe l'attribuer; néanmoins l'Amiral Mathews ne les avoit pas ſatisfaits complettement; il s'occupoit de même à faire radouber ſes vaiſſeaux. La nouvelle du combat naval, dont dépendoit en quelque ſorte la campagne ſur terre, produiſit un effet d'autant plus fâcheux, que les Généraux peu d'accord ſur le plan de la campagne, envoyant couriers ſur couriers à leurs Cours, les deux Nations commencerent à ſe regarder ſur terre du même œil que ſur mer; ceux qui ſe rappelloient les Campagnes de Catalogne, & les cruautés exercées dans la guerre de ſucceſſion par les partis des deux nations, ſouffloient un eſprit de diſcorde que le ſeul combat naval eût inſpiré. La prudence du Prince de Conti ne laiſſa point ce feu s'allumer; il en ſentit la conſéquence, & mit toute ſon attention à éteindre ces querelles, qui ſe multiplioient chaque jour entre les Soldats & les Officiers.

On raiſonnoit aſſez hautement des divers moyens à employer pour conduire l'Infant Don Philippe en Italie, & lui procurer un Etabliſſement ſolide aux dépens de la Maiſon d'Autriche. Le Milanois, les Duchés de Parme & de Plaiſance offroient dequoi ſatisfaire l'ambition de ce Prince, jeune encore. Si le Conſeil d'Eſpagne avoit été auſſi ſecret que le Général François, on auroit difficilement ſçu les circonſtances ſur leſquelles les Généraux n'étoient pas d'accord. Les Eſpagnols ne cachoient point que tout leur but étoit de ſe trouver dans les plaines de l'Italie &

de s'y joindre à l'armée d'Espagne. On ne voyoit pour arriver à ce but que trois chemins qui paroissoient tous longs & difficiles, parce que tous les trois traversoient les Alpes qu'on ne peut éviter, le premier par la Savoye, le second par le Piémont & l'autre par l'extrémité de ces montagnes sur le bord de la mer; car on n'admettoit point que l'armée en aucun cas dût s'embarquer.

La Suisse. Les Suisses non seulement avoient refusé le passage sur leurs terres, ou sur celles de leurs alliés, mais même ils avoient déjà fait passer mille ou douze cens hommes à Genève, & avoient promis à la République de Valais de lui en fournir douze mille à sa premiere demande.

En passant par la Savoye dont l'Infant n'avoit conquis qu'une partie, il falloit s'attendre à de grandes fatigues & à des pertes considérables avant d'arriver à la plaine du Piémont; le passage ne pouvoit se faire que par les Vallées d'Aoste & de Suze; on devoit se rendre maître de Bard, Ivrée, Exilles & la Brunette, qui ne pouvoient être prises qu'avec beaucoup de tems, de soins, de peines & peut-être de bonheur; après tant de siéges & d'attaques l'on ne se seroit encore trouvé que dans la plaine du Piémont, où le Roi de Sardaigne auroit eu son Armée, & plusieurs Places qu'il n'auroit peut-être pas été prudent de laisser derriere soi, sur-tout si l'on avoit voulu conserver une communication libre avec la France.

Le second chemin qui conduisoit à la plaine du Piémont devoit passer par les Vallées de Château-Dauphin, de Mayre ou de Sture; dans la premiere on ne rencontroit aucune Place fortifiée à attaquer, mais la communication des Cols, ou chemins qui viennent de France à cette Vallée, offroit à cent endroits des Places faciles à retrancher & difficiles à forcer. Celle de Mayre étoit d'autant plus difficile que les canons n'y pouvant aborder non plus qu'aucune voiture, elle ne pouvoit ſervir qu'à conduire par des revers ſur l'une ou l'autre des Vallées qui ſont à ſa droite & à ſa gauche. Dans celle de Sture on trouvoit le paſſage des Barricades plus terrible qu'aucune Place de guerre. Quatre lieues plus loin, on arrivoit au château de Démont fortifié très-réguliérement, & d'un abord très-difficile. La Ville de Coni non moins forte, & tout à l'entrée de la plaine, étoit un point que l'on ne pouvoit enſuite éviter. L'on devoit s'attendre d'y rencontrer l'Armée Piémontoiſe.

Le troiſieme chemin le long de la mer étoit défendu par le Var, dont le paſſage pouvoit être difficile en face d'une Armée, & une lieue au delà par le Paglion, Torrent très-dangereux, au deſſus duquel étoit un Camp retranché, capable de contenir une Armée entiere, ayant le château de Mont-Alban dans ſon centre, celui de Villefranche à ſa droite & Nice à ſa gauche. Le Roi de Sardaigne n'avoit rien épargné pour défendre l'approche de ces retranchemens, par le nombre des Redoutes, Flèches, Redens, Contre-gardes, & Batteries établies en avant. Le château de Villefranche étoit très-réguliérement fortifié, & pouvoit être ſoutenu par une Flotte entiere que ſa rade, l'une des meilleures & des plus ſures de la Méditerranée, pouvoit aiſément contenir. Le Roi de Sardaigne avoit auſſi quelques Galeres dans ſon port.

De Villefranche on n'arrive à Monaco que par des chemins impraticables pour une Armée; de là gagnant Oneille, Bordighera & San-Remo, dans mille petits poſtes des montagnes qui bordoient ce chemin, cent hommes pouvoient en arrêter mille, & l'Armée avoit trente lieues de marche dans de tels pays avant d'arriver à Gènes. De cette ville on ne débouche dans le Milanois que par des montagnes très-difficiles, même en ſuivant la route ordinaire par Alexandrie, la plus forte des Places des Etats du Roi de Sardaigne; on laiſſoit encore à côté de ſoi nombre d'autres Places dont les Garnisons pouvoient sortir avec succès pour couper la communication, si l'on n'avoit pas employé la moitié d'une Armée pour l'assurer : on auroit dû passer ensuite les rivieres du Tesin & du Pô très-susceptibles d'être défendues, & l'on n'avoit à espérer des quartiers d'hyver assurés, qu'après avoir surmonté tous ces obstacles. Il eût été plus raisonnable de se rendre maître de tout le Piémont, mais la conquête pouvoit n'en être pas achevée dans une premiere campagne, tant par le nombre des Places à assiéger, que par la défense que le Roi de Sardaigne pouvoit opposer avec son Armée. La difficulté des vivres, que pendant un long-tems on auroit dû faire venir de France, n'étoit pas un moindre embarras; dans une si longue & si dangereuse marche, les convois risquoient souvent d'être enlevés, mais ils auroient été du moins en grande partie consommés par ceux qui les apportoient, ceux qui les escortoient, & ceux qui gardoient toute l'échelle de communication. Les fourages à faire venir pour l'armée, les vivres, & l'artillerie, devoient employer plus de chevaux que l'Armée n'en avoit, & ces chevaux devoient en même tems porter leurs provisions, pendant une route fort longue.

Les Espagnols rebutés du peu de succès qu'ils avoient eu dans la Savoye, dont ils n'avoient conquis que le pays ouvert, renonçoient hautement à cette route, ils trouvoient mille longueurs dans celle du centre; changeant pour ainsi dire de caractere avec leur Allié, ils témoignoient toute l'impatience & la vivacité qu'on a coutume d'attribuer aux François, & vouloient, à quelque prix que ce fût, passer par le chemin dont le trajet seroit le plus court, quelque malheureuse suite que pût avoir cette marche. D'un autre côté, le Prince de Conti sembloit pourvu de ce flegme & de cette patience qui caractérisent les Espagnols; il ne disoit point quelle route il vouloit suivre, mais il vouloit établir auparavant des principes de guerre, & faire convenir les Espagnols qu'il falloit marcher avec fureté, fans avoir jamais befoin de retourner fur fes pas, foit pour rouvrir des communications que l'Ennemi pouvoit fans ceffe intercepter, foit pour lui faire face ; car un Ennemi fur les côtés pouvoit à tout moment fe trouver à la fuite de l'armée, en enlever des vivres ou des recrues, & profiter de toutes les occafions de fufciter des embarras, dont on n'auroit pu fe tirer chaque fois que par des efforts extraordinaires & des marches tardives, après que l'Ennemi auroit ou rempli, ou abandonné fon projet. Le Prince de Conti n'admettoit point qu'on pût fe gliffer pour ainfi dire à la dérobée, & pénétrer en Italie, fans avoir mis le Roi de Sardaigne hors d'état de nuire aux Alliés, & de leur fermer toute communication.

De Villefranche jufques à Gènes, le chemin eft fort long, & toujours très-difficile, il n'eft affuré que par le château de Monaco qui n'eft pas fufceptible d'une grande garnifon ; le Roi de Sardaigne maître d'Oneille & d'une partie de ce chemin pouvoit bien en être repouffé, de même que de Nice & de Villefranche, mais on ne pouvoit l'empêcher d'arriver de fes Etats fur tous les points de ce chemin avec autant de troupes qu'il auroit voulu, pour couper la communication de l'Armée avec la France, & n'y pas laiffer paffer un feul courier. Toute l'Armée n'auroit pas été trop nombreufe pour affurer cette communication, fi le Roi de Sardaigne avoit employé feulement quinze mille hommes à l'attaquer conftamment, tantôt d'un côté, tantôt de l'autre de cette longue chaîne, dans les endroits les moins garnis & les plus difficiles à recevoir de prompts fecours. Tandis que les Alliés trouvoient à peine des efpions pour les inftruire des marches de l'ennemi, chaque Communauté fe faifoit un devoir de rendre compte au Roi de Sardaigne du moindre mouvement de chacun des Corps des Troupes alliées.

Le peu de ſuccès des Flottes Eſpagnole & Françoiſe faiſoit craindre que la communication ne fût pas plus libre ſur mer, il auroit été bien difficile cependant de ſe paſſer de ſon ſecours pour le tranſport de toutes les choſes néceſſaires à l'Armée; l'Amiral Anglois pouvoit également intercepter la communication de terre en débarquant à propos des détachemens, qui pouvoient ou ſe retrancher dans des poſtes, ou ſe retirer impunément à leurs vaiſſeaux. Maîtres de la mer, ils pouvoient en cent endroits s'approcher du rivage, au point que leur canon portât dans le chemin, dont il n'étoit pas poſſible de s'écarter de droite ni de gauche, vû l'eſcarpement & la dureté des rochers de ces montagnes. S'il arrivoit qu'on parvînt heureuſement à Gènes, on ne ſuppoſoit pas qu'on dût laiſſer Alexandrie derriere ſoi. La place étoit aſſez bonne pour que le Roi de Sardaigne ne craignît pas de l'abandonner à ſes propres forces. Elle auroit occupé pendant quelque tems toute l'Armée ou du moins la plus grande partie; & le Roi de Sardaigne pouvoit employer la ſienne à reprendre Villefranche & à ſe rendre maître de tout le chemin le long de la mer; il auroit même pû forcer les François à revenir ſur leurs pas défendre leur pays, où il pouvoit aiſément pénétrer, comme il arriva la Campagne ſuivante. Ces réflexions jointes à la difficulté de faire paſſer par tant de défilés une nombreuſe Armée, ſon artillerie, ſes vivres, ſes munitions, ſes équipages & même la cavalerie qui auroit beaucoup ſouffert par le peu de reſſource du pays, éloignoient le Prince de Conti de ce projet. Il ſe rappelloit qu'Annibal (3), Céſar (4), & François I. (5), avoient autrement ſurmonté les obſtacles de la nature & de leurs ennemis; & ſon paſſage des Alpes ne pouvoit flatter ſon ambition, s'il ne devenoit célebre comme celui de ces Héros.

Tandis

(3) Voyez Polybe. (4) Commentaires de Céſar liv. 1.

(5) Hiſtoire de François I. par Gaillard. Tom. I. pag. 220.

Tandis que les Rois de France & d'Efpagne décidoient dans leurs Confeils ce qui devoit être le plus avantageux aux intérêts de l'Infant, ce jeune Prince fe livroit aux plaifirs & aux amufemens que lui prodiguoit la Provence. Le Prince de Conti chargé de tous les foins effentiels, ne perdoit pas un moment. Il faifoit travailler à tous les préparatifs néceffaires pour la marche de fes vivres & de fon artillerie, & parvint à engager les Provençaux à le feconder par les plus grands efforts. Lorfqu'il fut arrêté que l'Armée, dont les François n'étoient qu'Auxiliaires, marcheroit le long de la mer pour fe rendre par Gènes en Italie, foit que la Flotte victorieufe pût faciliter quelques tranfports, foit qu'elle fe contentât de la défendre des Flottes Angloifes, les Troupes fe mirent en marche pour fe raffembler à Cagnes, petite ville entre Antibes & Nice.

Le Roi de Sardaigne avoit un Camp fous Coni, & difpofoit fes Troupes de façon à porter de prompts fecours par-tout où il feroit attaqué. Les Princes ne douterent pas qu'il ne vînt défendre les paffages du Var & du Paglion, d'autant plus qu'il avoit au deffus de Nice un Camp retranché garni d'une nombreufe artillerie, & qu'il n'ignoroit pas que d'un premier fuccès dépend fouvent cet efprit de confiance & de courage qui fait entreprendre de grandes chofes & devient la plus folide baze de ces réputations de bonheur, qui font dire qu'un tel eft heureux à la guerre, & qu'on lui confie avec plaifir les plus importantes expéditions. Pour le prévenir les Princes conduifirent leur Armée en une nuit fur les bords du Var, & la rangerent en bataille à mefure qu'elle arrivoit. Ce fleuve qui fe jette dans la mer près de Nice, n'a qu'un cours fort irrégulier, dans un lit d'une demi-lieue de large, où il fe creufe plufieurs canaux, qu'il change chaque fois que fes eaux viennent à s'accroître; un feul orage fuffit pour le rendre impraticable : coulant entre deux chaînes

Paffage du Var.

de montagnes, les torrens qu'elles fourniſſent à chaque pluye, peuvent le groſſir au point d'en empêcher le paſſage pendant quelques heures, quelquefois pendant des jours, & dans les mauvaiſes ſaiſons pendant des mois entiers. Communément il eſt guéable par-tout: mais ſes gués ſont d'autant plus dangereux qu'ils ne ſe retrouvent jamais aux places où ils ont été, & qu'ils changent ſous les pas de ceux qui le traverſent. Il ſe forme de petits gouffres dont il eſt fort difficile de ſe tirer, leurs bords ſont mouvans, & le tournoyement de l'eau les augmente ſans ceſſe.

La pluye qui tomba pendant la marche de l'Armée, n'empêcha pourtant pas le fleuve d'être guéable; on n'attendit pas le jour pour le faire paſſer à 1500 Fuſeliers de montagne (6) qui ne trouverent que quelques poſtes avancés & quelques gardes de l'Ennemi, qui ſe retiroient à meſure qu'ils les voyoient ou les entendoient: ils ſe mirent à leur ſuite ſoutenus de quelques Dragons, & firent une centaine de priſonniers ſans perdre un ſeul homme. Auſſi-tôt qu'il fit jour, l'Armée diſtingua tout ce qui

(6) Ces Fuſeliers de montagne, que les Eſpagnols nomment auſſi *los Mignones*, n'entendoient point prononcer le nom de Miquelets que les François leur avoient donné dans les Guerres d'Eſpagne ſans le prendre comme l'offenſe la plus ſenſible, & malheureuſement beaucoup de François n'avoient pas l'attention de le ſupprimer. Ces Fuſeliers de montagne ſont des Troupes légeres d'une grande reſſource, ils ne portent ni tente ni équipage; peu de leurs Officiers ont des chevaux. Ils ſe ſervent de chauſſures de corde qui les empêchent de gliſſer dans les mauvais pas & les rendent plus légers: ils ont des manteaux courts dans leſquels ils s'enveloppent, leurs cheveux ſont arrêtés ſous des filets: ils ſont coëffés avec de petites toques à la Béarnoiſe & ont pour armes des Eſcopettes dont ils ſe ſervent avec une juſteſſe ſinguliere; ils ont auſſi de très-petits ſabres, quelques-uns y joignent des piſtolets qu'ils portent à leur ceinture; ils ne craignent point de paſſer les nuits dans les Bois, & ſe trouvent toujours bien, quand ils ont des arbres pour les mettre à couvert: d'ailleurs ils ne connoiſſent aucun obſtacle impoſſible à ſurmonter dans les montagnes, graviſſant comme les chamois, & ſautant avec une légéreté ſinguliere d'une pointe de rocher ſur une autre.

se passoit de l'autre côté du Var, parce que le terrein est en pente douce, & présente un amphithéâtre assez éloigné : elle vit qu'elle n'auroit point ce jour-là d'ennemis à combattre. La plus grande partie passa le Var au gué sur plusieurs colonnes, & vint former près de son bord trois Camps aux ordres des Lieutenans-Généraux de Castellar, de Maulevrier, & du Châtel : ils avoient la ville de Nice en face, la mer à la droite, & les montagnes sur la gauche ; les Princes resterent en deça du Var avec quelques Régimens qui camperent autour de St. Laurent.

L'objet le plus essentiel & auquel le Prince de Conti travailloit avec le plus d'ardeur, étoit de jetter un pont sur le Var, sans lequel ses vivres & son artillerie n'auroient jamais pû se rendre au Camp. L'inconstance de la saison & la difficulté de l'ouvrage dérangerent plus d'une fois les ouvriers, cependant on parvint à faire un pont de plus de six cens toises de long, partie sur des chevalets posés dans les endroits élevés où l'eau n'avoit que très-peu ou point de cours, & partie sur des pilotis. Il se formoit quelquefois de ces especes de gouffres qui creusant le terrein au dessous des pilotis, mettoient cette partie du pont en l'air, & sans soutien ; on y suppléoit en plaçant des pièces de bois sous la partie du pont qui n'avoit plus de soutien, & on les arcboutoit contre les pilotis les plus proches ; on multiplioit à cet effet les pilotis pour rapprocher la distance de l'un à l'autre de ces arcboutans & soutenir le pont avec quelque solidité : cette augmentation de pilotis retardoit l'ouvrage & donnoit en même tems plus de prise au courant sur le pont, mais assuroit le service du pont qui ne devoit pas être interrompu. Les premiers canons qui passerent le Var, furent mis en batterie à Barbette, sur le bord de la mer, pour éloigner les Frégates Angloises. Comme la Méditerranée n'a ni flux ni reflux, elles arrivoient près de terre, & faisoient feu sur tout ce qu'elles voyoient sur le rivage. On se flattoit chaque jour de les voir chaſſées par la Flotte victorieuſe, dont on attendoit ſans ceſſe le retour, mais bientôt on vit en ſa place celle de l'Amiral Mathews croiſer tranquilement dans cette mer, & ſervir utilement le Roi de Sardaigne ſans aucun obſtacle. On fit paſſer les vivres & les munitions de guerre au Camp, où les Princes ſe rendirent à la tête du reſte de l'Armée, qui ne conſiſtoit qu'en Infanterie & quelques Dragons, la Cavalerie n'étant qu'embarraſſante dans les montagnes, & difficile à entretenir dans cette ſaiſon où la nature n'y produit aucune reſſource.

Le terrein qu'occupoient les Ennemis ou plutôt l'enceinte des fortifications & des murs qu'ils avoient élevés ſur leurs montagnes, en pierres ſéches, de ſept à huit pieds de hauteur ſur cinq ou ſix d'épaiſſeur, étant reconnue ; les Princes firent avancer leur armée proche de la Chapelle de St. Jean, à très-peu de diſtance des trois camps qu'elle quittoit ; ils envoyerent un corps de dix bataillons aux ordres du Comte de Danois Lieutenant-Général, pour s'étendre juſques à l'Abadie à deux lieues ſur la gauche, & pour occuper divers petits poſtes & châteaux qui furent emportés ſans beaucoup de réſiſtance. La ville de Nice envoya ſes clefs aux Princes, ils la firent occuper, mais ſans ſe preſſer de s'y rendre. Cette ville eſt ſur le Paglion, torrent beaucoup plus ſerré & plus dangereux que le Var. Il ſervoit en quelque ſorte de premier retranchement aux Piémontois. En ſe retirant derriere leurs murailles, ils avoient négligé de détruire le pont de pierre de Nice. Leur Camp occupoit environ une lieue de large entre le port de Villefranche & le Paglion, au centre duquel étoit le château de Mont-Alban ; le terrein s'élargiſſoit enſuite juſqu'à la Tourbie, & donnoit plus de quatre lieues de pays à défendre aux troupes Piémontoiſes. Le Roi de Sardaigne leur avoit joint grand nombre de Payſans, non ſeulement pour les travaux néceſſaires, mais auſſi pour s'y défendre, avec les armes qu'on leur avoit diſtribuées comme aux Soldats. L'Amiral Mathews avoit fait placer en différens endroits, près de cent pièces de canon tirées des vaiſſeaux Anglois, & ſervies par leurs canonniers. L'attaque de ce Camp étant indiſpenſable, le Prince de Conti convint avec l'Infant & le Marquis de la Mina des diſpoſitions néceſſaires; il s'aſſura d'abord de quelques poſtes au delà du Paglion; le Lieutenant-Général de Caſtellar fut détaché avec dix-huit bataillons pour enveloper toute l'enceinte des retranchemens; il paſſa le Paglion proche de la Trinité, s'empara du pont de Scarene qu'il trouva miné & qu'il empêcha l'Ennemi de faire ſauter quoique la mine fût toute chargée; il vint par le Col d'Aiſe juſqu'à la Tourbie, reçut un renfort de 400 hommes que le Colonel de Moncalm lui conduiſit de la garniſon Françoiſe de Monaco; & coupant toute communication par terre aux Piémontois, il attendit le ſignal convenu pour l'attaque générale.

Attaque des Retranchemens entrepriſe & retardée.

Toute l'Armée devoit paſſer le Paglion la nuit du 13 au 14 Avril, & les retranchemens être attaqués par ſept endroits différens à la même heure. Le Prince de Conti s'étoit porté partout pour reconnoître les paſſages & les débouchés, il vit l'impoſſibilité de choiſir un endroit au delà du Paglion d'où il pût commodément donner ſes ordres, & voir ce qui ſe paſſeroit de tous les côtés. Il réſolut de reſter à Remiers comme à l'endroit le plus élevé & le plus dans le centre des attaques; il commença dès les dix heures du ſoir à faire paſſer ce torrent au gué à la colonne que conduiſoit le Marquis de Senneterre, Lieutenant-Général, qui après avoir été longtems Ambaſſadeur de France auprès du Roi de Sardaigne, ſervoit dans l'Armée oppoſée à ce Prince. Une partie de la colonne avoit déjà gagné le bord oppoſé du Paglion, qui n'eſt pas extrémement large, lorſqu'il ſurvint tout-à-coup un orage ſi terrible que les eaux ayant été portées dans un inſtant à une hauteur conſidérable, ne permirent pas même à ceux qui étoient dans le courant, d'arriver à l'autre rive; partie fut entraînée jusques dans la mer, & partie jettée dans des Isles, où l'on vit encore à la pointe du jour quelques malheureux Soldats, qui, s'appuyant sur leurs fusils, présentoient le dos au courant, lequel s'élevant jusqu'à douze pieds au dessus de son niveau entraîna tout ce qui se trouvoit dans son chemin, sans qu'il fût possible de donner le moindre secours à ceux qui périssoient.

Les éclairs étoient aussi fréquens qu'effrayans, au sein de la nuit la plus noire; & le tonnerre qui tomba dans plusieurs endroits avec un bruit effroyable, redoublé par le silence de la nuit, par les cavités des montagnes & des vallées, fit d'autant plus d'impression, qu'il causa des pertes réelles qu'on ne manqua pas d'exagérer. Dans une garde avancée, un Lieutenant, son Sergent & cinq hommes furent réduits en cendres, tandis que le Capitaine & dix-sept Soldats à côté furent blessés, mais d'une si incompréhensible maniere que, sans avoir de coups apparens, ils devinrent comme hébétés & moururent peu de tems après sans qu'aucun recouvrât sa raison.

Le Prince de Conti frappé d'un contretems si cruel, vint d'abord reconnoître l'état du Paglion & des Troupes qui le traversoient; le Marquis de Senneterre l'avoit passé & huit bataillons étoient à sa suite: on ne pouvoit savoir le nombre exact de ceux que les eaux avoient emportés, quoiqu'on ne le jugeât pas aussi considérable qu'on le débitoit. Le Prince de Conti faisoit d'inutiles questions à ceux qu'il rencontroit, & témoignoit à chacun l'intérêt qu'il prenoit aux Soldats exposés à des dangers si peu prévus; il craignoit que les huit bataillons échapés aux eaux, qui avoient mouillé leurs cartouches & rendu leurs armes inutiles, ne tombassent entre les mains de l'Ennemi; il envoya ses Aides-de-Camp de toutes parts pour savoir l'état des autres colonnes;

plusieurs revinrent sans avoir fait un quart de lieue; tous les chemins n'étoient que des sentiers où deux hommes à cheval pouvoient difficilement marcher de front; les chutes d'eau qui les traversoient en descendant des montagnes plus élevées, devenoient si considérables & si rapides, que dans plusieurs endroits elles formoient de véritables torrens impossibles à franchir. Un Aide-de-Camp voulant surmonter cet obstacle & comptant sur la vigueur de son cheval, fut emporté par le courant & jetté dans des rochers où quelques arbres auxquels il eut le bonheur d'être accroché l'empêcherent d'être mis en pièces, mais il ne revit jamais son cheval: un Capitaine plus malheureux y périt, ainsi que plusieurs Soldats. Ces torrens étoient d'autant plus terribles qu'ils entraînoient quantité de pierres & d'éclats de rochers, qui prenant une autre route que celle des eaux, se jettoient de droite & de gauche & rendoient toute place également dangereuse. L'Infant d'Espagne, plus calme à l'extérieur que le Général François, attendoit à Remiers avec plus de tranquilité les nouvelles, au devant desquelles ce dernier ne cessoit de courir.

On apprit enfin que toutes les colonnes de la droite avoient passé le Paglion, mais que n'ayant point vu le signal de l'attaque, elles s'étoient mises à l'abri des batteries ennemies, formidables du côté de Nice, sur-tout par le nombre & le calibre des canons. Sur l'ordre qu'elles reçurent, elles repasserent le Paglion à Nice, à St. Pont & à la Trinité sans essuyer le moindre feu des retranchemens. Les Piémontois s'y trouvoient dans un état aussi cruel que ceux qui les alloient attaquer; ils étoient rendus de fatigues, & excédés des travaux auxquels on les employoit sans cesse. Depuis quinze jours, ils n'avoient point de relâche, & se plaignoient de n'avoir pas même le tems de cuire la viande qu'on ne leur donnoit qu'en petite quantité. Les Paysans moins accoutumés à souffrir, montroient plus d'impatience que les Soldats;

les uns & les autres étoient si découragés & abbatus que les Officiers furent plus d'une fois obligés d'en faire des exemples pour inspirer la crainte aux autres, & contenir la mutinerie à laquelle ils étoient toujours prêts à se livrer. Plusieurs Soldats & Paysans s'étoient laissés tuer par les Officiers, plutôt que d'obéir, & tous ne murmuroient pas moins de la dureté du service que de l'horreur de la nuit & de l'orage. Ainsi les bataillons François, isolés de l'autre côté du Paglion, ne furent point attaqués, & repasserent le torrent au même gué, dès que les eaux furent baissées. (7) L'Armée eut besoin de quelques jours de repos pour se rétablir de la fatigue de cette nuit. Pendant ce tems le Roi de Sardaigne vint avec un corps assez considérable du côté du Marquis de Castellar; on crut qu'il avoit envie de l'attaquer, mais l'ayant trouvé sur ses gardes, & dans des postes avantageux, il n'osa rien entreprendre, pas même de jetter de nouvelles Troupes dans les retranchemens.

Attaque des Retranchemens.

Les dispositions étant à-peu-près les mêmes que celles de la nuit du 14, l'Armée suivit le même plan, & la nuit du 19 au 20 elle passa le Paglion sans obstacle. Le signal ayant été donné vers les 4 heures du matin par trois fusées volantes tirées des hauteurs de Remiers, chaque colonne s'avança vers les retranchemens; le Marquis de Castellar qui fermoit la gauche s'étoit rapproché le plus qu'il avoit pu sur sa droite, où les Comtes de Danois & du Kayla, & le Marquis de Senneterre commandoient chacun une colonne, tandis que le Marquis de Campo-Santo & Don

(7) Le Marquis de Senneterre rendant compte le lendemain au Prince de Conti de l'état où il s'étoit trouvé dans ce moment, lui dit que, bien loin d'avoir perdu le courage, ses soldats lui avoient demandé de les conduire au Retranchement dont ils promettoient de s'emparer, n'ayant rien à craindre du feu des ennemis, proposant de les charger la bayonette au bout du fusil, & s'efforçant de lui prouver qu'ils n'auroient jamais une plus belle occasion de s'en rendre maîtres.

Don Joſeph d'Aramburu, Lieutenans-Généraux au ſervice d'Eſpagne, conduiſoient celles de la droite. Ce dernier avoit ſous ſes ordres les Marquis de Mirepoix & de Biſſy Maréchaux-de-Camp, chacun à la tête d'une diviſion. Les Lieutenans-Généraux Eſpagnols entrerent dans les retranchemens ſans être apperçus. On ſurprit en ſon lit, dans une petite caſſine écartée, le Marquis de Suze, frere naturel du Roi de Sardaigne; il commandoit dans cette partie des Etats du Roi de Sardaigne & n'avoit épargné ni peines, ni ſoins, ni vigilance, pour les mettre en bon état de défenſe; cette même nuit, il avoit parcouru tout le Camp: ſa garde qui n'étoit que d'un Sergent & vingt hommes fut enlevée avant d'avoir pu ſonger à ſe défendre. Le Marquis de Suze fut renvoyé de l'autre côté du Paglion à St. Pont, où les Princes s'étoient fixés pour tout le tems que dureroit l'attaque. Ce Prince qui jouiſſoit d'une grande réputation militaire ne put obtenir ni liberté ni rançon, & fut conduit en Eſpagne où il mourut quelque tems après. Cinq bataillons Piémontois qui n'avoient point encore eu le tems de ſe ranger en bataille, ſe voyant joints & preſqu'entourés, mirent bas les armes, & leurs drapeaux furent portés ſur le champ à St. Pont.

Le Marquis de Mirepoix craignant de voir échaper un bataillon qui fuyoit devant le Régiment d'Agénois à la tête duquel il étoit, piqua ſon cheval, & ſuivi ſeulement du Marquis de Levi ſon Aide-de-Camp, il gagna la tête du bataillon Piémontois qui fuyoit toujours: alors prenant un ton d'autorité que lui donnoit ſon courage: „ faites arrêter votre troupe, dit-il au Commandant, & rendez-vous priſonniers." Un Aide-Major de ce corps voulant faire remarquer à ſon Chef que le Marquis de Mirepoix n'étoit accompagné que d'un ſeul homme, celui-ci lui portant un coup d'épée ſur la tête avec fureur, lui cria: „ malheureux! „ voulez-vous faire écraſer tout votre bataillon"? L'Aide-Major ſe tut, le Commandant fit halte & ſe rendit priſonnier avec ſa troupe, (8) qui fut conduite au quartier des Princes.

Le Marquis de Biſſy Maréchal-de-Camp conduiſant le Régiment de Languedoc Dragons, à qui l'on avoit fait mettre pied à terre, eſſuya le feu le plus vif du Mont-Gros: c'étoit la hauteur la plus eſcarpée de toutes ces montagnes. Ne voulant pas laiſſer derriere lui ce poſte que la nature ſembloit rendre inacceſſible, & qui par-là même devenoit plus eſſentiel à enlever, il l'attaqua avec tant de fureur qu'il parvint à s'en rendre maître, & ne put empêcher ſes Dragons de faire main-baſſe ſur ceux qui le défendoient. Lorſqu'il dut quitter ce poſte, il n'oſa jamais redeſcendre par l'eſcarpement qu'il avoit gravi dans l'attaque, tant il trouva de ſang-froid ce chemin dangereux (9). Tandis que la droite avoit le ſuccès le plus complet, les colonnes du centre eſſuyoient le feu le plus vif de l'artillerie des retranchemens: la poſition des montagnes coupées par de petits murs de terraſſe peu élevés leur fourniſſant divers abris, elles s'occuperent plus à ſe garantir du feu de l'Ennemi qu'à l'attaquer. La colonne de la gauche n'ayant pu voir le ſignal des fuſées à cauſe d'un brouillard qui n'étoit point encore diſſipé ſur les hauteurs qu'elle occupoit, chargea une demi-heure plus tard que les autres. S'avançant avec précaution, elle s'aſſura des divers ouvrages qu'elle trouva ſucceſſi-

(8) Le Marquis de Mirepoix fut fait Lieutenant-Général après cette action.

(9) Le Marquis de Biſſy fut déſigné Chevalier des Ordres du Roi pour le tems où il auroit l'âge de 33 ans requis à la Nobleſſe pour y être admiſe. Le Comte de Maurepas, Miniſtre d'Etat ayant le département de la Marine de France, vint examiner l'état de la Flotte après le combat de Toulon & ſe rendit à Nice. Le Prince de Conti l'ayant conduit au camp-retranché du Mont-Alban, ce Miniſtre parut dans la plus grande ſurpriſe qu'un Régiment eût pu gravir le Mont-Gros, & dit au Prince qu'il ne pouvoit pas concevoir par quel charme on avoit fait diſparoître ces difficultés aux yeux des Soldats. A quoi ce Général répondit: votre ſurpriſe eſt raiſonnable, mais vous n'avez point d'idée du feu des ennemis qui nous attiroit.

vement, & qui demandoient chacun une nouvelle attaque. Le Marquis de Caſtellar ayant ainſi conſécutivement enlevé quatre ou cinq redoutes bien fortifiées & garnies de canon, ſe vit devant une plus conſidérable que les autres: y trouvant plus de réſiſtance il ne put l'emporter qu'après pluſieurs charges qui lui couterent du monde: il raſſembla ce qui lui reſtoit, pour marcher en force contre la derniere muraille qui couvroit le Camp des Piémontois qu'il voyoit ſans obſtacle. L'inſtant d'interruption de ſon feu lui fit appercevoir qu'il n'étoit pas ſecondé ſur ſa droite. Dans ce moment ſurvint un Aide-de-Camp du Prince de Conti, qui avoit paſſé le long des trois colonnes les plus proches du Marquis de Caſtellar, avec ordre de percer juſqu'à la ſienne; il n'étoit point inſtruit des ſuccès des Marquis de Mirepoix & de Biſſy, mais il rendit compte au Marquis de Caſtellar de ce qui ſe paſſoit le plus près de lui; il le conduiſit ſur des hauteurs, d'où ils découvrirent les actions courageuſes de quelques compagnies de Grenadiers qui ſauterent dans les retranchemens, mais qui n'étant pas ſuivis par les corps à la tête deſquels ils marchoient, ne purent avancer ni reculer ſans une perte conſidérable, & ſans laiſſer quelques priſonniers, parmi leſquels fut le Lieutenant-Colonel de Kermelec qui les commandoit. Cet Officier fut cruellement maltraité par les ennemis qu'il accuſoit de mauvaiſe foi & prétendoit être ſes priſonniers, tandis qu'ils l'emmenoient. Le Marquis de Caſtellar voulant donner quelques momens de repos à ſes troupes qui combattoient depuis plus de ſix heures ſans interruption, chargea l'Aide-de-Camp d'aſſurer les Princes, qu'il conſerveroit tous ſes avantages & qu'il reſteroit maître du Fort du Limaçon, le dernier qu'il venoit d'enlever; que s'ils jugeoient à propos de lui donner des ordres & de le faire ſoutenir, il recommenceroit une attaque dont il croyoit le ſuccès infaillible; qu'en attendant leurs ordres, il tiendroit ſon corps raſſemblé pour ne point s'exposer aux entreprises de l'Ennemi.

Les affaires avoient alors bien changé de face à la droite. Les Piémontois revenus de leur surprise, voyant le corps du Lieutenant-Général d'Aramburu marcher par petites divisions, se rassemblerent pour l'attaquer. Ceux-ci ne pouvant, à cause du terrein, se soutenir les uns les autres, ni tirer aucun avantage du combat fort inégal qu'ils auroient essuyé, se retirerent lentement & en bon ordre. Le Prince de Conti désespéré de ne pouvoir pas être à la droite & à la gauche & conduire en même tems les troupes du centre où sa présence eût été si nécessaire, se décida dans le moment à suspendre l'attaque; ce qu'il fit avec d'autant plus de confiance, qu'il se flatta qu'en ménageant le sang, il ne deviendroit pas moins surement maître du Camp ennemi: il savoit que l'Amiral Mathews avoit nombre de vaisseaux de transport à Villefranche destinés (disoit-on) à porter à Oneille les blessés & à fournir le Camp de munitions de toute espece; il ne douta pas que les vaisseaux ne servissent à transporter les troupes, qui craindroient une seconde attaque & profiteroient de cette occasion de se retirer avec sureté. Il ne pouvoit se flatter ni de les faire prisonnieres, ni d'affamer le Camp, non seulement à cause de cette Flotte, mais aussi parce que les ennemis avoient une retraite sure sous le canon du château de Villefranche qu'on ne pouvoit prendre que par siége.

Le Marquis de Castellar eut ordre de conserver son poste, & on disposa les troupes de façon à se rassembler au premier ordre. Les Anglois dès ce même soir ne manquerent pas d'embarquer, outre les blessés, nombre de Soldats, & tout ce qu'ils purent d'artillerie: ils continuerent le lendemain. Le second soir tous les Soldats étant embarqués, ils les transporterent à Oneille. Les Alliés entrerent à la pointe du troisieme jour dans les retranchemens sans perdre un seul homme; ils firent même quelques priſonniers, ramaſſerent quelques bleſſés abandonnés dans des caſſines, & vinrent juſque ſous Villefranche, dont la ville envoya ſur le champ les clefs aux Princes. Quatre-vingts hommes reſtés dans le château de Mont-Alban ſe rendirent auſſitôt qu'on leur oppoſa du canon. Ce château ne conſiſtoit que dans un gros donjon flanqué de quatre tours, avec une platte-forme en terraſſe ſur laquelle on avoit placé quatre pièces de canon de vingt-quatre livres de balle. Les dehors ne conſiſtoient que dans un foſſé, avec un mauvais chemin-couvert paliſſadé. Les divers ſuccès de l'attaque des retranchemens avoient été couteux à l'Armée; les François ſur-tout avoient fait la perte la plus conſidérable, & comptoient un aſſez grand nombre de bleſſés. Le Prince de Conti ſenſible à leur ſort, après avoir donné les ordres les plus précis pour qu'ils fuſſent bien traités, voulut en juger par lui-même en les allant viſiter dans les égliſes qui leur ſervoient d'hôpitaux. Tacite, en parlant de Germanicus que le Prince de Conti ſembloit imiter dans toutes les circonſtances, peint parfaitement cette ſcène. „ Faiſant diſtribuer à chacun de l'argent „ de ſa bourſe; & pour effacer par ſon affabilité le ſouvenir de „ leur récente diſgrace, il alloit viſiter les bleſſés, ſe faiſoit mon- „ trer leurs playes, leur donnoit à chacun les louanges que méri- „ toient leurs exploits, piquoit les uns d'honneur, & les autres „ d'intérêt; enfin, ſoit par la douceur de ſes paroles, ou par le „ ſoin qu'il prenoit d'eux, il ſe les rendoit tous entiérement dé- „ voués, & prêts à le ſuivre dans tous les dangers" (10).

Si Germanicus parloit à des Soldats qui vouloient laver une tache de rebellion & ſe diſtinguer par des actions extraordinaires, le Prince de Conti s'adreſſoit à des Soldats, qui pour la plupart n'avoient pas moins à cœur de faire oublier tout ce qui s'étoit

(10) Annales de Tacite vers la fin du Livre I.

passé dans la Baviere, où les Autrichiens avoient eu sur eux des avantages qu'ils n'auroient pas dû se flatter d'obtenir. Le Général Romain & le Général François sçavoient assez le fond qu'ils pouvoient faire sur la bravoure de Soldats animés par l'exemple & les paroles de leur Général, pour être certains de l'effet que leur démarche produiroit sur tous les esprits. La suite a fait voir que l'un & l'autre avoient agi avec autant de politique que d'humanité.

Prise de Villefranche.

LES Princes ne tarderent pas à se mettre en état d'ouvrir la tranchée devant le château de Villefranche. On commença par élever une batterie à bombes pour l'incommoder; l'enceinte en étoit peu considérable, & ne contenoit que des magazins & logemens à l'usage de la garnison. Le Lieutenant-Général de Bourcier âgé de quatre-vingt-cinq ans y commandoit. Le Marquis de Suze étoit venu quelques jours auparavant, avec plusieurs Officiers Piémontois & quelques-uns des Anglois, voir cet Officier-Général, qui l'avoit très-bien reçu & entretenu pendant tout le dîner qu'il lui donna. Comme on l'accusoit de n'être plus en état de soutenir les fatigues d'un siége, & même de ne pas avoir l'esprit également présent à toutes les heures ainsi qu'il arrive quelquefois aux personnes de cet âge, le Marquis de Suze fit avec lui le tour des ouvrages, sur la défense desquels il parla si bien, qu'il fut confirmé dans son gouvernement & promit à son Général de répondre à la bonne opinion qu'il avoit de lui. La premiere bombe tomba près de son appartement, dans le temps où il avoit coutume de prendre une heure de repos qu'il ne souffroit jamais qu'on interrompît. On en répara le désordre, mais d'autres bombes suivant la même direction renouvellerent bientôt son inquiétude; elle fut telle qu'il prit la résolution d'envoyer un Aide-Major à Don Thomas de Corbolan qui commandoit dans la ville, avec ordre de lui représenter que les bombes mettroient le feu dans le château, ce qui rendroit sa prise inutile. Cet Officier fit entendre que si l'on vouloit le ménager, le projet du Gouverneur n'étoit pas de se faire enterrer sous les ruines, mais plutôt de recevoir une capitulation honorable après quelques jours de défense.

Prise du Château de Ville-franche.

Tandis qu'il étoit chez le Commandant Espagnol, un Aide-de-Camp du Prince de Conti venoit s'informer de l'état de la place: après avoir vû les batteries qu'on dressoit, & la tranchée qu'on ouvroit, Don Thomas l'instruisit en Espagnol de la commission de l'Officier Piémontois. L'Aide-de-Camp profitant de l'occasion pour intimider le Gouverneur, prit sur lui de dire que les Princes l'envoyoient au Commandant pour ordonner de faire sur le château le feu le plus terrible, & de ne point accorder de capitulation, mais seulement de recevoir la garnison à discrétion, dans le cas où le Gouverneur voudroit faire une plus longue défense. Don Thomas se retournant vers le Piémontois lui dit: „ vous entendez les ordres que je reçois, retournez les annoncer „ au Général Bourcier, ainsi que l'intention où je suis de les „ exécuter, si la capitulation n'est point signée avant que le jour „ paroisse: il lui reste encore quatre heures pour y songer, mais „ que personne ne sorte de la place sans cette signature". L'Aide-Major partit, & laissa prévoir son retour; il y fut exhorté par l'Aide-de-Camp qui ne voulut point s'en aller sans voir l'effet de sa menace. En moins d'une heure l'Aide Major reparut, & après de foibles débats signa les conditions, par lesquelles la garnison fut prisonniere de guerre; le Gouverneur ratifia sur le champ cette capitulation, qui fut remise à l'Aide-de-Camp. Le Prince de Conti, réveillé dans son premier somme par cette agréable nouvelle, ne pouvoit revenir d'étonnement d'un aussi prompt succès, & du retour de son Aide-de-Camp, qu'il regrettoit d'avoir envoyé presque sans nécessité sous le feu du chemin-couvert qu'il ne pouvoit éviter. La prise du château de Villefranche fut suivie de celle de tous les petits Forts qui se trouvoient sur la côte de la mer. *Dolce-Aqua* au dessus de Vintimille fit la plus grande résistance, cependant elle ne dura que peu de jours & bientôt le chemin parut ouvert jusqu'à Gènes: mais au lieu de continuer la marche, on vit avec surprise les troupes entrer en cantonnement.

Animosités des François & des Espagnols.

LES Princes établirent leur quartier dans Nice, où ils demeurerent près de deux mois. Ce fut alors que les dissentions des deux Nations occasionnerent de fréquens duels, & les Soldats suivoient si bien l'exemple de leurs Officiers, qu'on vit dans un même jour cent sabres des Alliés croisés les uns contre les autres. Quelques Espagnols furent arrêtés & devoient être punis: comme on ne s'étoit saisi dans le même tems d'aucun François, & que les Officiers Espagnols sollicitoient vivement le Prince de Conti de ne point ordonner un exemple de justice, qui ne tombant que sur leur nation, ne serviroit qu'à redoubler l'animosité des deux côtés, ce Prince leur répondit qu'il n'étoit plus tems de fermer les yeux sur une désobéissance si formelle & qu'il étoit si essentiel de réprimer. Il n'accorda point la grace qu'on lui demandoit. Pour appaiser le murmure des Espagnols il leur promit de traiter avec la même sévérité tous les François qui seroient coupables du même crime; il les exhorta de veiller à ce qu'aucun ne pût se sauver, ou par la fuite, ou par le silence des témoins. L'occasion ne tarda pas à se présenter; deux Grenadiers, un de chaque nation, furent pris le sabre à la main. Leur querelle n'avoit point eu pour objet la discorde nationale, & n'étoit qu'une suite de leur bravoure excitée par un peu de vin: le Conseil de guerre ne pouvoit manquer de les condamner, mais tout parloit en leur faveur. Les Officiers des deux nations desiroient avec une égale ardeur qu'ils ne fussent point jugés. L'un étoit

étoit depuis plus de 20 ans Grenadier dans un des premiers Régimens d'Espagne, & passoit pour le plus brave & le plus sage des siens; l'autre avoit servi près de 30 ans dans le Régiment du Comte de Stainville avec cette distinction honorable qui rend un Soldat respectable & supérieur en quelque façon à ses semblables; il s'étoit signalé dans toutes les occasions & montroit vingt-deux cicatrices sur son corps: il avoit donné de récentes preuves de sa valeur, dans l'attaque des retranchemens de Mont-Alban, où il avoit reçu deux blessures qui l'avoient retenu dans les hôpitaux, dont il arrivoit à l'heure même. Il n'avoit point eu le tems d'être instruit des défenses séveres qui donnoient des bornes à son honneur. Son Colonel s'intéressoit aussi vivement à son sort que s'il eût été son fils ou son parent; il sollicita, pressa le Prince de Conti avec toute l'ardeur d'un cœur aussi rempli de vivacité que de sentimens; les Espagnols se joignirent à lui: mais l'inflexible sévérité de son Général, qui mêla dans le particulier des larmes aux siennes pour la perte d'un si brave homme, ne se prêta point aux circonstances. La mort des Grenadiers devint un exemple si frappant, que l'on n'entendit plus parler de querelle pendant tout le reste de la campagne.

Le combat naval n'ayant point laissé les Alliés maîtres de la mer, l'Amiral Mathews reparut avec la Flotte Angloise, faisant parade de tous ses vaisseaux; il affectoit de les ranger en ordre de bataille en avant de Nice, envoyant jusques sur les côtes de petits bâtimens, qui ne permettoient pas même aux barques de pêcheur d'aller terre à terre d'un port à l'autre. La vigilance des Princes l'empêcha de tenter aucune descente, ni d'inquiéter leurs quartiers. Les Espagnols n'avoient cependant point encore renoncé à leurs projets, ils s'avançoient toujours vers Gènes; de gros détachemens poussés jusqu'à St. Remo & Bordighera se trouverent dans une telle disette qu'on comprit enfin qu'il ne se-

Les Espagnols s'avancent jusqu'à Bordighera & manquent de vivres.

roit pas poſſible de conduire toute l'Armée le long de la mer, tant que les Anglois en feroient les maîtres, & qu'on n'auroit point la facilité de ſe procurer des ſubſiſtances, le pays n'en pouvant pas fournir pour une armée, ni même pour un ſimple détachement. On prétendit qu'une fourniture de bled, qui fut faite à Oneille dans un moment très-preſſant & à point nommé, n'avoit point été tout-à-fait à l'inſçu & ſans les ordres de l'Amiral Mathews.

Le Prince de Conti voulant juger par lui-même des paſſages & de la difficulté de faire marcher les troupes, les vivres & l'artillerie, ſe fit conduire par-tout avec des peines & des fatigues incroyables. Dans pluſieurs endroits trop difficiles pour les chevaux, il eut recours à des mulets qui plus accoutumés aux montagnes le porterent par-tout où il crut qu'il pourroit entreprendre ou tenter quelques paſſages. Deux chemins menent de Nice à la plaine du Piémont; l'un ſur la gauche paſſant par Lentoſca, ſuit d'abord le Var, & le laiſſant enſuite ſur ſa gauche conduit au col de Feneſtre à Vaudier, Borgo & Coni; & l'autre ſur la droite retombe de même à Coni après avoir traverſé Soſpello, Breglio, Saorgio, Tende, le col de ce nom & Bovès. Le Roi de Sardaigne avoit fait rompre tous ces chemins à force de mines. Ils étoient d'ailleurs ſi difficiles par la nature du pays que les Eſpagnols comprirent qu'ils perdroient un tems conſidérable à les réparer dans beaucoup d'endroits & à en faire de nouveaux, & qu'il faudroit à la ſuite de ces difficultés faire le ſiége de Coni, qui pourroit être ſuivi de quelques autres ſans laiſſer le tems de parvenir avant l'hyver dans le Milanois: ce qui les détermina à ne point prendre cette route, quoique le Prince de Conti eût déja fait aſſiéger le château de Saorgio. Il préſentoit des plans d'une autre importance, qui devoient les conduire & les maintenir plus ſurement dans les conquêtes qu'ils méditoient.

La faiſon n'étant point encore aſſez avancée pour que l'Armée pût rien entreprendre au ſein des neiges & des torrens que forme leur fonte; le Prince de Conti s'appliquoit à faire mieux connoître à l'Infant & au Marquis de la Mina la nature des Alpes, & le plan qu'il rectifioit chaque jour pour en forcer le paſſage, en dépit de tout retranchement & de toute oppoſition. Le Roi de Sardaigne avoit augmenté ſes troupes des Milices du pays; c'eſt le nom qu'il auroit voulu que portaſſent tous les habitans des vallées & des montagnes. Suivant les uſages, qui ſervent de loix à la guerre, ce qui n'eſt point enrégimenté ou enclaſſé réguliérement, ne doit point prendre les armes, ou du moins lorſque le pays eſt conquis, les payſans ſont cenſés vaſſaux du Conquérant, & toute voye de fait de leur part eſt réputée rebellion & trahiſon contre un maître qui pouvoit les détruire, & qui ne l'ayant pas fait, les traite comme ſes ſujets. Lorſqu'ils oſent ſe révolter ils ſont traités plus cruellement que les troupes réglées, & leur pays n'a plus droit d'attendre aucun ménagement. Ainſi le Roi de Sardaigne expoſoit autant ſes ſujets que ſon pays. La poſition de ces montagnes eſt trop intéreſſante, & la marche du Prince de Conti trop brillante, trop hardie & trop bien combinée, pour qu'un militaire ou un homme d'Etat ne trouve pas le plus grand plaiſir à le ſuivre pas à pas, & peut-être un jour à l'imiter. Son courage fut mis à l'épreuve par la nature, plus encore que par les forces, l'expérience & la prudence de ſon Ennemi. Le Roi de Sardaigne cependant étoit conſommé dans le métier de la guerre, dont il avoit partagé tous les ſuccès en Italie dans la guerre précédente avec les François. Connoiſſant ſon pays parfaitement, en ayant fait dreſſer, pour ſon uſage ſeul, les Cartes les plus exactes & les mieux deſſinées, il avoit viſité lui-même toutes ſes frontieres, ordonné tous les ouvrages qui pouvoient en fermer ou retarder l'entrée, & les défendoit en perſonne, prêt à se porter par-tout où le besoin l'appelleroit.

Descrip-tion des Alpes.

Les Alpes sont une chaîne de montagnes prodigieusement élevées, que la nature rend par-tout impraticables, & où elle ne tarde pas à détruire quelques communications que l'art a pu faire, si l'on n'a soin de les entretenir. La plus grande partie de ces montagnes est couverte de neiges & de glaces accumulées de tems immémorial. Elles s'étendent en longueur du Midi vers le Nord, depuis la Méditerranée jusques au sein de l'Allemagne; & de l'Est à l'Ouest elles ont une largeur fort inégale, qui n'est jamais moindre de douze, mais souvent au delà de trente lieues. Les bornes de la France & des Etats du Roi de Sardaigne sont déterminées ordinairement dans les Alpes, par les eaux pendantes; c'est-à-dire que chacun remonte jusqu'au sommet des montagnes, où sont les premieres sources des torrens qui coulent dans son pays: le col de l'Argentiere, par exemple, fournit sur la pente orientale la riviere de Sture qui porte ses eaux dans la vallée de ce nom, & traverse une partie du Piémont, pour se jetter près de Quiéras dans le Tanaro, & du Tanaro dans le Pô; & sur la pente occidentale du même col de l'Argentiere, l'Honoraye ou Ubayete arrose la France & se joint à l'Ubaye dans la vallée de Barcelonette où elle trouve la Durance qui grossit le Rhône & se jette avec lui dans la mer de Provence. Le haut du col de l'Argentiere d'où coulent ces deux rivieres fait la borne des deux Souverains. Les limites se continuent par des lignes censées tirées en droiture d'une cime de montagne à l'autre, dans des pays où les eaux se précipitent de ces hauteurs à l'Est & à l'Ouest, mais où l'on ne pourroit pas même respirer si l'on parvenoit à s'y rendre, ce qui dans plusieurs endroits est de toute impossibilité par les neiges & les glaces & par l'air trop vif qui suffoque en un instant. Le Comté de Nice rend le Roi de Sardaigne maître du pied des Alpes, que baigne la Méditerranée, joignant la Provence (11); le Piémont, la Savoye & le Duché de Genevois appartenans au Roi de Sardaigne côtoyent le Dauphiné. Tantôt les Alpes, tantôt le Rhône bornent ces deux Rois; Genève & son Lac tiennent plus loin leurs Etats séparés. Le pays de Valais & les Grisons empêchent qu'on ne puisse tourner la Savoye & y arriver par le Milanois.

Rivieres des Alpes.

DANS la partie des Alpes commune aux deux Rois, on compte dix-sept vallées ayant chacune une riviere principale. Cinq de ces rivieres coulent en France à l'Ouest, & douze sur la pente orientale des Alpes descendent dans la plaine du Piémont, presque par des lignes paralleles malgré leurs sinuosités: elles reçoivent un nombre infini de petits torrens. Chaque tête de montagne forme de petites vallées qui toutes aboutissent à ces dix-sept, dans lesquelles il coule toujours de l'eau pendant les cinq ou six mois qu'elles sont praticables: car durant tout l'hiver le total des Alpes est couvert de neiges, & nombre de torrens coulent sous ces neiges sans qu'on apperçoive aucune trace de leur cours (12).

Du côté de l'Est la plus septentrionale de ces rivieres est la Doria Baltea qui coule dans la Vallée d'Aoste.

2. L'Orco dans la Vallée de Pont.

3. La Stura dans celle de Contoire ou de Sture.

4. La Doria ou petite Doire dans celle de Suze.

5. Le Cluson dans celle de Pérouse ou de Pragelas.

(11) Polybe dans sa description des Alpes les fait commencer à Marseille. Liv. III. Chap. IX.

(12) Dans la marche de la 6me. Colonne pour se rendre à son point d'attaque, elle passa près des Granges-aux-Ruissons autour du Col de Var, sur des ponts de neige aussi solides que s'ils avoient été construits en pierre. Ces ponts avoient encore une épaisseur de dix à douze pieds, & les torrens couloient librement dessous: à mesure que les neiges fondoient autour, les torrens se découvroient par place, & insensiblement la voute qui les cachoit, s'affoiblissoit & disparoissoit par-tout: c'est alors le moment le plus dangereux d'errer dans les Alpes.

6. Le Pratis dans celle de St. Martin.
7. La Pelisse dans celle de Lucerne.
8. Le Pô dans la Vallée du Pô.
9. La Vraïta dans celle de Château-Dauphin & de Vraïta.
10. La Mayre dans la Vallée de son nom.
11. La Grana dans celle de Grana.
12. Et la Sture dans la Vallée de Sture ou de Démont.

Ces Rivieres se jettent toutes dans le Pô directement, excepté la Sture de la Vallée de Démont, qui coule quelque tems dans le Tanaro avant d'arriver au Pô, dont l'embouchure est dans le Golfe Adriatique.

Cinq Rivieres seulement coulent vers l'occident du côté de la France.

1. L'Isere dans la Vallée de Tarantaise.
2. L'Arc dans la Vallée de Morienne.
3. La Durance dans la Vallée des Prés.
4. Le Guil dans la Vallée de Quiéras.
5. Et l'Ubaye dans la Vallée de Barcelonette.

L'Arve qui sort du pied du mont St. Bernard coule du Midi vers le Nord-Ouest & se jette près du Lac de Genève dans le Rhône.

Je ne parle point de celles qui descendent du Nord vers le Midi, celle du Var seulement doit en être exceptée, ainsi que celles de Tinea & du Paglion: le reste appartient aux Appennins, & s'éloigne des bornes des deux Rois. Ces cinq rivieres beaucoup plus considérables & plus dangereuses que celles de l'orient par les inondations & les désordres qu'elles occasionnent, vont se décharger dans le Rhône qui les porte dans la mer de Provence.

Des douze vallées qui regardent le Levant, les vallées d'Aoste & de Pont, de Contoira & de Suze, qui comprend celles d'Oulx, de Bardonache & de Sézane, sont les seules qui communiquent à la Savoye ; les huit autres joignent le Piémont avec la Provence ou le Dauphiné.

On n'arrive à la vallée d'Aoſte que par le col du grand Saint-Bernard, le col-major & ceux du petit Saint-Bernard & de Griſanches : elle eſt fermée vers ſon débouché dans le Piémont par les châteaux de Bard & d'Ivrée. Le grand Saint-Bernard a un col aſſez ouvert, où l'on peut paſſer avec des bêtes de charge. Il prend à l'entrée du Rhône dans le Lac de Genève ſur la rive droite & traverſe ce fleuve à Saint-Maurice d'où le col deſcend au midi dans un pays où les voyageurs ont bien peu d'occaſions de paſſer. Il aboutit directement à la ville d'Aoſte dans la vallée de ce nom : c'eſt par ce chemin que pendant la guerre paſſoient tous les voyageurs qui vouloient éviter le mont Cénis, que les Genevois prennent par préférence au mont Saint-Bernard en tout tems. On peut tourner le mont Saint-Bernard pour rentrer dans la vallée d'Aoſte par le Milanois, mais on doit alors paſſer ſur les terres de la République de Valais alliée des Suiſſes, ſans leſquels elle ne prend aucune réſolution en tems de guerre, quoiqu'indépendante d'eux. Premiere. Vallée d'Aoſte,

Le col du petit Saint-Bernard eſt au deſſus du village de Saint-Maurice ſur l'Iſere dans la haute-Tarantaiſe, les bêtes de charge y peuvent paſſer, il débouche à Morgès & Sala qui ſont à la tête de la vallée d'Aoſte. Le col-major, entre les cols du grand & petit Saint-Bernard, eſt très-long, très-difficile & communique de Salanches à Chamunis en Faucigny ; il arrive à Morgès après deux grandes journées de marche dans des défilés continuels & ſans aucune habitation : c'eſt entre cette vallée & celle de Griſanches que l'on croit que les Romains ont paſſé, dans un vallon où l'on rencontre les villages de l'Hôpital & de la Tuille : quelques Cartes modernes l'appellent le grand chemin des Romains. Le col de Griſanches communique par une petite plaine à Ste. Foy, Derbes & Sala, un peu au deſſous de Morgès ; ces deux dé-

Lasalle

Derby

filés pour entrer dans la vallée d'Aoſte ſont ſi difficiles qu'ils ne peuvent ſervir qu'aux gens de pied, & qu'un cheval y pourroit à peine ſuivre ſon cavalier.

Seconde. Vallée de Pont.

La vallée de Pont n'a de communication qu'avec la haute-Morienne par Ceriſoles & Bonneval d'où l'on entre dans le col de Galeſt qui n'eſt praticable que pour les gens de pied ainſi que celui de Gros-Caval qui joint ces deux Provinces. Ces montagnes donnent les ſources des rivieres d'Iſere & d'Arc qui coulent toutes deux à l'Oueſt.

Troiſieme. Vallée de Sture ou de Contoira.

La riviere de Sture prend ſa ſource au pied des montagnes de Gros-Caval dans la vallée de Contoira, qu'on appelle auſſi vallée de Sture, & enſuite vallée de Lentz: elle vient tomber dans le Pô fort près de Turin. Elle ne doit pas être confondue avec la riviere de Sture qui coule en Piémont par Démont & Coni. La vallée de Contoira ou Sture communique, par le grand mont Cénis & le col de Taret, avec Lanebourg ſur l'Arc, dans la vallée de Morienne, mais ce col eſt preſqu'abandonné, même par les gens du pays.

Quatrieme. Vallée de Suze.

La vallée de Suze eſt d'une communication plus commode & mieux établie: elle reçoit les vallées d'Oulx, de Bardonache & de Sézane, qui communiquent avec Briançon, aux frontieres de la France qui n'a pas de moindres fortifications que Suze & Exilles. Cette derniere place eſt commandée par les hauteurs de St. Colomban, mais la Brunette au deſſus de Suze eſt regardée comme imprenable, parce que ſes fortifications dominent tous les rochers qui les entourent à une certaine diſtance, que les ouvrages ſont taillés dans le roc, & que les logemens des ſoldats & les magazins de toute eſpece ſont par-tout à l'abri de la bombe dans des cavernes artificielles. La communication de la vallée de Suze ſe fait par les cols du grand & du petit mont Cénis, par ceux de Seguret, de Tiache, de Valpeide, Rochemole, la Live & Saulme. Le Pas de Suze connu sous le nom de la Triple-Barricade que força Louis XIII. en personne en 1629, regardé dès-lors comme impossible à forcer, est devenu de toute autre conséquence par les ouvrages qui le protegent.

Le chemin le plus usité par les voyageurs, où la Cavalerie Françoise passa dans la guerre de 1734, tems où le Roi de Sardaigne étoit allié de la France, est par le petit mont Cénis. On est obligé de démonter à Lanebourg toutes les voitures que les gens du pays ont l'industrie de dépécer de façon qu'elles sont toutes divisées en plusieurs parties qu'on charge à dos de mulet, sans que jamais on ait imaginé d'autre maniere de les transporter. Le trajet de Lanebourg à la Novalèze, premier village de Savoye, est de six heures & souvent plus, il se fait sur des mulets de poste, ou sur des brancards portés par des hommes. On remonte les voitures sur leurs roues à la Novalèze, où les chemins deviennent praticables. On trouve sur cette route plusieurs hameaux, & sur le haut de la montagne la plus élevée un lac assez vaste & d'une belle eau, dans lequel on pêche d'excellentes truites. La riviere de Ceniselles sort de ce lac, & se joint à celle de Doria ou petite Doire dans la vallée de Suze, & près de cette ville.

Mont-Céni.

Les cols des vallées d'Oulx & de Bardonache sont très-difficiles, ils aboutissent au dessus d'Exilles. On employe plus de huit heures pour arriver de Bramens au dessus de Lanebourg dans la vallée d'Arc à Exilles, & autant de Bramens à Briançon.

Briançon & Suze sont les deux points où retombent le plus de cols & de vallées, & où il faut le plus nécessairement passer. Le col de Rochemole est au dessus du village de ce nom, joignant la vallée de Bardonache, & ne conduit à Modane sur l'Arc qu'après quatre heures de marche à pied, car aucun cheval n'y peut passer.

Les cols de Roue & de Saulme sont tout aussi peu fréquentés & praticables.

La vallée de Sézane, & celles d'Oulx, d'Exilles & de Chaumont n'en font qu'une même avec celle de Suze sous divers noms; elles ont la même riviere de la Doire qui suit son cours de l'une à l'autre; elles sont séparées du Briançonnois & de la vallée de Servieres par les cols de Chabaud, du Bourget & du mont Genêvre, des Desertes & de Sabelstran sur le mont Genêvre. C'est par Sézane qu'en la guerre de 1734 passerent tous les équipages de l'artillerie & des vivres de France (13). Les canons n'auroient jamais pu descendre la montagne du mont Genêvre si l'on n'avoit pris la précaution de les faire avancer sans chevaux & avec des cabestans, qu'on ne filoit que lentement & qu'on retenoit à des piliers enfoncés à ce sujet sur toute la longueur de la descente, à la distance nécessaire l'un de l'autre.

On peut éviter Suze en passant par Sézane, & descendant par

(13) Pour arriver à Sézane on se fait glisser de même qu'au mont Cénis, sur des traîneaux qu'on appelle Ramasses. Ils forment un siége sur lequel on s'assied. Un homme qui se tient debout derriere ce siége sur lequel il appuye ses mains, donne d'un mouvement de pied l'impulsion au traîneau, qu'il conduit & arrête comme il veut dans une course d'une rapidité difficile à concevoir, si l'on ne connoît pas l'excessive roideur des pentes des montagnes. L'on ne peut se faire ramasser sur le mont Cénis que lorsqu'il est couvert de neige, & il est très-dangereux de vouloir s'y conduire soi-même ou s'y laisser glisser. Les porteurs ou ramasseurs ne passent ordinairement que dans des routes qu'ils appellent Durinées, sur lesquelles ils ont fait passer des traîneaux chargés de poids considérables pour affaisser la neige. Si l'on s'écartoit de ces routes & qu'on eût le malheur de rouler sur la neige mouvante, elle s'attacheroit dans les habits, & autour d'une personne jusques à devenir une masse de trente ou quarante pieds d'épaisseur suivant la longueur de la montagne & la mobilité de la neige, & descendroit ainsi jusques à la vallée, portant avec elle la personne enfermée dans sa masse comme un noyau est contenu dans un fruit. L'on y a retrouvé des personnes en vie quelquefois jusqu'à 20 jours après leur chûte. Le mont Genêvre a sa pente si roide & si droite, qu'on peut se faire ramasser sur la terre séche & sans neige.

le vallon Charnier, ainsi nommé d'un carnage affreux & fort ancien entre les Savoyards & les Piémontois. On arrive alors dans la vallée de Pragelas. Plusieurs petits cols qui traversent le mont Genêvre sont regardés comme impraticables, mais le col de Servieres qui tombe à Sézane est le plus commode, & celui sur lequel passent toutes les voitures.

Cinquieme. Vallée de Pragelas ou Peyrouse.

Cette vallée commence au bas de la montagne de Sestrieres & finit au Bete-Dauphin près de Peyrouse où étoient sous Louis XIV. les limites de la France & du Piémont. Quand on entre dans la vallée de Pragelas pas le col de Sestrieres, on évite Suze, mais on arrive sur Fenestrelles dont les fortifications, taillées dans le roc comme celles de Suze, passent pour être encore plus difficiles à prendre.

On compte plusieurs petits cols entre la vallée de Pragelas & celle de Suze, mais la difficulté de les suivre autrement qu'à pied, fait que leur nom n'a rien d'intéressant, si ce n'est une discussion sur celui par lequel le Chevalier Folard croit qu'Annibal a fait passer ses éléphans & son armée, dont on ne trouve plus sur les lieux aucune trace. Le col de la Fenestre au dessus d'Husseaux & de Barboté est très-praticable pour les chevaux, il passe à Méane d'où il conduit à Suze. On vient aussi à Chaumont en passant au bas de l'Ane & à la Renaudiere. De Méane par Moutier on arrive à Bossolens sur la petite Doire une lieue & plus au dessous de Suze. D'Husseaux à Chaumont, il faut quatre heures de marche. Entre le col de la Veille & celui de la Fenestre est un passage qu'on nomme Fatieres, fait en 1707 pour faire passer de la Cavalerie: il traverse le village de la Lauze, & domine du haut du mont Fatieres le col de la Fenestre: au bas du col de la Fenestre est encore un passage pour les chevaux à Rennefort entre Husseaux & le Puy de Fenestrelles. Le col de l'Oursiere au dessus de Fenestrelles conduit à Suze & à Bossolens, & sert beaucoup aux tranſports qu'on fait à dos de mulet de l'une à l'autre de ces villes, ſur-tout pour les vins qu'on porte à Boſſolens ſans paſſer par Suze. J'ai lu des Mémoires, dans leſquels ce que j'appelle le col de Feneſtre eſt appellé le col de Feneſtrelles, & l'on donne le nom de col de Feneſtre à un petit col qui part du village d'Huſſeaux & vient tomber dans le col de l'Ourſiere au deſſus du Puy de Feneſtrelles. La Riviere de Cluſon qui coule dans cette vallée, ſe jette dans celle de Peliſſe à l'extrémité de la vallée de Lucerne; elle change de nom à Peyrouſe & prend celui de Chiſon; elle a ſa principale ſource au pied du mont Seſtrieres.

Sixieme. Vallée de St. Martin. La vallée de St. Martin a deux branches qui communiquent à celle de Quiéras, par les cols de St. Martin & d'Abriés qui ſont extrémement difficiles. Elle communique auſſi à la vallée de Sézane par les cols du Sauſe & de Rodour. Le Pratis ſa principale riviere (car elle en a deux autres très-petites) ſe joint au Cluſon dans la vallée de Peyrouſe, près de la ville de ce nom. Le col du Cavail la ſépare de la vallée d'Angrogne qui tombe dans celle de Lucerne: ce col n'eſt ni difficile, ni long, mais il ne part point des Alpes Françoiſes, & ne communique que de la vallée de St. Martin à celle d'Angrogne, qui retombe comme elle dans celle de Lucerne. A la branche de la gauche eſt la redoute des Quatre-Dents, qu'on regarde comme un poſte d'autant plus avantageux que les cols qui y conduiſent ſont tous extrémement difficiles.

Septieme. Vallée de Lucerne. La vallée de Lucerne, dans laquelle coule la riviere de Peliſſe qui ſe jette dans le Pô, proche Carignan, n'eſt point du tout commode à paſſer; elle eſt très-ſouvent fort reſſerrée. Le Fort de Mirabouc la défend au point où aboutiſſent quelques petits cols à peine praticables pour paſſer de la vallée de Quiéras dans celle-ci. Le Fort de Mirabouc eſt peu conſidérable, mais il eſt ſitué dans des rochers qui le cachent & le rendent d'une mauvaise défense, malgré l'avantage qu'il a d'être construit sur un roc isolé. Le meilleur de ces cols est celui de la Croix, où l'on ne peut passer qu'avec des chevaux de charge. De Ristolas, petit village sur l'un des torrens qui forment le Guil qui coule dans la vallée de Quiéras, on employe quatre heures pour arriver au Fort de Mirabouc.

La vallée du Pô se forme de la réunion des deux petites vallées de Crussol & d'Oulieres; la vallée de Crussol porte le nom d'un village situé au pied du mont Viso, que l'on dit être le plus haut des Alpes, & qui fournit les premieres sources du Pô; celle d'Oulieres prend de même le nom du village d'Oulieres, & rassemble quelques sources qui descendent du mont Onzin, & se joignent à quelques lieues de distance à celles du mont Viso, pour former ensemble le Pô. On ne communique de la vallée de Quiéras à celle du Pô que par le col de Crussol, qui ne peut servir actuellement qu'aux gens de pied, & encore pendant trois ou quatre mois de l'Été, quand il fait sec. Il faut une marche très-pénible de sept heures pour passer de l'une à l'autre vallée. On prétend que ce chemin a été fait par François I. en 1515, quand les Suisses & le Cardinal de Sion croyoient lui avoir fermé tous les passages des Alpes (14), qu'il ne pouvoit ni franchir, ni forcer en aucun endroit, quoique le Duc de Savoye eût envie de le favoriser. Huitieme. Vallée du Pô.

La vallée de Château-Dauphin communique avec la ville de Quiéras en Dauphiné, par les cols Vieux, de Lagnet, de Saint-Veran, ou de la Guere, & avec la Provence par les cols de Longuet & du Chazal qui la joignent à celle de Barcelonette; elle prend le nom de vallée de St. Pierre après Château-Dauphin & Neuvieme. Vallée de Château-Dauphin, de St. Pierre ou de Vraïta.

(14) Cette anecdote tirée des Mémoires de Du Bellai est racontée fort au long dans l'histoire de François I. (faite par Gaillard, & imprimée à Paris 1766. Voyez Tom. I. pag. 220.)

s'appelle en général vallée de Vraïta jusqu'à son entrée dans la plaine, à cause de sa riviere, qui porte ce même nom.

Trois lieues au dessous des bornes de la France, on trouve la platte-forme ou le plateau de Château-Dauphin, au confluent des deux Varatches ou Vraïtes, qui forment la riviere de Vraïta, laquelle se jette dans le Pô près de Villafranca, après avoir fait un grand détour à l'Est. Plusieurs hauteurs dominent ce plateau, sur lequel il n'existe plus aucun château, ni fortification réguliere; mais c'est un point de jonction où aboutissent plusieurs cols par lesquels on peut passer de France en Piémont d'autant plus aisément que la vallée de St. Pierre qui n'est que la prolongation de celle de Château-Dauphin, est elle-même déjà une espece de plaine. On ne peut faire le chemin de Ristolas à la Chenal par le col Vieux qu'à pied & en quatre heures.

Le col de Lagnet conduit de la ville de Quiéras à Château-Dauphin en passant entre le mont Longuet & le mont Viso. Il n'est difficile qu'à la Chenal premier village de la domination Piémontoise, où il est très-resserré; du reste il est assez commode pour les voitures de toute espece. Le col de Longuet joint la vallée de Château-Dauphin à celle de Barcelonette, par un chemin assez commode pour les chevaux de charge, mais impraticable aux voitures. Le col du Chazal qui passe par les Selles, Bellins & Château-Dauphin, n'est qu'un sentier pour passer de la vallée de Barcelonette en Piémont avec assez de peine par un trajet de sept à huit heures.

Dixieme. Vallée de Mayre.

La vallée de Mayre communique à celle de Barcelonette par les cols Maurin, de la Portillote, de Mongis, de Sautron & d'Elve, assez facilement par le premier, mais seulement pour les bêtes de charge, & très-difficilement pour les gens de pied, dans un pays où la nature semble avoir fait à chaque pas un poste susceptible de la meilleure défense, & soutenu de l'un à l'autre bout du chemin par d'autres postes aussi forts.

Onzieme. Vallée de Grana.

La vallée de Grana ne s'enfonce point jusqu'aux Alpes Françoises, lesquelles n'offrent aucun col qui y conduise directement, mais on y passe par des communications assez difficiles & étroites des vallées de Mayre & de Sture.

Douzieme. Vallée de Sture ou de Démont.

De la vallée de Barcelonette on vient dans celle de Sture, ou de Démont, par le col de Vars, où le Duc de Savoye fit passer son armée & son canon en 1692, lorsqu'il alloit faire le siége d'Embrun. Le col de Vars communique avec Guillestre près de la riviere de Guil & de Tournous sur l'Ubaye, & aboutit au col de l'Argentiere, qui paroît le plus aisé de tous, par la disposition du terrein presque toujours assez large & commode pour toute espece de voitures, mais dangereux par les vents froids qui y regnent dans l'arriere-saison & l'hyver: leur souffle suffit en certains momens pour faire mourir les hommes, s'il pénetre dans le corps au moment où l'on prend sa respiration.

La vallée de Sture commence au col de l'Argentiere. De l'Arche, dernier village de France, à l'Argentiere le premier du Piémont, on peut arriver en trois heures; la pente qu'offre la montagne des deux côtés est assez douce, & s'étend sur quelque largeur où l'on trouve des prairies. Bresés où l'on vient après avoir passé l'Argentiere est dans un bassin assez étendu qui se resserre tout d'un coup à l'endroit qu'on nomme les Barricades parce que ce passage a souvent été barricadé. Les montagnes qui sont à sa droite sont coupées à pic au bord du chemin de 25 à 30 pieds de hauteur perpendiculaire, & présentent au dessus une colline en amphithéâtre très-élevée, mais celle de la gauche qu'on nomme la Montagnette, a plus de six-cens pieds d'escarpement perpendiculaire sur la vallée de Sture. Il faut plus de deux heures pour arriver au sommet en passant par le hameau de Sevagnes, & par des chemins étroits coupés de gorges & de précipices, autour desquels il faut sans cesse tourner. Pied-de-Port est le premier endroit qu'on rencontre après le passage des Barricades: le chemin ne commence à devenir bon qu'après ce village ; la vallée est ensuite très-aisée & très-ouverte, & conduit à travers quelques villages à la ville & au château de Démont, & se termine à Coni où commence la plaine du Piémont.

Vallée de St. Etienne.

SUR la droite de la vallée de Sture on trouve celle de Saint-Etienne qui est à la tête de la vallée de Tinea dont la riviere du même nom se jette dans le Var en descendant du Nord au Midi pour tomber auprès de Nice dans la Méditerranée. Toutes les rivieres des Appennins suivent cette même direction du Nord au Midi de même que celles des Alpes coulent toutes à l'Est ou à l'Ouest.

Vallée du Var.

LA communication de Nice à la vallée de Sture se fait ordinairement par le chemin des bains de Vinai & vient tomber au village des Planches: elle n'est praticable que pour les chevaux. On trouve encore une autre communication avec Barcelonette en remontant le Var jusques à sa source près de la Baume; on passe un col fort difficile, & seulement praticable aux chevaux de charge; on vient à Entreaume, Molane & Barcelonette, sans que ce chemin communique dans toute sa longueur avec celui des bains de Vinai ou à la vallée de St. Etienne.

LE Prince de Conti faisoit reconnoître exactement tous ces cols & nombre d'autres passages regardés comme impraticables, en faisant même tenter de nouveaux sans admettre toutes les impossibilités qu'on lui vouloit alléguer. On peut communiquer dans les Alpes en beaucoup d'endroits, avant que les neiges soient fondues. Les montagnards mettent des especes de raquettes sous leurs pieds, qui les empêchent d'enfoncer dans les neiges. Quelques Ingénieurs François les imiterent, & s'accoutumerent assez bien à cet usage pour pouvoir suivre leurs guides par-tout ; ils

ils tiroient peu de lumieres de l'inſpection qu'ils prenoient d'un pays couvert de neige (15). D'après les connoiſſances que don-

(15) On leur diſoit quelquefois, vous paſſez actuellement au deſſus d'un village compoſé d'une vingtaine de maiſons ſéparées de vous par plus de trente pieds de neige; plus loin eſt un autre hameau, enterré de même ſous la neige; au pied de cette autre montagne eſt une ſeule maiſon dans un petit vallon qu'on ne diſtingue point à préſent plus qu'elle. Les Ingénieurs François ne pouvoient concevoir que des hommes puſſent ſe réduire à une vie ſi miſérable & à tous les inconvéniens qu'ils ſuppoſoient à la ſuite de ce genre de vie. Leurs guides les détrompoient. En effet ces peuples ſont bien éloignés d'être & même de ſe croire malheureux dans la priſon volontaire qu'ils occupent plus de la moitié de leur vie. Ils y jouiſſent ordinairement d'une très-bonne ſanté, & n'étendent point leurs déſirs au delà de ce qu'ils poſſedent. Leur pain qui fait leur principale nourriture, peut ſe conſerver plus d'un an ſans ſe gâter: ils ont auſſi du fromage, des fruits, des légumes & quelques grains, ils ne s'empreſſent d'avoir ni des œufs, ni des viandes ſalées, ni mille reſſources que l'on regarde ailleurs comme d'abſolue néceſſité. Pluſieurs paſſent tout ce tems (qui dure ſix à ſept mois) ſans laitage, & ne s'inquiètent pas ſi la chèvre ou la vache qu'ils gardent avec eux, verra tarir ou continuer ſon lait; pluſieurs même n'en ont point du tout. Ils ne ſouffrent jamais le moindre froid, & ſe diſpenſent très-ſouvent de faire du feu; leurs maiſons n'ayant point de tuyaux de cheminée, la fumée s'évapore comme dans les granges de Weſtphalie ſans aucune ouverture. S'il meurt quelqu'un de la famille ou du bétail, on le porte au grenier, où il ne répand aucune infection, & ſe conſerve ſans aucune précaution. Ces êtres peu ſociables ne cherchent point à communiquer entre eux dans leurs demeures iſolées, & n'ont point au Printems l'impatience d'aller chercher leurs ſemblables. Quelques-uns de ces hameaux, & même des habitans d'une ſeule maiſon iſolée, autour d'Embrun près de St. Guillaume, ont prétendu être diſpenſés de tous impôts, taxes & corvées: ils ne travailloient que pour ramaſſer un néceſſaire ſur lequel il n'étoit pas poſſible de rien retrancher ſans attenter à leurs jours; mais les Intendans de la Province uſant de menaces d'abord, & enſuite de ſévérité, arrachant ces malheureux à leurs tanieres, & les forçant de jouir du ciel & de l'air, leur ont fait voir qu'il n'eſt point d'endroit dans la nature, quelque ſauvage, quelque caché qu'il ſoit, où l'homme ne doive un tribut à d'autres hommes, & puiſſe ſe gouverner par des Loix qui doivent certainement être celles de la pure nature, cultiver & récolter les fruits de la terre ſans obſtacle & ſans charge. Ces peuples ne trouvent aucun inconvénient à leur genre de vie, qu'ils préferent à tout autre, & vivent auſſi longtems, auſſi ſainement, & auſſi contens, qu'aucune autre nation du monde.

noient au Prince de Conti ses Ingénieurs & les gens du pays qu'il attiroit de tous côtés, il s'occupoit à Nice à faire un plan de son passage des Alpes qui caractérise le génie & le courage de l'ame, disposant ses pénibles marches & ses terribles attaques avec la même aisance que s'il eût été dans les plaines de Flandres.

Les Espagnols avoient reconnu l'inutilité de leur tentative sur le passage le long de la mer. Le Marquis de la Mina se rendit justice sur le peu de connoissance qu'il avoit, & qu'il pouvoit acquérir des Alpes. Plus il avoit apporté d'obstination au projet qu'il avoit été forcé d'abandonner, plus il sentit qu'il avoit besoin, dans la circonstance actuelle, de s'en rapporter aux lumieres du Prince de Conti, que chaque François se faisoit un plaisir d'instruire. Le Marquis de la Mina le laissa donc maître de disposer le plan des opérations, se réservant d'établir sa réputation dans cette campagne sur sa valeur, s'il n'avoit point d'autre moyen de s'en attribuer les succès.

Le Prince de Conti n'ignoroit pas que les peuples soumis au Roi de Sardaigne, attachés à leur Souverain & à leur patrie, ne cédoient qu'à regret & cherchoient à servir leur Prince, en lui faisant parvenir toutes les connoissances qu'ils pouvoient prendre des démarches & des intentions des Généraux des Alliés; ce qui lui donna lieu de faire courir des bruits qui se répandant dans son armée tromperent ses propres Officiers, & purent surprendre le Roi de Sardaigne. On débita qu'il resteroit un corps de troupes assez considérable, pour garder les conquêtes qu'on venoit de faire, & tenir ouvert le passage le long de la mer, qu'on seroit toujours à même de reprendre si l'on n'en trouvoit point un plus favorable. En conséquence on augmenta considérablement la garnison de Monaco par des troupes qu'on fit venir d'Oneille; on conserva des piquets de divers régimens pour garder plusieurs postes; une partie parut destinée à rester dans le Comté de Nice, & dans celui de Beuil qui le joint, tandis que les régimens avec leurs drapeaux marcheroient vers la France, pour se porter de là sur la tête des vallées, par lesquelles on essayeroit de pénétrer en Piémont.

On supposoit que le Roi de Sardaigne n'auroit pas eu le tems de faire des retranchemens & des défenses dans un pays où l'on se présenteroit au moment que les neiges fondues le découvriroient. Le Prince de Conti se contenta de donner à ses Officiers-Généraux les ordres purement nécessaires pour la marche, & fit partir son Armée de Cagnes, la même ville où il l'avoit assemblée dès la fin de l'hyver.

La premiere division aux ordres du Marquis de Campo-Santo, n'étoit composée que de huit bataillons; celles qui la suivirent à deux jours d'intervalle les unes des autres, furent à-peu-près de même force. La premiere passa par Grasse, Castelanne, Dignes, Seyne, Embrun, Guillestre & Briançon, où renforcée d'une seconde division elle devoit camper jusqu'à nouvel ordre. D'autres divisions se rendirent à Guillestre, quelques-unes à Tournous sur l'Ubaye, Camp célebre par le Lieutenant-Général de Guerchois en 1707. On forma aussi un Camp près de Barcelonette & un autre sous Embrun. Enfin deux colonnes plus lentes à se mettre en mouvement que les autres, partirent des environs d'Oneille, des Comtés de Nice & de Beuil, & remonterent le Var qu'elles laisserent à leur gauche, pour suivre en remontant la riviere de Tinea, jusques dans la vallée de St. Etienne où elles camperent.

Départ de l'Armée le 20 Juin.

Les Princes se mirent en marche avec si peu d'affectation & d'empressement, qu'à l'air d'aisance avec lequel ils se prêtoient aux fêtes que la Provence & le Dauphiné leur prodiguoient, ils paroissoient plutôt suivre une marche triomphante que celle de l'attaque la plus hardie & la plus dangereuse, à laquelle chacun devoit arriver à son poste à point nommé, tant il y avoit de justesse & de précision dans la combinaison des tems & des opérations. Il faut connoître le génie du peuple Provençal pour juger de l'effet de ses réjouissances & de ses fêtes. Sa vivacité naturelle & son tempérament ajoutent infiniment à la joye à laquelle il se livre. Des vieillards de quatre-vingts ans la partageoient avec vigueur, & venoient sous diverses mascarades propres à cette nation, deux ou trois lieues en avant de leurs villes, recevoir les Princes, sautant & dansant au son de leurs galoubets & de leurs tambourins, comme les plus jeunes (16). Les villes étoient toutes illuminées & les nuits se passoient successivement en réjouissances: ces fêtes n'étoient point ordonnées, le cœur les dictoit, la libéralité des Princes les soutenoit. Dans quelques endroits on leur rendit des honneurs extraordinaires, tels que l'on vit des Curés venir avec leurs paroissiens & le dais, qui sert aux processions de la Fête-Dieu, pour que les Princes marchassent dessous, tandis que les principaux du pays en tiendroient les bâtons & les cordons.

La Bourgeoisie des villes se mettoit par-tout sous les armes, & les rues étoient pleines de décorations, d'emblêmes & de devises en l'honneur des Princes & de leurs Souverains. Comme les chaleurs étoient alors excessives, & sur-tout dans les pierres &

(16) Ils ont entr'autres une Reine de Saba qui vient visiter Salomon au son des Instrumens. Les figures sont monstrueuses avec des oziers couverts de toile peintes suivant ce qu'elles doivent représenter: des personnes qui sont dessous les font mouvoir continuellement, ensorte qu'elles paroissent sans cesse danser. Ils ont aussi des figures de chevaux d'oziers couverts de toile au milieu desquelles un homme se tient debout & paroît à quelque pas comme sur un cheval, dont il peut faire lever la tête & la croupe si aisément qu'à quelque distance on les croiroit des chevaux naturels caparaçonnés jusques en bas; ils appellent cette mascarade des Chevaux-Flutes. Ils ont aussi nombre de bergers & de bergeres ornés de rubans, de pannetieres & de houlettes, & d'autres figures bizarres telles qu'on en voit dans les Foires des grandes villes des Pays-Bas.

les fables brûlans de la Provence, les Princes suivant la même route se trouvoient tous les jours aux mêmes endroits; mais par un contraste singulier le Prince d'Espagne né dans un climat brûlant, pour éviter les chaleurs de la Provence, partoit à cheval avec toute sa suite, régulièrement à minuit, & arrivoit sur les huit ou neuf heures du matin; tandis que le Prince de Conti, nourri dans les inconstances du climat de Paris, où le froid & le chaud ne sont point extrêmes, montoit à cheval à midi, essuyoit toute la chaleur du jour, & arrivoit sur les huit ou neuf heures du soir. Chaque Prince soutint son ordre de marche pendant quinze jours qu'ils mirent à se rendre de Nice à Briançon, allongeant leur tournée, & se montrant dans toutes les villes de la Provence & du Dauphiné qui se trouvoient à portée d'eux. Cette apparente dureté du Prince de Conti qu'on ne regardoit point comme nécessaire au sein du Royaume, fut plus salutaire à sa suite que les ménagemens de l'Infant ne le furent aux siens. Les chaleurs du jour & les mouches incommodoient si fort les Espagnols & leurs chevaux qu'ils ne prenoient aucun repos, tandis que les François jouissoient de celui que donne la fraîcheur de la nuit; ils en passoient même une partie à partager les amusemens des peuples dont la gayeté célébroit les vainqueurs qui venoient de joindre Nice à leur province.

Si ces détails éloignoient les inquiétudes du Roi de Sardaigne & l'empêchoient de redoubler ses soins, quoiqu'il ne se livrât point à la négligence; l'arrivée des Princes à Briançon, le nombre des troupes qui s'y rendoient, lui persuaderent que leurs efforts se porteroient tous de ce côté; il résolut de ne point le quitter; d'ailleurs il avoit fait ses dispositions pour recevoir ses Ennemis à tous les débouchés, ne négligeant aucun de ceux que la connoissance qu'il avoit de son pays lui fit regarder comme attaquables. Aussi-tôt que le terrein avoit été découvert par la fonte des neiges, il avoit fait faire des retranchemens de gazons épais placés comme des pierres les uns ſur les autres. Pluſieurs Camps dans les montagnes avoient des baraques couvertes de gazon, enſorte que le Soldat n'y ſentoit pas le froid des nuits, qui eſt exceſſif dans les hautes montagnes. Les Princes arrivés à Briançon, quoiqu'après une marche ſi fatigante, n'y chercherent point le repos. Le Prince de Conti ſe porta par-tout où il dut reconnoître les paſſages & fit marcher toutes ſes troupes par ſa droite, ceſſant de menacer Suze qu'il laiſſoit derriere lui. Le Roi de Sardaigne avoit garni cette vallée & les environs de la plus grande partie de ſes troupes. Le Général François embraſſant le vaſte terrein des Alpes avec la même facilité que la petite partie qu'il en avoit attaquée dans le Comté de Nice, ſe rendit avec l'Infant au poſte qu'il avoit choiſi; c'étoit l'attaque la plus dangereuſe, mais dont il eſpéroit le plus de ſuccès. Son armée occupoit près de trente lieues de terrein le plus inégal & le plus impraticable qu'on puiſſe concevoir, au ſein des plus hautes Alpes. Il la développa ſur neuf colonnes pour attaquer chacune devant elle & à la même heure les poſtes ennemis, & s'ouvrir un chemin par celle des vallées où le ſort favoriſeroit ſes projets ou ſes armes.

Premiere Colonne.

La premiere Colonne ſur la droite aux ordres du Marquis de Caſtellar Lieutenant-Général étoit compoſée de huit bataillons qu'il avoit conduits d'Oneille ſur les bords du Var; remontant juſques aux ſources de la riviere de Tinea, dans la vallée de St. Etienne, où il avoit paſſé quelques jours; il avoit ordre de s'avancer ſur les Ennemis dans toutes les montagnes qui ſont ſur la droite de la vallée de Sture, autour du poſte des Barricades; de tâcher de faire reconnoître par ſes Ingénieurs ou ſes Eſpions les routes les plus inconnues & les plus difficiles, pour arriver au village des Planches, une lieue au deſſous des Barricades, dans la même vallée. L'on n'y parvient ordinairement qu'avec beaucoup de peine par les bains de Vinai. Il ne devoit être question ni d'équipage ni de chevaux pour cette attaque, il suffisoit que l'on pût arriver à pied.

La seconde Colonne n'étoit composée que de cinq bataillons, que le Brigadier de Mauriac Lieutenant-Colonel du Régiment de Stainville, resté dans le Comté de Nice, devoit amener dans la vallée de St. Etienne, avec tout ce qu'il auroit ramassé des piquets de divers Régimens employés dans les postes qu'on quittoit, lesquels formoient un détachement de 800 hommes; il devoit se porter sur le col de Fer auquel on n'a donné ce nom que par la difficulté dont il est; s'il y trouvoit des ennemis il devoit les charger, & tâcher de pénétrer dans la vallée de Sture au dessous du poste des Barricades, pour être à portée de soutenir le Marquis de Castellar, ou d'en être soutenu. Seconde Colonne.

Le Maréchal-de-Camp de Villemur, détachant huit bataillons du Camp de Barcelonette, les devoit amener au col de l'Argentiere à la tête de la vallée de Sture, & continuant sa marche par le col Faron se rendre à Ferriere, sur la droite des Barricades, pour y faire une troisieme attaque par les flancs, ou comme les deux autres prendre les ennemis à revers & concerter avec eux ses opérations. Troisieme Colonne.

Les Princes avoient choisi pour leur poste la vallée de Sture. Don Francisco Pignatelli, Lieutenant-Général, amenoit d'Embrun huit bataillons, qui devoient leur servir de corps de réserve & se porter aux endroits qu'ils voudroient attaquer ou secourir en personne. Quatrieme Colonne.

Don Joseph d'Aramburu Lieutenant-Général arrivoit en même tems qu'eux à l'Argentiere avec six bataillons partis de Guillestre pour venir attaquer en face le poste des Barricades; c'est à la tête de ce corps que le Capitaine-Général d'Espagne avoit ré- Cinquieme Colonne.

folu de fe mettre, pour attaquer & forcer ce paffage, dont il connoiffoit toute l'importance, ainfi que les difficultés.

Retranchement des Barricades.

Le Lieutenant-Général Palavicini le gardoit avec quatre bataillons; quatre autres à fes ordres étoient campés fur fa droite fur le haut de la Montagnette. Le Roi de Sardaigne avoit fait fermer toute la vallée par une digue de 27 pieds d'épaiffeur fous laquelle paffoit la riviere de Sture. En avant étoit un foffé très-profond; & fur la terraffe que formoit la digue, il avoit placé quatre pièces de canon, le terrein ne permettant pas qu'il en mît un plus grand nombre; mais d'autres batteries plus confidérables protégeoient celle-ci fur la gauche. En avant de la digue il avoit fermé la vallée par deux enceintes paliffadées. Les grenadiers placés dans des chemins-couverts de ces ouvrages, devoient arrêter la première fougue des attaquans, le canon en face & des côtés paroiffant fuffifant pour détruire tous ceux-ci. Outre ces défenfes, il avoit, en avant des premieres paliffades, fait rouler un grand nombre de cailloux & de débris de rochers confidérables, que les torrens détachent des montagnes; il avoit couvert une place affez étendue de ces pierres ramaffées, les faifant placer artiftement & de façon à ralentir la marche de ceux qui fe préfenteroient. On avoit ménagé des hauts, des bas, des efcarpemens & des manques d'appui, capables de faire rouler au moindre mouvement les pierres & ceux qui les dérangeroient. Les quatre autres bataillons fur la Montagnette, trop élevés pour craindre les balles des fufils tirés de la vallée, n'avoient befoin que des pierres dont le terrein eft couvert, pour écrafer tous ceux qui fe feroient approchés de la batterie qui barricadoit la vallée. L'efcarpement des deux côtés des montagnes formoit une efpece de gallerie découverte de plus de cent pas de long & d'environ 6 toifes de large, à l'entrée de laquelle étoit la batterie des quatre pièces de canon. De la Montagnette on pouvoit écrafer

fer

ser cette batterie & le chemin qu'elle traversoit, ensorte que même après l'avoir prise, les vainqueurs couroient risque d'y être détruits par une attaque contre laquelle ils n'avoient point de défense, & dont les Romains n'auroient pu se garantir même par leur tortue. Les montagnes des Loupieres sur la gauche du Général Palavicini formoient un escarpement à pic de trente pieds ou plus d'élévation qui bordoit un des côtés du chemin; ce qui donnoit la facilité de fermer la vallée par la digue qui la traversoit. Le reste de ces montagnes à sa gauche étoit formé par la nature sur plusieurs pentes inégales & garni de retranchemens & de batteries de canon soutenues par les quatre bataillons qui gardoient le passage des Barricades.

Le Comte de Lautrec Lieutenant-Général parti du Camp de Tournous avec quatorze bataillons avoit pris la route du mont Maurin & du col Marie; il s'étoit approché jusqu'aux Granges-aux-Ruissons, où les neiges n'étoient pas encore toutes fondues, & devoit se présenter à Preit sur la gauche de la Mayra, pour menacer la vallée de Mayre, & suivre ses succès autant qu'il le pourroit. Sixieme Colonne.

Le Lieutenant-Général Don Louis de Gandiga avoit emmené six bataillons du camp de Guillestre, par la même route que le Comte de Lautrec: il vint par St. Paul & Maurin se présenter à la tête du col Lagnet pour menacer la vallée de Château-Dauphin ou de Mayre; mais rebroussant chemin tout-à-coup & se retirant par le lac de Praroire & le col Marie, il devoit venir à Aceglio sur la gauche de la riviere de Mayra, à l'ouverture de la vallée de Mayre, pour soutenir la sixieme colonne & empêcher qu'on ne lui coupât la retraite. Septieme Colonne.

Le Marquis de Campo-Santo Lieutenant-Général avec cinq bataillons détachés du Camp de Pontcervieres proche de Briançon, passa par Seillac & le lac de Praroire pour se porter aux Huitieme Colonne.

Traversieres de Bellins: il étoit également à portée des vallées de Mayre & de Bellins, & de favoriser les opérations des colonnes de sa droite ou de sa gauche, ou de profiter de leurs attaques pour faire une diversion, ou de s'ouvrir un chemin soit dans la vallée de Mayre, soit dans celle de Château-Dauphin.

Neuvieme Colonne.

LE Bailli de Givri Lieutenant-Général étoit à la tête de dix bataillons pris au camp de Barcelonette; il les avoit fait camper pendant quelque jours à Bousson au delà du mont Genêvre du côté de la vallée de Sézane pour attirer les forces du Roi de Sardaigne dans cette partie, & lui faire craindre pour la vallée de Suze ou pour celle de Pragelas. Repassant tout d'un coup cette montagne, il étoit venu se présenter vis-à-vis de la Gardette sur les hauteurs de Bondormi qui dominent la vallée de Château-Dauphin. Le Brigadier Chevert avoit un corps de 1500 hommes de piquets de divers régimens & quatre compagnies de grenadiers de la brigade de Poitou, pour faciliter ou préparer les attaques du Bailli de Givri, & concerter ses opérations avec lui. Le Prince de Conti connoissant la bravoure de ces deux Officiers, avoit tempéré la vivacité de l'un par la prudence & l'expérience de l'autre; le détail des attaques fait assez voir que les succès n'ont été dus qu'à ce choix. Ces neuf colonnes se trouverent le 17 Juillet au soir chacune au poste que leur avoit indiqué le Prince de Conti, se rapprochant des deux extrémités de Nice & de Briançon, qui sont à plus de cinquante lieues de distance par les détours qu'on est obligé de prendre, sans avoir essuyé d'autres dangers que ceux que la nature multiplie & diversifie sans cesse dans ces pays affreux, où le moindre faux-pas peut couter la vie, sans qu'il soit possible d'espérer aucun secours. La nuit du 16 au 17 fut affreuse à passer; une pluye excessive de dix heures de suite, avec une violence qu'on voit à peine durer une demi-heure dans les pays de plaine, causa mille désordres dans la mar-

Manœuvre &

che des corps qui devoient être tous le lendemain chacun à leur poste en face de l'ennemi. Succès de la quatrieme Colonne.

Les Princes descendant le col de l'Argentiere à la tête de leur colonne, & le Marquis de la Mina les devançant avec celle du Lieutenant-Général d'Aramburu, arriverent jusqu'à Brezés dans la vallée de Sture en face des Barricades. Le peu de cavalerie de la Maison du Roi d'Espagne, qui servoit de Gardes à l'Infant, fut mise en bataille dans un terrein assez étendu, qui forme la plaine de Brezés; elle essuya les dix heures d'orage, sans quitter son poste d'un pas & sans mettre pied à terre. Les troupes se tinrent aussi sous les armes & l'on envoya de tous côtés de petits détachemens pour tâter l'Ennemi & reconnoître ses forces. Le Marquis de la Mina ne vit pas sans surprise qu'on le laissoit approcher à la portée du canon sans faire feu sur lui; il fit halte en attendant les nouvelles des partis envoyés à la découverte. L'Ingénieur Sevestevans qui devoit reconnoître les montagnes de la haute & de la basse Loupiere sur la droite des Barricades, n'avoit point encore donné de ses nouvelles. Avançant toujours devant lui sans obstacle, il s'étoit apperçu des retranchemens de la Loupiere en y arrivant; il avoit risqué de les passer, sans rencontrer d'opposition; n'ayant point vu de feux, n'entendant aucun bruit, il s'étoit porté de droite & de gauche pour s'assurer du moins que la tête des retranchemens étoit sans défense & même abandonnée. Il se pressa d'en venir rendre compte à son Général, qui l'accusoit avec impatience de retardement; mais il fut bientôt excusé par les nouvelles qu'il apportoit. Le Marquis de la Mina fit partir dans le même moment un détachement que cet Ingénieur conduisit dans les retranchemens sans aucune difficulté. Manœuvre & succès de la cinquieme Colonne.

Quelques momens après, des grenadiers envoyés en face du poste des Barricades, revinrent apportant avec eux des palissades qu'ils avoient arrachées à la premiere & à la seconde enceinte qui couvroit la batterie élevée ſur la riviere de Sture; ils dirent que cette batterie étoit abandonnée, & que partie de leurs camarades cherchoient des détours pour y monter, parce qu'un foſſé trop profond en défendoit l'approche: ils ajoutoient qu'ils n'avoient apperçu qu'un ſeul homme qui s'étoit enfui dès qu'il les avoit vus près des paliſſades.

Le Marquis de la Mina fit paſſer ces nouvelles aux Princes, les avertiſſant de ſe tenir ſur leurs gardes & de ne pas s'expoſer aux piéges que pouvoient leur tendre les quatre bataillons campés ſur le haut de la Montagnette; qu'il alloit lui-même avec ſa colonne s'avancer dans les hautes & baſſes Loupieres, & tâcher de découvrir les projets des Ennemis & la route qu'ils ſuivoient.

Les détachemens envoyés ſur la gauche pénétroient avec plus de difficulté que ceux de la droite, mais les obſtacles ne venoient que de la nature du pays, plus difficile & plus eſcarpé; ils ne rencontrerent aucun ennemi. Après avoir paſſé par le hameau de Sevagne, ils entrerent dans le Camp de la Montagnette après plus de deux heures de marche, avec auſſi peu d'oppoſition que le Marquis de la Mina dans les retranchemens des Loupieres. Le Lieutenant-Général Palavicini ſervi réguliérement par les eſpions qu'il avoit envoyés de tous côtés, avoit été averti de bonne heure de la marche & de l'approche des trois corps qui venoient par ſa gauche pour le ſurprendre en flanc & en queue; il avoit pu voir dès le 16 les deux colonnes qui débouchoient en face de lui ſur le col de l'Argentiere, qu'on découvre à plein de la Montagnette; il recevoit en même tems la nouvelle de la marche du Comte de Lautrec, qui l'auroit enfermé par le quatrieme côté, s'il s'étoit porté vers la Montagnette; ce que le Général Piémontois ne mettoit point en doute. Le nombre effectif de ces troupes, que les eſpions augmenterent ſans doute, & leurs diſpoſitions lui firent croire que les Princes réuniſſoient toutes leurs forces pour l'attaquer; quelqu'avantageux que fût ſon poſte, il ne pouvoit ſe flatter de s'y ſoutenir contre tant de troupes, & il voyoit ſa retraite coupée de tous côtés. Ne trouvant aucune néceſſité de faire périr ou prendre les huit bataillons qu'il commandoit, & croyant leur perte infaillible, il prit le parti de ſe retirer ſans bruit, avant que ſon chemin fût abſolument coupé, & d'abandonner une place dont l'aſpect ſeul fit frémir ceux qui la devoient attaquer; ils virent que ſans la ſage diſpoſition des autres attaques, l'armée toute entiere auroit dû périr plutôt que d'enlever un poſte ſi terrible & ſi meurtrier.

Le chemin de la vallée de Sture avoit été dégradé au point de rendre le paſſage des Barricades abſolument impraticable, le Lieutenant-Général Palavicini ayant fait ſauter un pont en avant du poſte des Barricades. Le Marquis de la Mina déſeſpérant de voir ce chemin aſſez promptement rétabli, fit mettre ſur le champ 800 ouvriers pour en conſtruire un nouveau qui ſuivant les deux pentes de la montagne des Loupieres retomba dans la vallée au delà des endroits dégradés. Comme il s'agiſſoit d'y faire paſſer les convois & l'artillerie pour le ſiége de Démont, que les Princes vouloient commencer ſans perte de tems, & que les Officiers d'Artillerie ſe plaignoient de ces longueurs qui les auroient trop retardés, le Prince de Conti ſe ſervant de cette ſupériorité d'ame qu'il ſavoit ſoutenir de ſon autorité, marqua ſi vivement qu'il vouloit qu'on abrégeât le tems qu'on avoit dit indiſpenſablement néceſſaire pour rétablir l'ancien chemin, & employa ſi fort à propos les flatteries & les gratifications qu'il le vit en très-peu de jours parfaitement rétabli.

Manœuvre & ſuccès de la premiere, ſeconde & troiſieme Colonne.

Le Marquis de la Mina n'avoit point tardé à faire part de ces ſuccès aux trois colonnes qui les avoient occaſionnés & à demander en même tems leur état & leur poſition actuelle. Elles avoient prodigieuſement ſouffert dans la marche de nuit pendant l'orage dans des pays affreux où elles couroient risque à chaque pas de glisser sur des collines si fort en pente qu'on ne pouvoit s'y soutenir qu'avec peine, sans parler de mille passages dangereux sur les bords des précipices les plus profonds. Le peu de petits postes des Ennemis répandus dans ces pays inhabités s'étoient retirés à leur approche, ensorte qu'elles s'étoient rendues dans le tems prescrit, aux points ordonnés. Le Comte de Palavicini venoit de passer aux mêmes places où l'on cherchoit à lui couper la retraite; il étoit déjà près de Démont, faisant jouer des mines dans tous les chemins, qu'il dégradoit autant qu'il pouvoit, afin de retarder la marche de ceux qui l'auroient voulu suivre.

Le Prince de Conti tranquile à cet égard, n'étoit pas sans de vives inquiétudes sur ce qui se passoit à sa gauche, où les quatre autres colonnes pouvoient avoir eu des événemens fort différens. Un Officier dépêché par le Maréchal-de-Camp de Villemur étoit parti pour instruire la gauche des succès de la droite, mais une chute qu'il fit dans les montagnes l'empêcha d'arriver. Un Aide-de-Camp du Prince de Conti chargé des mêmes nouvelles ne fit point une diligence assez forcée pour prévenir les entreprises du Bailli de Givri.

Manœuvre & succès de la sixieme Colonne.

Le Comte de Lautrec commandoit la colonne la plus proche des Princes sur leur gauche. Il avoit divisé ses troupes en deux corps: le Lieutenant-Général Don Pedro Garcia Arteaga en avoit pris un composé de quatre bataillons, avec lequel il s'étoit avancé vers les Guipieres, pour se porter ensuite au Camp de la Montagnette au dessus du poste des Barricades: il avoit toujours tenu la droite du Comte de Lautrec, sans rencontrer d'ennemis; un détachement de 400 hommes marchoit avec des peines incroyables entre ces deux corps. Le Comte de Lautrec arriva par Unieres & Aceglio à Preit, où suivant ses instructions il devoit attaquer les ennemis; mais ayant pris de nouvelles informations & ſçu qu'ils ſe retranchoient auprès de la Gardette, il rebrouſſa chemin, repaſſa par Aceglio, & le laiſſant ſur ſa droite, il s'avança par le col de Pianez, juſqu'à ce qu'il rencontrât les retranchemens qu'il cherchoit, près du hameau de la Gardette. Un Aide-de-Camp du Marquis de Biſſy s'avança ſi fort pour les reconnoître & lever leur plan, qu'une vingtaine de Soldats ſortirent de derriere des rochers pour ſe ſaiſir de lui. Quelques Fuſeliers de montagne détachés pour faciliter ſa retraite, ramenerent deux de ces Soldats qui, ſe voyant coupés, jetterent leurs armes par terre, & ſe dirent déſerteurs; ruſe employée ſouvent par ceux qui craignent d'être renfermés avec les priſonniers, à l'aide de laquelle ils jouiſſent de la liberté de vendre ce qu'ils emportent, où de retourner à leur camp en faiſant quelque détour.

Ces déſerteurs interrogés ſur la force du corps qu'ils quittoient, répondirent qu'ils n'étoient que cinquante-ſept hommes pour garder environ 600 toiſes de retranchemens; qu'ils avoient ordre de faire feu ſur les ennemis qui s'approcheroient, & de ſe retirer tout de ſuite. Le Comte de Lautrec ne daigna point ajouter foi à leurs diſcours, & quoique le Marquis de Biſſy le ſollicitât vivement d'attaquer ce poſte, il ſe paſſa plus de trois heures avant qu'il eût fait les diſpoſitions qu'il croyoit néceſſaires. Il fit alors marcher les grenadiers à la tête d'un gros détachement qu'il conduiſit lui-même & ne fut point du tout ſurpris de ſe voir reçu par une ſalve de plus de cinq cens coups de fuſil. Les grenadiers & le détachement répondirent à ce feu, mais comme la nuit approchoit & qu'on ne connoiſſoit ni la force ni les reſſources de l'Ennemi, moins encore le pays où l'on ne faiſoit que d'arriver, le Comte de Lautrec crut qu'il étoit plus ſage de ne pas s'expoſer à voir ſon monde diſperſé, ſi ſon attaque lui réuſſiſſoit mal; il ſe contenta donc de ſoutenir l'attaque de loin, & le feu ne dura pas longtems de part & d'autre. Les François firent pendant la nuit des patrouilles de tous les côtés; quelques grenadiers qui s'avancerent près des retranchemens, n'ayant entendu aucun bruit, hazarderent de les franchir; c'étoient de ſimples parapets faits tout nouvellement de gazon, & cependant très-ſolides; ils étoient hauts de ſept pieds au dehors & avoient une bonne banquette en dedans; cinq cens toiſes au delà de ce parapet à courtines & angles ſaillans, étoit une ſeconde enceinte tracée de même; l'entre-deux étoit garni de puits, achevés en partie, de quatre à cinq pieds de diametre, & d'une profondeur à-peu-près égale; ces deux lignes de retranchemens aboutiſſoient de droite & de gauche à des montagnes dont les côtés étoient inacceſſibles, & qui couvroient l'ouverture de la vallée de Mayre, laquelle peut bien avoir en cet endroit quatre cens toiſes de largeur. Les grenadiers ne ſe furent pas plus tôt aſſurés de la place des retranchemens qu'ils occupoient, que ſans conſidérer le danger, ils ſe mirent à pouſſer des cris de victoire & de *vive le Roi*, qui attirerent pluſieurs de leurs camarades; ils s'établirent avec eux dans les retranchemens après les avoir parcourus d'un bout à l'autre. Le détachement ne les y joignit qu'à la pointe du jour. On ſuivit ſur le champ l'Ennemi, ſur qui l'on fit quelques priſonniers qui confirmerent ce qu'avoient dit les déſerteurs la veille, & qui ajouterent qu'à peine ces cinquante-ſept hommes avoient vu le corps qui les devoit attaquer, qu'ils s'étoient retirés; que dans le même moment les quatre bataillons du Camp de la Montagnette étoient arrivés; & que trouvant ce poſte avantageux ils avoient réſolu d'y paſſer la nuit; mais qu'ayant été d'abord attaqués, & ne connoiſſant pas la force de l'Ennemi qui leur paroiſſoit infiniment ſupérieur, d'ailleurs n'ayant que peu de munitions & point d'eſpérance d'en avoir de nouvelles, ils avoient pris le parti de ſe retirer auſſi-tôt que la nuit avoit favoriſé leur retraite.

Le Comte de Lautrec fit parvenir ces détails aux Princes. Ils avoient envoyé un détachement de 50 dragons seulement pour garder le Camp de la Montagnette. Un Chef de brigade des Ingénieurs & un Aide-de-Camp du Prince de Conti eurent ordre de se tenir avec ce détachement, l'un pour tracer un Camp aux quatre bataillons que devoit y conduire le Lieutenant-Général Don Pedro Garcia, & l'autre pour rendre compte à son Général de l'arrivée de ce corps ou de ce qui pourroit survenir. Le Prince de Conti craignoit que les quatre bataillons Piémontois ne revinssent sur leurs pas, ou que le Comte de Palavicini ne les eût joints, & n'essayât d'inquiéter l'Armée par ce côté. Les 50 dragons resterent deux jours dans cet endroit isolé sans entendre ni voir qui que ce fût.

Manœuvre des 4 bataillons détachés de la 6me Colonne sous Don Pedro Garcia.

Le Lieutenant-Général Don Pedro Garcia n'arriva que sur la fin du troisieme jour: il n'avoit point rencontré d'ennemis, mais marchant avec prudence dans un pays regardé comme impraticable, il n'étoit parvenu qu'avec des peines incroyables à faire environ cinq lieues en deux jours, étant arrêté à chaque pas par des torrens qu'il falloit passer soit à gué, soit sur des ponts faits à la hâte, & par des défilés qui l'obligeoient à faire de fréquentes haltes pour rassembler son monde aussi-tôt que le terrein le lui permettoit. Le Chef des Ingénieurs François n'ayant vu pendant ces trois jours rien qui pût donner de l'inquiétude, fut le premier à conseiller à Don Pedro Garcia de faire occuper le vieux camp des ennemis, qui avoit un bon retranchement & des baraques faites de gazon, sous lesquelles les Soldats se trouverent fort à l'aise; le Prince de Conti non seulement l'approuva, mais même les laissa quelque tems dans ce poste.

Manœuvre de la septieme Colonne.

Le Lieutenant-Général de Gandica à la tête de la septieme colonne, avoit suivi les mouvemens de la sixieme; il s'étoit avancé vers Aceglio pour couper le chemin aux ennemis, qui seroient venus de la vallée de Mayre à la ſuite du Comte de Lautrec. Il avoit envoyé demander des ordres aux Princes, qui lui ordonnerent de ſe porter ſur le champ vers la vallée de Château-Dauphin, qui étoit à plus de dix heures de marche ſur ſa gauche, afin de ſoutenir la huitieme & la neuvieme colonne. Il vint camper ſur les hauteurs de Bondormi ; mais ayant vu la neuvieme colonne arriver à cet endroit, il revint une ſeconde fois à Aceglio, d'où le Prince de Conti le fit retourner ſur les mêmes hauteurs de Bondormi.

Manœuvre de la huitieme Colonne.

Le Marquis de Campo-Santo avoit quitté le Camp de Briançon & ſuivi pendant quelque tems la neuvieme colonne, ſur laquelle il avoit enſuite pris le devant, avec cinq bataillons qu'il conduiſit ſans obſtacle ſur les montagnes de la Traverſiere, qui ſont ſur la droite de la vallée de Bellins ; cette vallée eſt au midi de celle de Château-Dauphin, ſéparée d'elle ſeulement par une chaîne de montagnes qui ſe terminent à la vallée de St. Pierre : on appelle ainſi la prolongation des vallées de Bellins & de Château-Dauphin réunies en une ſeule. Comme le Marquis de Campo-Santo avoit ordre de favoriſer la colonne de ſa gauche par ſes mouvemens plutôt que de rien entreprendre, il s'avança dans les montagnes pour la couvrir, & empêcha les Ennemis de ſe porter ſur elle, en les attirant ſur lui-même. Il ſe rendit au pied du mont Morel qu'il gravit avec peine ſans ſuivre ni chemin ni ſentier ; il monta de là ſur la crête de Peirol, l'une des plus élevées des Alpes : il apperçut en avant de lui, ſur la montagne de Caſtro, ſept bataillons Piémontois dans un Camp retranché. Il vit en même tems derriere lui un autre corps de Piémontois de quatre bataillons, campés dans la vallée & proche le village de Bellins. Il paſſa la nuit du 17 ſur la crête de Peirol, & la deſcendant le lendemain matin comme il l'avoit montée, ſans ſuivre aucun chemin, il vint ſur la montagne de Caſtro, en face du

Camp qu'il avoit très-bien remarqué que des retranchemens défendoient. Il ne se proposa point de le forcer, étant inférieur en nombre à ceux qui le defendoient, mais il fit toute la journée du 18 divers mouvemens qui fixant l'attention de ces troupes, les inquiéterent & les empêcherent de se porter au secours des retranchemens de Peyre-Longue qu'elles voyoient attaqués. Sur le soir il redescendit du mont Castro, & remonta sur la crête de Peirol. Les Piémontois qui pouvoient lui couper la retraite par la gauche, en passant à couvert dans des gorges qui joignoient leur Camp, se jetterent sur leur droite, & se rendirent à St. Pierre deux lieues au dessous de Château-Dauphin. Le Roi de Sardaigne y portoit toutes ses forces, croyant que le plus grand effort des Alliés se feroit de ce côté. L'intention du Prince de Conti, dans les divers mouvemens de ses colonnes de la gauche, avoit été de lui donner cette inquiétude, pour le porter à dégarnir les postes des vallées de Sture & de Mayre, afin de gagner assez de tems pour assurer sa communication s'il parvenoit à tourner le poste des Barricades & à s'en rendre maître. Le Marquis de Campo-Santo revint encore le 19 sur le mont Castro, mais ayant trouvé le Camp des ennemis abandonné, il le fit occuper par ses cinq bataillons & en fit perfectionner les retranchemens.

Manœuvre & succès de la neuvieme Colonne.

Le Bailli de Givri Lieutenant-Général, sur qui rouloient toutes les opérations de la gauche de l'Armée, avoit d'abord conduit la neuvieme colonne de Briançon au Camp de Bousson au delà du mont Genêvre; il avoit ensuite repassé cette montagne pour venir par le col de Lagneret au mont de Combes à la tête de la vallée de Bellins. Il étoit précédé dans sa marche par le Brigadier de Chevert Lieutenant-Colonel du Régiment de Beauce, qui commandoit un détachement de 1500 hommes & de quatre compagnies de grenadiers. Le Bailli de Givri avoit sous ses ordres le Comte de Danois Lieutenant-Général, & dix bataillons; trois de Poitou que commandoit le Lieutenant-Colonel de Morenne, Officier d'un grand mérite; un de Provence dont le Comte d'Aubeterre étoit Colonel; un de Brie & deux de Conti que conduisoient le Duc d'Agénois & le Marquis de la Carte leurs Colonels; deux du Régiment de Travers Grisons, dont on avoit confié le soin au jeune de Salis, désigné Colonel, mais qui n'avoit point encore sa commission; & un bataillon de milice de Béziers, qui n'avoit jamais vu la guerre, ainsi qu'il arrive à toutes les milices de France qu'on occupe à garder quelques forts ou châteaux, ou qu'on laisse dans leurs villages. Les 1500 hommes détachés qui marchoient avec un bon guide (17) à leur tête arriverent le 17 assez tard près du hameau de la Gardette à l'entrée de la vallée de Bellins, & au pied de la montagne de Combes. Les Piémontois avoient un nombre égal de Soldats à celui du détachement, mais les leurs étoient dans les maisons qu'ils

(17) Ce guide étoit un paysan de ce canton que les troupes de sa nation avoient pillé, & qu'elles accusoient de divers crimes, entr'autres, de celui d'Espion: deux Soldats le conduisoient garotté pour le faire pendre vraisemblablement à la premiere ville. Il trouva moyen dans la route qu'il faisoit de pousser si adroitement ces deux Soldats qu'il les fit tomber dans un précipice où ils périrent; il se sauva, & fut reçu par le Lieutenant-Colonel de Modave, Aide-Maréchal-Général des Logis de cette Division, qui l'accueillit & le traita si bien qu'il se voua entiérement à lui; non seulement il lui indiqua les passages & les communications de toutes les montagnes, mais il le conduisit lui-même, & prit de si bonnes informations des gens des lieux où il passoit, que le détachement évita toutes surprises de l'Emmemi, & l'attaqua par-tout avec avantage. Le Prince de Conti jugea les services de ce paysan si essentiels, qu'il le conduisit l'hyver à son château de L'Isle-Adam, & lui fit un établissement avantageux; on le connoissoit sous le nom de *doux Berger*. C'est ainsi que ce Prince accueillit un Lieutenant-Colonel du Régiment de Bourbon Infanterie, à la valeur duquel il dut la prise de Charleroi. Non content des graces qu'il lui fit accorder par le Roi, il le retira dans ce même château, où il se faisoit un plaisir de lui procurer un sort heureux & sans gêne. Ce trait ressemble beaucoup à celui de François I. à son passage des Alpes en 1515, où un Paysan Piémontois, dit Gaillard en son histoire de François I. T. I. pag. 220, lui rendit le meme service.

avoient crénelées, d'où ils firent feu fur les François auffi-tôt qu'ils les virent à leur portée. Comme ce pofte auroit empêché le détachement d'aller fur les hauteurs de Bondormi où le Prince de Conti avoit marqué leur rendez-vous pour le même jour (18 Juin) que chaque autre colonne devoit être en face de l'Ennemi, Chevert ne balança pas d'attaquer ces maifons avec vivacité. Ses grenadiers emporterent avec peine la premiere, mais il en reftoit neuf ou dix autres que les Piémontois fe difpofoient à défendre avec courage. Cependant Chevert ne fe rebutoit pas: heureufement pour lui, le Comte de Danois arriva fuivi de la brigade de Poitou. Chevert lui cédant fon terrein, fe porta de côté pour couper la retraite aux ennemis; ils s'apperçurent de fon deffein, & voulurent le prévenir en fe retirant, mais ils le firent avec fi peu d'ordre & furent chargés fi vigoureufement qu'ils perdirent beaucoup de monde; on leur fit deux cens prifonniers, parmi lefquels étoient un Major & douze Capitaines ou Lieutenans.

La colonne continua fa route & vint fur les hauteurs de Bondormi en face des retranchemens de Peyre-Longue. Il ne tint point à l'ardent Chevert qu'ils ne fuffent attaqués fur le champ: il en fit la propofition au Bailli de Givri, qui lui répondit qu'il vouloit auparavant tenir un Confeil de guerre. Le Comte de Danois y fut appellé, de même que Chevert, & Modave, Aide-Maréchal-Général des Logis de l'Armée; celui-ci fuivoit la colonne: le Prince de Conti avoit beaucoup de confiance en lui, & l'attacha même dans la fuite à fa perfonne. Le Bailli de Givri lut les ordres de ce Prince: ils portoient qu'il ne devoit attaquer les ennemis que dans le cas où il les verroit fe dégarnir pour porter du fecours ailleurs, à moins qu'il ne vît quelque occafion favorable, & plus que vraifemblable, de fe procurer quelque avantage important. Après cette lecture, il déclara qu'il croyoit que le Prince de Conti n'avoit voulu fe fervir de lui que pour faire une diverſion qui fixât l'attention des ennemis, leur fît craindre pour la vallée de Suze, & les engageât à partager leurs forces de façon que les Princes puſſent les trouver foibles d'un autre côté; que rien ne paroiſſoit devoir l'engager à riſquer une attaque, qui certainement ſeroit très-meurtriere, & vraiſemblablement très-inutile, quel qu'en fût l'événement. Le Comte de Danois ſe rangea d'abord de ſon avis; cependant ſur les repréſentations des deux autres, il héſita, & bientôt il ſe joignit à eux pour preſſer avec inſtance l'attaque, ſur les facilités qu'on croyoit y rencontrer d'après le rapport des déſerteurs & des priſonniers. Le Bailli de Givri ſe rendit, l'attaque fut décidée & remiſe au lendemain; il étoit trop tard pour bien reconnoître le poſte & ſes environs, qui pouvoient être garnis de troupes, & il n'eût pas été prudent d'attaquer ſans diſpoſitions & ſans s'aſſurer d'une retraite, qui devoit toujours ſe faire en bon ordre & avec un but. On fit entrer dans le Conſeil les quatre Colonels des Régimens de la Diviſion, & l'on convint avec eux de l'ordre de l'attaque. Les 1500 hommes détachés devoient reſter aux ordres du Brigadier Chevert, & préparer l'attaque en s'emparant d'un défilé où l'on ne pouvoit paſſer qu'un à un; il ſe terminoit à un rocher eſcarpé d'où il falloit ſauter deux pieds plus bas ſur un terrein fort en pente & très-gliſſant. Quatre cens grenadiers Piémontois poſtés à cinquante pas ſur le flanc de ce rocher, gardoient ce paſſage, qu'enfiloit une batterie de canons placée dans les retranchemens. Quand Chevert s'y préſenta, il y regnoit un brouillard fort épais (18); il ne put être diſtingué du retranchement, mais il reçut toute la décharge des grenadiers Piémontois auſſi-tôt

(18) Ces brouillards ſont fort communs ſur-tout pendant l'Eté dans les hautes montagnes. Les nuits y ſont toujours extrêmement froides & humides, & le matin accompagné de vapeurs que le ſoleil eſt quelque tems à diſſiper, & qu'on voit remonter des vallées pour s'arrêter ſur les hauteurs.

qu'ils entendirent, plutôt qu'ils ne virent, la tête de son détachement. L'intrépide Chevert ramassant ce qu'il put, & pressant les autres de sauter l'escarpement, fit mettre la bayonnette au bout du fusil à ceux qui le suivoient ; & leur défendant de répondre au feu qu'on faisoit sur eux, il vint fondre sur ces quatre cens grenadiers, qui craignant de n'être pas soutenus & d'être écrasés par le nombre d'ennemis qu'ils ne pouvoient pas empêcher de déboucher du défilé, se retirerent avec beaucoup de confusion vers la redoute du Baraquon : ils se virent suivis avec tant de vivacité, qu'ils n'oserent s'y arrêter, quoiqu'elle fût en état de défense ; ils entraînerent même dans leur fuite ceux qui la gardoient. Les François les suivirent sans relâche, & entrerent pêle-mêle avec eux dans une seconde redoute où ils leur tuerent encore beaucoup de monde, non qu'on s'y battît, mais parce qu'ils étoient gênés dans leur fuite par l'entrée & la sortie étroite de la redoute. Les deux partis ne se séparerent qu'à une troisieme redoute mieux fortifiée que les autres, & garnie de sept bataillons qui bordoient son parapet & commençoient à faire feu sur ceux qu'ils purent distinguer pour ennemis. Les grenadiers Piémontois furent reçus dans la redoute ; & les François attendant de nouveaux ordres, marquoient une vive impatience de ce qu'on ne les y conduisoit pas sur le champ. Un Aide-Major du Régiment de Provence eut ordre d'aller sommer le Commandant de se rendre, avec menace de le passer au fil de l'épée avec tout ce qui se trouveroit dans la redoute, s'il s'obstinoit à la défendre. Le Maréchal-de-Camp du Verger que le Roi de Sardaigne avoit conduit lui-même dans ce poste, répondit comme il le devoit, qu'il feroit son devoir. Chevert s'étoit flatté qu'en envoyant un Officier dans cette redoute, il lui donneroit quelque connoissance de sa force & du nombre de ceux qui la défendoient, mais il ne tira point de lumieres de celui qu'il avoit envoyé. Il se détermina cependant à attaquer sur le champ; mais auparavant il crut devoir s'assurer du secours du Bailli de Givri, qu'il fit instruire de son intention. Ce Lieutenant-Général, non moins rempli d'ambition que de courage, répondit qu'on suspendît toute attaque jusqu'à ce qu'il vînt lui-même sur les lieux pour la faire. Il apprenoit dans le moment par une lettre du Prince de Conti, qu'un corps de neuf bataillons étoit parti de la vallée de Suze pour se mettre à sa suite; il étoit averti de se tenir sur ses gardes & sur-tout de ne se pas laisser couper la retraite. Le Roi de Sardaigne, instruit par le Comte Palavicini du sort du poste des Barricades, avoit reconnu trop tard que le Camp de Bousson qui menaçoit la vallée de Suze, n'avoit été qu'une feinte du Prince de Conti pour l'engager à éloigner ses troupes. La marche rétrograde du Bailli de Givri le lui confirmoit clairement; il n'avoit donc pas hésité de faire revenir les neuf bataillons qu'il avoit à la vallée de Suze; mais au lieu de les mettre à la suite du Bailli de Givri, il les fit venir dans la vallée de Château-Dauphin, où il se tenoit pour défendre en personne ses frontieres. Le Bailli de Givri calculant le tems du départ de ce corps, sur lequel il avoit une grande avance, & la route qu'il avoit dû tenir, conclut qu'il pouvoit attaquer les retranchemens sans le craindre. Il avoit dès la veille fait reconnoître le terrein par lequel il devoit passer en cas qu'il dût faire sa retraite: il étoit pressé par le besoin de vivres qu'il ne pouvoit se procurer que dans la vallée de Bellins après avoir forcé ses retranchemens; on lui avoit enlevé la veille cinquante mulets chargés de pain; ensorte qu'il ne balança plus sur l'attaque de la redoute de Peyre-Longue, qu'il ordonna sur le champ.

Le détachement de Chevert eut ordre d'attaquer en face de la batterie, la Brigade de Poitou par sa droite, & celle de Provence entre-deux; le Colonel Salis fut envoyé prendre poste sur fur un plateau qui dominoit la vallée de Bellins, & qui fe trouvoit entre les retranchemens & le Camp de quatre bataillons que le Marquis de Campo-Santo avoit reconnu dans la vallée près de Bellins. En le placant ainfi, le but étoit d'empêcher ces deux corps d'Ennemis de fe réunir. Les deux bataillons de Travers ne trouvant point de chemin pour arriver à ce plateau, furent obligés de fe laiffer gliffer, le terrein étant trop en pente & trop liffe pour pouvoir s'y tenir fur les pieds; ils fe mirent auffi-tôt en bataille, & leur contenance empêcha les quatre bataillons de la vallée de fe porter au fecours des retranchemens. Le bataillon de Béziers fut ordonné pour aller chercher la poudre & les balles, & les porter à tous les points d'attaques, où il n'étoit pas poffible de faire paffer des mulets.

La colonne s'étant mife en marche dans l'ordre prefcrit, la brigade de Provence à la tête de laquelle étoit le Marquis de la Carte, trouva le terrein fi fort en pente qu'elle ne put garder fa direction; elle fut emportée malgré elle fur celle de Poitou, qui n'ayant pas un chemin plus aifé, fe rejetta de même fur la gauche, enforte qu'en arrivant aux retranchemens, fous le feu le plus vif de l'artillerie & de la moufqueterie de l'Ennemi, ces trois corps n'en firent plus qu'un qui chargea l'Ennemi tout auffi vivement qu'il en étoit accueilli. Les François arriverent jufques fur les paliffades du chemin-couvert dont ils délogerent les Piémontois, fans pouvoir ni couper ni arracher ces paliffades; on leur avoit fait laiffer leurs facs dans le Camp pour qu'ils fuffent plus difpos & plus légers dans la marche & dans le combat; les outils dont on porte un certain nombre par Compagnie y étoient auffi reftés. Ils ne purent fe foutenir qu'en faifant un feu continuel fur les Piémontois qui tiroient avec plus d'avantage, étant couverts par leurs retranchemens. Ils furent ainfi plus de quatre heures à dix pas du mur des retranchemens, le chemin-couvert entre-deux.

On battit envain trois fois la retraite, les Soldats s'obstinerent, & demandant les drapeaux, de main en main ils les jetterent dans le chemin-couvert; prenant ce prétexte pour s'y précipiter en même tems, ils arracherent quelques palissades avec les mains, & arborerent les drapeaux contre les retranchemens. Les Piémontois n'osoient avancer la main pour les saisir, tant le feu qui les protégeoit étoit vif; ils tiroient dessus à bout portant pour les mettre en feu. Les Soldats François, sans se rebuter, & malgré l'ordre qu'on leur réitéroit sans cesse de se retirer, resterent encore quelque tems sous les murs du retranchement; ceux qui le touchoient n'étoient pas même à l'abri des coups de l'Ennemi; les deux Nations croisoient le fusil sur le retranchement, & tous les coups de part & d'autre tirés à bout touchant, portoient à la tête & étoient mortels. Le Bailli de Givri avoit été dangereusement blessé, le Marquis de la Carte tué, les autres Colonels blessés ainsi que nombre d'Officiers; ce qui détermina le Comte de Danois à faire battre la retraite pour la quatrieme fois; mais les Soldats presque sans Officiers n'obéissoient plus; ils étoient également effrayés de la honte & du danger d'une retraite à faire, du pied d'un mur garni de troupes nombreuses & d'artillerie jusqu'à ce qu'on fût hors de la portée de leurs coups, sur un terrein extrémement difficile. Quelques palissades arrachées leur faisoient croire qu'ils pourroient aussi détruire avec leurs mains le reste du retranchement: ils ne ralentissoient point leur feu; si leur bravoure étoit un effet de la crainte, la crainte formoit des héros qui se battoient comme les Horaces & les Curiaces. Le Colonel de Salis, quittant alors son poste, marcha vers les retranchemens pour les attaquer par son côté: il périt à la premiere charge, mais il décida le sort. Les Piémontois se divisant pour se porter en force du côté qu'il menaçoit, dégarnirent celui qu'on assiégeoit depuis quatre heures. Un Sergent se glissa par l'embrazure d'un canon, couvert d'autant de canonniers morts qu'il s'en étoit présenté pour le recharger. Ce Sergent fut tué, son corps servit d'échelle à un grenadier plus heureux, qui renversa sur son canon le canonnier qui tenoit un clou & un marteau pour l'enclouer. Il sauta le sabre à la main dans le retranchement, où il fut suivi dans un moment par d'autres grenadiers, qui l'imitant mirent leurs fusils en bandouliere pour n'employer que leurs sabres; les Soldats qui passerent après eux, les aiderent à charger les Piémontois, qui vinrent trop tard à leur rencontre; ils fondirent sur eux avec tant d'intrépidité qu'ils parvinrent à les mettre en fuite. Le Maréchal-de-Camp qui les commandoit fut tué, de même que le Marquis de Séceles Aide-de-Camp du Roi de Sardaigne, qui faisant la fonction de Général se tenoit dans la vallée près de la Tour du Pont, au pied de la montagne. sur laquelle on combattoit, & envoyoit ses ordres & des piquets à l'attaque, gardant les Régimens avec leurs drapeaux auprès de sa personne. Il fut témoin des prodiges de valeur & de l'acharnement des Régimens François qu'il croyoit écraser par l'avantage du poste & par le nombre d'hommes qu'il envoyoit successivement dans les retranchemens; il vit enfin les siens céder à des efforts inouis & périr cruellement sous ses yeux sans pouvoir l'empêcher. Les François firent main-basse sur tous ceux que la fuite ne leur déroba pas, & ne s'arrêterent qu'à la vue des Régimens Piémontois. Un détachement du Régiment de Saluces qui prit une autre route, fut poussé si vivement sur une de ces pentes pareilles à celle sur laquelle le Régiment de Travers s'étoit laissé glisser pour gagner son poste, que les Soldats renversés & roulant avec leurs armes & leurs cartouches furent jettés sans vie ou expirans sur les rochers & contre les arbres de la vallée, froissés & brisés de maniere à ne pouvoir jamais être guéris de ces meurtrissures, aussi mortelles que les plaies les plus cruelles.

Le Roi de Sardaigne ne pouvoit accuser ses troupes, il ne revenoit presque que des Soldats, tous ses Officiers s'étoient fait tuer sous ses yeux, plutôt que d'y paroître en fuyant : il ne jugea point à propos de soutenir plus longtems la tête des montagnes, & d'y disputer le terrein à des ennemis qui l'emportoient avec autant de valeur que de force. Il abandonna la butte de Château-Dauphin, qui n'ayant aucune espece de fortifications, est d'ailleurs dominée de tous côtés par les montagnes qui la joignent, & se retira deux lieues plus loin, mettant le village de St. Pierre entre ses ennemis & ses troupes. Il rassembla 21 bataillons qu'il fit camper en ligne, bien résolu de soutenir un combat dans la vallée, où il ne doutoit pas que les François ne le suivissent pour s'ouvrir un chemin jusqu'à la plaine. On compta sur le champ de bataille 1350 morts des ennemis, presque tous tués par des coups à la tête ; plus de 300 avoient péri dans les vallées, soit des coups des François, soit des chutes faites en fuyant dans les rochers & les escarpemens. On prit aussi deux pièces de canon qui se démontoient ainsi que leurs affuts ; le corps du canon se divisoit en trois parties qui s'assujettissoient par des barres de fer ; chaque canon pouvoit être porté sur le dos de trois mulets. La perte des François avoit été très-considérable, quoique moindre que celle des ennemis. Le Bailli de Givri mourut quelques semaines après de sa blessure, deux des Colonels resterent sur la place. Le Duc d'Aiguillon & le Comte d'Aubeterre furent blessés : le Comte de Danois n'eut qu'une légere blessure ; trois Sergens & deux Soldats sur lesquels il s'appuyoit successivement, furent tués sous sa main. Quatorze hommes furent tués ou blessés autour du Brigadier Chevert qui fut blessé à la main, mais si légérement qu'il ne voulut pas être mis sur la liste des blessés, ne regardant point, ainsi que quelques Officiers, une blessure comme un mérite ; le Régiment de Poitou qui se couvrit de gloire dans cette Journée, perdit nombre d'Officiers ; à peine les deux

+ Quelle autorité que celle d'un Chevert ! Voyez son admirable Epitaphe conservée par Lenoir, page 209 de ses Monumens français, (an V.)

bataillons de Conti en trouverent-ils le soir dix, en état de faire le service, de soixante environ qu'ils étoient au commencement de l'action: le nombre des Soldats de tous les Régimens étoit considérablement diminué. La nuit rassembla tous ceux qui s'étoient dispersés pour suivre les fuyards épars de tous côtés; le Comte de Danois les fit coucher sur le champ de bataille, envoyant des détachemens chercher les tentes & les sacs; mais ayant peu de vivres lui-même, il ne trouva de ressource (19) que dans ceux que les Ennemis avoient laissés. Il n'étoit pas encore établi dans son Camp & deux heures ne s'étoient pas écoulées depuis le dernier coup de fusil tiré, qu'il reçut une Lettre du Prince de Conti, adressée au Bailli de Givri, par laquelle il lui recommandoit de ne point attaquer les retranchemens, lui faisant part des succès qu'il avoit eus dans la vallée de Sture, & de l'intention où il étoit de ne point chercher d'autre passage pour pénétrer dans la plaine.

Si l'on peut juger de l'impression que fit cette Lettre sur le Comte de Danois, & sur ceux des siens qui la virent, il ne sera

(19) Son souper est un de ces traits qui caractérisent un homme & non une Nation, & même ne peignent l'homme que dans un moment auquel le reste de sa vie a souvent peu de rapport. Ce Lieutenant-Général jadis étendu pendant trois jours avec les morts dans les plaines de Valenciennes, sauvé par les soins de sa nourrice, ne voyoit dans la mort rien d'extraordinaire. Jamais il ne perdoit son sang-froid, & siffloit tranquilement au milieu du carnage horrible qui se faisoit à ses côtés. „ Ce Bailli de Givri, disoit-il, ne sera plus occupé que de sa blessure, „ & emmenera le mulet qui portoit des provisions pour nous deux; & moi, je „ n'aurai rien à manger." Le Maréchal-de-Camp des Piémontois qui souffroit cruellement de sa blessure interrompit les cris qu'elle lui arrachoit pour lui enseigner où étoient ses cantines: le Comte de Danois les fit apporter, & mangea près du mourant; mais comme celui-ci ne cessoit de se plaindre, Monsieur, lui dit le Comte, ne pourriez-vous pas mourir tranquilement & nous laisser manger tranquilement? L'étonnement ou la mort fit taire le Maréchal-de-Camp qu'on ne regarda qu'après avoir cessé de manger.

pas auſſi facile de ſe peindre l'effet que produiſit ſa réponſe. Le Prince de Conti ſe livra publiquement à la douleur la plus immodérée. Dans le compte qu'il rendit au Roi, de cette ſanglante Journée, il marqua ſa ſenſibilité par les traits les plus touchans; il honora le Marquis de la Carte plus particuliérement d'un ſentiment qui ne fit pas moins d'honneur à ſon cœur qu'à l'ami de ſon enfance, qu'il regrettoit avec tant d'amertume. Sa Lettre fut bientôt publique, elle pénétroit l'ame de tous les Officiers, aſſerviſſoit tous leurs cœurs & enflammoit leur zêle; mais qui pouvoit ſe flatter de faire dire de lui ce que ce Prince écrivoit au Roi ſur ſon Colonel? „ La Carte a été tué, V. M. qui connoît „ le prix de l'amitié, ſent combien j'en ſuis touché". Quelle énergie! quel ſentiment! & quel éloge du Roi dans ce peu de mots (20)! Le Lord Tirconel, Maréchal-Général des Logis de la Cavalerie, fut chargé de porter ces nouvelles au Roi & de faire approuver le projet des ſiéges de Démont & de Coni qui devoient précéder l'entrée de l'Armée dans les plaines du Piémont, car les Généraux des deux nations étoient ſans ceſſe obligés d'avoir recours à leurs Souverains (21), pour fixer les opérations ſur leſquelles ils ne pouvoient s'accorder, & que rarement en ce ſiecle les Miniſtres de Cabinet laiſſent à la déciſion des Généraux d'armée.

On a vû que pendant tout le tems qu'avoit duré l'attaque des

(20) Preſque tous les Officiers qui avoient eu part à cette action, en eurent de même aux graces du Roi, que le Prince de Conti ſollicita vivement & obtint aiſément. Le Duc d'Agénois & le Comte d'Aubeterre furent faits Brigadiers, & Chevert Maréchal-de-Camp. Le Comte de Danois fut pourvu peu de tems après d'un Gouvernement.

(21) L'Infant Don Philippe, ſoit par l'excès de tendreſſe de la Reine d'Eſpagne ſa mere, ſoit par la néceſſité de cette correſpondance, recevoit & envoyoit chaque jour un Courier à Madrid: dépenſe qu'on avoit peine à croire, même en la voyant.

+ Chevert mourut (Lieut.t g.al) le 24 Janvier 1769. à 74 ans. Il servait depuis l'âge de 11 ans.

retranchemens de Peyre-Longue, le Marquis de Campo-Santo s'étoit porté avec la huitieme colonne ſur le col d'Elve, vis-à-vis des ſept bataillons Piémontois campés ſur le mont Caſtro. Quand on ſçut à l'Armée que cet Officier n'avoit point attaqué, & la perte que la neuvieme avoit faite, les murmures & les plaintes nationales recommencerent avec aigreur; mais le Prince de Conti rendant publiquement juſtice au Marquis de Campo-Santo, & faiſant ſentir l'importance du ſervice qu'il avoit rendu par la fierté de ſa contenance, n'ayant que cinq bataillons & ſe plaçant entre un Camp retranché de ſept bataillons & un autre corps de quatre, on finit par admirer autant ſa prudence que ſa bravoure. Non-ſeulement il s'étoit comporté de la maniere la plus utile à la cauſe commune, mais même il ſçut ſi bien ſe gouverner avec les montagnards Piémontois que ſon Camp fut abondamment fourni, tandis que ceux de la 6e., de la 7e. & de la 9e. colonne étoient tous dans la plus grande diſette par l'imprudence avec laquelle la 9e. en agit dans la vallée de Bellins, & la 6e. & la 7e. autour d'Aceglio, où l'on pilla le village de Stroppo. Les Payſans à la vue d'un détachement répandoient leurs grains de façon à ne pouvoir plus être ramaſſés, & briſoient eux-mêmes les tonneaux où ils avoient quelque boiſſon. Le Roi de Sardaigne leur avoit envain défendu de porter des vivres aux François ſous peine de la vie; tant qu'ils y virent du bénéfice, ils déſobéirent à leur Souverain, & les Camps des Alliés furent pourvus par-tout du néceſſaire; quand ils ſe virent réduits à l'extrémité, le déſeſpoir leur fit détruire leur propre bien, & prendre un fuſil pour errer dans les montagnes, y guetter les paſſans & faire le métier de voleurs & d'aſſaſſins ſous le nom de milice. Le ſeul Camp du Marquis de Campo-Santo les ménagea, & fut auſſi le ſeul pourvu des reſſources du pays.

La ſeptieme colonne avoit cédé les hauteurs de Bondormi à

Diſpoſition de la

septieme Colonne. la neuvieme auſſi-tôt qu'elle l'avoit jointe, & s'étoit portée vers la ſixieme pour s'aſſurer enſemble de la tête de la vallée de Mayre; après s'être emparée des hauteurs des Guipieres, ſans beaucoup de ſang répandu, elle avoit fait ſavoir au Prince de Conti que rien ne génoit plus la marche des troupes dans cette vallée. Le Général jugeant que le Comte de Lautrec ſuffiſoit avec la ſixieme pour la garder, & n'étant point tranquille ſur la neuvieme dans la vallée de Château-Dauphin, renvoya la ſeptieme ſe joindre à la neuvieme, & cette fois elle s'y tint. Le Comte de Danois deſcendit alors des retranchemens dans la vallée, & vint camper en face de Bellins vis-à-vis du Roi de Sardaigne: le Lieutenant-Général de Campo-Santo reſta avec la huitieme ſur les hauteurs à ſa portée. Le Comte de Lautrec avec la ſixieme garda la vallée de Mayre & établit des poſtes pour communiquer à ſa gauche avec la 7e. & la 9e. Le Lieutenant-Général du Châtel eut un corps de quatre bataillons ſur le col de Pianez, entre Aceglio & Sambuc, pour être plus à portée de la quatrieme & de la cinquieme. Toutes les colonnes de la droite, excepté la troiſieme, s'étoient raſſemblées en un ſeul corps dans le Camp de Sambuc, dans la vallée de Sture, entre les Barricades & Vinai. La 3e. aux ordres du Maréchal-de-Camp de Villemur reſta ſeule ſur le derriere de l'Armée à Pied-de-Port dans la vallée de Sture. L'on fit un exemple ſévere de juſtice contre les habitans du village des Planches; ayant oſé prendre les armes après avoir été ſubjugués, ils avoient aſſaſſiné quelques valets & pillé des équipages. Comme leur Curé n'étoit pas moins coupable qu'eux par les conſeils ſéditieux qu'il leur avoit donnés, il fut mis avec eux à la chaîne du Prévôt, pour travailler pendant toute la campagne aux grands chemins & aux autres corvées de l'Armée, & le village fut brûlé. Auſſi-tôt que le Prince de Conti put commencer les préparatifs du ſiége de Démont, il avança ſon Camp juſqu'à jusqu'à Vinai, qui devint le dépôt des choses nécessaires au siége ; il fut ensuite entiérement abandonné pour cet usage. Le Quartier-général vint à Yson. Les Espagnols camperent dans la vallée à cheval sur la Sture, & les François sur les hauteurs de la gauche de Démont proche le village de Faye, faisant face à la Chapelle de la Madona del Pino (d'où l'on découvre parfaitement la ville & le château de Démont) ayant sur la gauche le col de Valoria, où le Lieutenant-Colonel de Kermelec marcha pour prendre poste; ce qu'il fit sans beaucoup de peine.

Les dragons ayant reçu ordre de joindre l'Armée, trois Régimens de dragons Espagnols & deux de François vinrent camper sur la droite de la Sture en avant de l'Infanterie près du village de Lipaluci, à couvert par une hauteur du canon du château de Démont qui en est fort proche. Le Duc d'Arcos, Brigadier d'Infanterie & Colonel du Régiment de Cordoue, fut détaché avec huit cens hommes, pour repousser quelques troupes de paysans armés qui s'avançoient des montagnes de Vaudier jusques sur le Camp des dragons; ils soutinrent le premier feu du détachement Espagnol, auquel ils tuerent une vingtaine d'hommes, mais ayant été chargés plus vivement, ils se disperserent bientôt, & le Duc d'Arcos établit des postes par-tout où il crut que la tranquilité du Camp l'exigeoit.

Attaque du mont Valoria.

Pendant que ces paysans étoient ainsi repoussés sur la droite de la Sture, un plus grand nombre se rassembla sur la gauche & vint attaquer le Lieutenant-Colonel de Kermelec sur les hauteurs de Valoria: comme il avoit peu de monde il fut contraint de céder du terreïn, mais si lentement & avec tant de résistance qu'il n'évita qu'avec peine d'être coupé dans sa retraite, & se trouva bientôt resserré dans le poste qu'il choisit. A la premiere nouvelle qu'en reçut le Prince de Conti, il fit marcher un détachement aux ordres du Lieutenant-Colonel de Belidor pour le dégager.

Jugeant en même tems de quelle importance il étoit pour lui de conſerver des hauteurs ſans leſquelles il n'auroit point eu la liberté d'inveſtir Démont, il fit partir le Comte de Cruſſol, Colonel du Régiment de l'Iſle de France & Brigadier, avec un détachement pour ſe porter ſur la gauche du col de Valoria, où il paſſa la nuit, tandis que partie des piquets de l'Armée vint prendre poſte entre le Camp & le détachement. S'étant rendu dès la pointe du jour au Camp de Faye, il fit aſſembler deux mille hommes qu'il diviſa ſous trois Chefs. Le Lieutenant-Général d'Aramburu ayant ſous lui le Duc de Berwick, marcha par la droite avec 700 Eſpagnols; le Prince de Beauveau, Colonel du Régiment des Gardes Lorraines, n'eut que quatre cens hommes pour être au centre de l'attaque, dont le Marquis de Senneterre eut la gauche, avec neuf cens hommes. Le Comte de Cruſſol reçut ordre en même tems de s'étendre par la gauche, toujours en tournant le mont Valoria, pour embraſſer un plus grand front d'attaque, faire face aux ennemis, s'il s'en préſentoit de ce côté, & couper la retraite à ceux que les trois autres détachemens pourroient attaquer.

Quoique le Lieutenant-Colonel de Kermelec n'eût point vu de troupes réglées avec la multitude de milice armée qui l'avoit entouré, le Prince de Conti ne jugea pas qu'un poſte de cette importance pût être confié par le Roi de Sardaigne à des payſans: il ne douta point qu'ils ne fuſſent bientôt ſuivis de troupes qui ne tarderoient pas à ſe retrancher ſur ces hauteurs, & qui recevant continuellement des renforts de l'Armée Piémontoiſe, entretiendroient une guerre continuelle dans le ſein des montagnes, où ils ſe pourroient porter en ſi grand nombre qu'ils l'empêcheroient de faire tranquilement le ſiége de Démont; c'eſt ce qui le détermina à remédier avec tant de promptitude à un mal qui pouvoit devenir ſi dangereux. Il ne s'étoit pas trompé dans ſes conjectures;

dans le même tems que le Comte de Cruſſol marchoit d'un côté, deux mille Piémontois détachés de divers Régimens avançoient pour relever les payſans dans le poſte qu'ils avoient pris; deux mille cinq cens Soldats avoient ordre de ſe tenir prêts à marcher pour les ſoutenir. La diligence du Prince de Conti les prévint, & ſa préſence hâta l'entrepriſe, que le moindre retard eût fait échouer. Il mit le détachement en marche, & le preſſant avec cette vivacité qui réveille le courage & la hardieſſe, il vit en un moment les Soldats répondre à ſon impatience en jettant leurs habits bas, pour marcher en veſte plus légérement, ne portant que leurs armes & leurs munitions. Les payſans ne furent point effrayés de les voir venir à la charge, ils ſe fioient autant ſur l'avantage de leur poſte où le terrein les favoriſoit, que ſur les ſecours qu'ils voyoient arriver du Camp des Piémontois; ils eſſuyerent avec fermeté le premier feu, & y répondirent ſans faire beaucoup de mal aux attaquans; cependant ils furent repouſſés de poſte en poſte juſques ſur les hauteurs, où le gros de leur troupe étoit raſſemblé, & où ſe trouvoit déjà l'avant-garde du détachement Piémontois. Le Duc de Berwick qui les ſuivoit, négligeant de prendre les détours de la montagne, crut pouvoir y monter tout droit, mais il trouva le terrein ſi roide & ſi gliſſant que les Soldats ne pouvoient monter dix pas ſans retomber les uns ſur les autres; ce déſordre étoit augmenté par les morts & les bleſſés qui renverſoient tous ceux qui ſe trouvoient au deſſous d'eux. Les Eſpagnols cependant ne ſe rebutoient pas, & les coups qu'ils eſſuyoient du ſommet de la montagne, où les payſans ne trouverent que fort peu de pierres à rouler ſur eux, les animoient & les portoient à s'exciter les uns les autres avec une telle ardeur, qu'un d'eux ayant pris ſes ſouliers à la main & montant avec plus d'aiſance, fut imité ſur le champ par tous les autres; & dans un inſtant ils arriverent tous, pieds nuds, au haut de la montagne: ils y mirent en fuite payſans & ſoldats, en tuerent environ deux cens, & s'arrêterent pour ſoutenir l'effort des troupes réglées qu'ils voyoient venir à eux. Les corps avancés des Piémontois rencontrant de tous côtés des ennemis qui les repouſſoient, n'oſerent riſquer d'en venir aux mains, & d'attaquer la montagne qu'ils voyoient couverte & entourée de détachemens. Le Prince de Conti qui ne perdoit point cette attaque de vue, fit d'abord marcher les Brigades d'Anjou & des Gardes Lorraines pour en former un Camp particulier ſous les ordres du Marquis de Senneterre, qui ne quitta plus le col de Valoria: les détachemens rentrerent dès le même ſoir au Camp. Deux Brigades Eſpagnoles vinrent du Camp de la vallée remplacer le vuide de celles qui reſterent ſur le col de Valoria.

Siége de Démont.

RIEN ne troubla plus l'approche de Démont, où le Prince de Conti fit revenir les colonnes reſtées juſqu'alors dans les vallées de Château-Dauphin & de Mayre. La tranchée fut ouverte la nuit du 9 au 10 d'Août devant le château de Démont, la gauche appuyée à la ville, & la droite à la montagne du Poggio. La ville étant ſans défenſe s'étoit rendue auſſi-tôt qu'elle en avoit été ſommée; le Marquis de Caſtellar y prit poſte avec vingt compagnies de grenadiers; la garniſon du château croyant les repouſſer, leur jetta quelques bombes qui mirent le feu dans le quartier le plus voiſin de la Sture; on laiſſa conſumer une vingtaine de maiſons. Les aſſiégés voyant qu'on n'y portoit aucun ſecours & ne voulant pas réduire leur ville en cendres, tournerent leurs batteries contre la tranchée. Le terrein en étoit fort difficile, très-pierreux & coupé de ruiſſeaux: on y trouvoit à peine de la terre pour remplir les gabions qu'on dut employer dès la premiere parallele. On ſe propoſoit de travailler aux batteries la ſeconde nuit, mais les aſſiégés faiſant une ſortie, ſans charger les troupes de la tranchée, mirent le feu à quelques caſſines dont les flammes éclairoient les ouvriers qu'on découvroit du château ; ils jetterent toute la nuit des masses enflammées ; & roulant des tonneaux remplis de gaudron & de matiere grasse allumée, ils brûlerent quelques amas de fascines gaudronnées, mêlées avec d'autres bois. Enfin ils éclairerent si bien les ouvriers de la tranchée, & firent un feu si vif & si continuel sur eux qu'il ne fut pas possible de travailler aux batteries.

Les premières divisions de la Cavalerie Françoise & Espagnole s'étant rendues sous Démont, camperent à côté de l'Infanterie Espagnole ; les Dragons quittant leur Camp de Lipaluci passerent aussi de l'autre côté de Démont & s'arrêterent sous le village de Festioles. Le Prince de Conti n'avoit point entendu sans impatience que les travaux n'avançoient point à la tranchée ; croyant que sa présence animeroit & encourageroit les ouvriers, il prit la résolution de s'y porter ; il voulut ensuite aller au Camp des Dragons & profiter de l'obscurité de la nuit pour s'y rendre. Les communications éloignées occasionnoient de trop grands détours, par des chemins difficiles ; & les chemins les plus courts passoient en plusieurs endroits sous le canon du château ; de sorte qu'ayant passé toute la nuit à cheval, il étoit encore assez tard au lit pour prendre quelque repos, lorsqu'on vint lui apprendre qu'on avoit saisi plusieurs paysannes mettant le feu dans le Camp de la Cavalerie ; quelques minutes après on annonça que le village de Faye joignant le Camp de l'Infanterie Françoise, avoit été mis de même en feu par les paysans ; dans le même moment on entendit crier au feu dans toute la longueur du village d'Yson : comme il étoit sur le penchant d'une colline, il n'avoit qu'une seule rue qui s'appuyoit à une montagne escarpée d'un côté, & donnoit sur des rochers & des précipices de l'autre ; le feu prit en même tems aux deux extrémités, par lesquelles seulement on entroit & sortoit du village, & il se manifesta dans la même minute au centre du Quartier-général. Le désordre fut extrême. Le Prince de Conti se leva précipitamment, vit les flammes chassées avec violence par un vent assez fort, de maison en maison, & la sienne s'embraser en un instant; il se jetta par des endroits fort difficiles & fort escarpés du côté de la vallée, où par le secours d'un de ses Aides-de-Camp, il arriva heureusement sain & sauf. Son premier soin fut d'envoyer savoir ce qu'étoit devenu l'Infant, & le second de faire prendre les armes à toute l'Armée, croyant que cette manoeuvre des paysans cachoit quelque projet plus important, ou quelque attaque imprévue; elle n'eut cependant d'autres suites que de brûler tout le Quartier-général & celui de Faye, ainsi qu'une grande partie des équipages de ceux qui l'habitoient, un nombre considérable de chevaux & de mulets qui se jettoient eux-mêmes dans les flammes, & plus de cinquante personnes qui ne purent se sauver quoiqu'en plein midi. On arrêta quelques incendiaires, qui furent punis sans éclat, sans appareil de supplice & sans cruauté. Les Princes dépouillés d'une partie de leurs équipages s'établirent à Lipaluci.

Cette nuit un des Aides-de-Camp du Prince de Conti porta aux brigades d'Anjou & des Gardes Lorraines l'ordre de quitter le col de Valoria pour rentrer dans le Camp de Faye; ce qu'elles exécuterent aussi-tôt. Les travaux de la tranchée furent aussi poussés très-vivement, & les batteries fort avancées. Le jour suivant, le Comte de Danois arriva dans le Camp de Faye avec les Régimens de Poitou, de Conti & de Brie, que le Prince de Conti voulut aller recevoir. Renouvellant sa douleur & le sentiment qui le rendoit si cher à l'Armée, il témoignoit à tous le chagrin qu'il ressentoit aussi vivement qu'eux de la perte qu'ils avoient essuyée & du malheur de n'avoir pas reçu plus tôt ses ordres, qu'un de ses Aides-de-Camp osa lui reprocher de n'avoir point commis à sa diligence qui dans toutes les occasions avoit surpassé celle de tout autre, & quelquefois même son attente. Le reste des Régimens de cette colonne fut envoyé à Guillestre & à l'Arche pour garder la communication. La septieme colonlonne revint un jour plus tard avec le Lieutenant-Général de Gandica: la huitieme aux ordres du Marquis de Campo-Santo ne se confondit point avec le reste de l'armée, & fut envoyée sous les ordres du même Lieutenant-Général à St. Roch, à une demi-lieue de Coni. La sixieme que le Comte de Lautrec avoit subdivisée en plusieurs corps rejoignit aussi le Camp de Faye.

Toute l'Armée ainsi rassemblée, & le corps de Cavalerie qui l'avoit jointe devenant chaque jour plus considérable, le Prince de Conti ne jugea pas à propos de s'arrêter plus longtems devant Démont. Après avoir visité les travaux de la tranchée & le parc d'artillerie, il chargea le Comte de Maulevrier (22), Lieutenant-Général, de la direction du siége, ne laissant à ses ordres que dix bataillons qu'il crut suffisans pour le rendre maître de la place. Il fit défiler la Cavalerie par les collines qui sont sur la droite de la Sture sous le canon du château, dont elle étoit souvent à l'abri par la prodigieuse épaisseur des châtaigniers sous lesquels elle passoit; elle vint camper au dessus des Dragons en avant de Festioles. Le Prince de Conti ne craignant que pour sa gauche, sur laquelle le Roi de Sardaigne avoit toutes ses troupes, vint se mettre à la tête de l'Infanterie & la mena par les hauteurs jusques vis-à-vis de Gayola dans la vallée de Sture où il la fit descendre, la plaçant un mille en arriere de sa Cavalerie qui faisoit face à Coni: il ne fut pas longtems sans s'avancer à l'aide de cet-

(22) Cet Officier qui fut fait Maréchal de France à la fin de la campagne, n'avoit pas sauvé la moindre partie de ses équipages de l'incendie d'Yson; & quoiqu'il fît son devoir en sage & expérimenté Général, il fit encore plus d'impression par l'exemple qu'il donna le reste de la campagne, en supportant en Soldat la perte qu'il avoit faite & que son âge avancé sembloit lui devoir rendre plus sensible.

te Cavalerie, avec le Marquis de la Mina, pour reconnoître la ville de Coni & le pays qui l'environne. Il obferva d'abord que la ville étoit beaucoup moins fortifiée du côté du Gezzo que de celui de la Sture, mais que l'entre-deux de ces rivieres étoit garni de fortifications régulieres qui s'avançoient affez loin de la place; il commença dès-lors à former fon plan d'attaque.

Le Comte de Maulevier avoit employé la plus grande diligence à faire établir fes batteries, qui ne furent pas plus tôt achevées qu'il fe preffa d'en faire ufage; mais en peu de jours il s'apperçut que fes boulets donnoient dans des rochers & dans des murs d'une folidité inébranlable de fi loin & qu'ils faifoient bien moins d'effet que fes bombes qui mettoient fans ceffe le feu à divers ouvrages, faits de fafcines, & à des magazins de bois répandus de tous les côtés. Le Prince de Conti ne fe rebutant point du peu de mal que faifoit l'artillerie, ordonna de faire rougir les boulets pour porter le feu par-tout; on en avoit déjà tant confommé qu'ils devoient bientôt manquer. Occupé comme il l'étoit des préparatifs du fiége de Coni, il ne voulut pas déranger les chevaux de fon artillerie employés à tranfporter les chofes dont il avoit befoin pour le nouveau fiége. Les difficultés continuelles qu'il étoit forcé d'effuyer dans l'exécution de fes ordres, la lenteur avec laquelle les convois de toute efpece arrivoient, les accidens qui dérangeoient fouvent leur ordre ou retardoient leur marche, le forçoient fans ceffe à trouver des expédiens qui réparoient chaque fois le mal, fans l'empêcher de fuivre fes projets & fes préparatifs pour le fiége de Coni. Preffé en même tems par la difette de pain, dont les troupes étoient menacées, & par le manque de boulets, les chemins étant remplis d'ailleurs des caiffons de vivres & des trains d'artillerie que divers obftacles empêchoient d'arriver, il fit partir cent mulets qui compofoient fon équipage, & ceux des Officiers qu'il anima du même zêle, pour

pour aller chercher le pain de munition à l'endroit où les caiſſons de vivres étoient arrêtés ; de ſorte que les troupes, loin d'être dans le cas d'en manquer comme on le craignoit, en furent fournies d'avance. Il fit auſſi tranſporter les boulets par la Cavalerie ; on diſtribua dans Guilleſtre deux boulets de 24 livres à chaque cavalier ; ils porterent ainſi très-diligemment un convoi ſuffiſant à Démont. Le zêle pour le ſervice étoit porté ſi loin, qu'on n'entendit aucun Officier de Cavalerie murmurer de cet expédient qui briſa beaucoup de ſelles & bleſſa nombre de chevaux ; rien n'étoit plus embarraſſant pour les cavaliers qu'un poids réduit en ſi petit volume, que chacun arrangea comme il voulut, ou, pour mieux dire, comme il put.

Le Comte de Maulevrier faiſant uſage de ces reſſources, & tirant à boulets rouges ſur le château, y mit le feu d'autant plus aiſément que le Gouverneur avoit fait dreſſer le long des bâtimens de grandes poutres qui joignoient les murs par le haut & s'en écartoient de ſept à huit pieds par le bas, pour ſe procurer des galleries couvertes, ſur leſquelles les bombes même gliſſoient & rouloient enſuite au loin, ſans troubler la communication des Soldats ; il alloit ainſi toujours à couvert, du Gouvernement juſqu'à la porte du château ; c'étoit un groſſe maſſe de bâtimens de pierre très-dure, ayant trois étages de voutes l'une ſur l'autre, chacune à l'abri de la bombe. Six-cens hommes pouvoient aiſément ſe loger ſous ces voutes ſans craindre le feu des Aſſiégeans.

Les boulets rouges eurent bientôt enflammé ces bois & allumé les ouvrages de faſcines qui étoient en grand nombre non ſeulement aux batteries, mais même aux fortifications. Un boulet mit le feu dans un magazin d'étoupes & de cordes placé dans le Gouvernement qui contenoit preſque toutes les proviſions de la garniſon ; l'hôpital étoit de même en feu. Le Gouverneur voyant qu'il ne pouvoit l'éteindre & qu'il ſe communiquoit de

Priſe de Démont.

tous côtés, sans se donner le tems d'arborer le Drapeau blanc sur son rampart, envoya demander au Comte de Crussol qui commandoit la tranchée, de le recevoir prisonnier de guerre avec sa garnison. Pendant qu'il attendoit sa réponse, les Soldats & les Officiers de la garnison s'appercevant que le feu gagnoit les magazins à poudre, que des poutres enflammées tomboient sur les premieres portes des voutes qui les renfermoient, & qu'ils étoient menacés de périr tous sans ressource, il se précipiterent des murs des fortifications dans les fossés, gagnerent les dehors & vinrent sans armes & dans le plus grand effroi crier aux Soldats qui gardoient la tranchée: *sauvez-vous, sauvez-nous.*

Le Comte de Crussol surpris de cet événement inoui, recueillit ceux que la peur faisoit fuir, & sans quitter son poste, fit part au Comte de Maulevrier de ce qui venoit d'arriver. Le Gouverneur forcé de suivre l'exemple de sa garnison fit ouvrir la porte, & vint avec peu de personnes restées auprès de lui se rendre à discrétion. Il n'avoit presque point eu de morts ni de blessés, pendant huit jours qu'avoit duré le siége. Le Comte de Crussol eut ordre de sortir de la tranchée & d'emmener avec lui les prisonniers, qu'on tint dans la vallée à quelque distance; ils consistoient dans le Colonel de Vialet Gouverneur & 52 Officiers, 600 Soldats de divers corps, 200 canoniers & 200 hommes de milice. Les Soldats François, loin de se livrer à la terreur des Piémontois, s'enhardirent à monter dans le château, d'où les premiers revenant avec le butin qu'ils avoient pu choisir à leur gré, exciterent l'envie de leurs camarades, qui s'y porterent tous sans égard au danger. Quelques Officiers qui les avoient suivis pour les rappeller ou les retenir, voyant que les premieres portes des magazins à poudre étoient couvertes de fer que le feu n'avoit point encore détaché ni fondu, employerent ces Soldats à jetter assez de terre sur ce feu pour l'étouffer; on permit alors le pillage, à condition d'éteindre le feu & de conserver les munitions;

ce qui réussit si heureusement que le dommage ne fut pas considérable. Les bâtimens du Gouvernement ne perdirent que leur toits & les planchers du haut; ceux du bas furent garantis en partie, & les murs resterent entiers; les magazins à poudre garnis de plus de 150 milliers de livres, furent conservés & la porte ne fut point endommagée. Les Soldats pillerent tout ce que la garnison avoit laissé. La nuit ne se passa pas sans inquiétude que le feu ne prît aux magazins à poudre, & dès la pointe du jour les Ingénieurs Espagnols restés pour le siége, animés du zêle le plus ardent & le plus desintéressé, demanderent au Comte de Maulevrier un détachement de deux cens travailleurs, avec lesquels ils se rendirent sans perdre de tems au château, prirent de plus solides précautions pour éteindre ce qui restoit de feu & prévenir qu'il ne se communiquât plus loin. On trouva près de soixante-dix canons ou mortiers de divers calibre dans la place.

Les Princes firent construire un pont solide sur la Sture auprès de la Naville de Vignolo, sur laquelle il y avoit un pont de pierre. Les paysans voyant que les Soldats qui devoient travailler, en avoient fort peu d'autres pour les soutenir, s'approcherent avec assez de hardiesse pour faire feu sur eux; ils essuyerent aussi celui de la garde des travailleurs, dont ils blesserent quelques-uns; on courut au Camp chercher quelques piquets d'Infanterie, qui ne les mirent en fuite qu'après avoir forcé plusieurs maisons qu'ils défendoient avec beaucoup de courage.

Sur la nouvelle que la Cavalerie Piémontoise qui ne consistoit qu'en 3500 chevaux, étoit campée entre Caraglio & Cervasco sur la Grana, les Princes firent partir trois détachemens, le premier de mille fantassins, précédé de 10 compagnies de grenadiers aux ordres du Maréchal-de-Camp de Chevert; le Lieutenant-Général du Kayla conduisit le second de mille cavaliers, tirés des Régimens François; & le troisieme de deux mille cavaliers d'élité des troupes d'Eſpagne fut commandé par le Lieutenant-Général de Pignatelli. Ils eſpéroient ſurprendre la Cavalerie ennemie; mais elle ne donna pas le tems à ces divers corps de la joindre; elle ſe retira derriere la Mayra appuyant la droite de ſon Camp au village de Dornero, & ſa gauche à celui de Buſca. Elle y trouva de l'Infanterie Piémontoiſe qui s'augmenta conſidérablement les jours ſuivans. L'Infanterie de Chevert prit poſte dans Caraglio; les deux corps de Cavalerie ſe replierent en avant de l'Armée qui vint camper à Vignolo & le lendemain à Caraglio, dans un pays dont la richeſſe & la beauté font le contraſte le plus marqué avec le pays des Alpes qui l'avoiſine. Quatre jours après, le Prince de Beauveau ſuivi de 500 hommes & ſoutenu par les détachemens de Cavalerie Françoiſe & Eſpagnole qui campoient toujours en avant de l'Armée, s'avança juſqu'auprès de Buſca pour tâter l'Ennemi; le Prince de Conti cherchoit à l'attirer par de petits détachemens, qu'il ne faiſoit jamais avancer ſans les ſoutenir fortement & ſans ſe tenir prêt à tout événement. Les grenadiers Piémontois ſe jetterent dans quelques maiſons détachées, dans l'intention de s'y faire attaquer par les François, qui ne s'avancerent qu'avec précaution. L'Infanterie Piémontoiſe qui ſoutenoit ſes grenadiers ſe mit en mouvement pour les venir charger, mais la Cavalerie Françoiſe la retint; & elle ne paſſa point la Mayra. Après deux heures d'attaque les grenadiers Piémontois ſe retirerent, & le Prince de Beauveau trouva que toute leur armée les avoit devancés, en paſſant la Vraïta pour camper ſous Saluces. Deux Régimens de Dragons François camperent à Buſca; ils ſe porterent à Dornero & leverent les premieres contributions dans la plaine.

Camp de l'Armée Alliée le 21 Août à Vignolo.

Les payſans s'étant raſſemblés dans les montagnes dont on avoit retiré la plus grande partie des poſtes pour ne garder que ceux de la communication de la vallée de Sture, ſe jetterent ſur quelques traîneurs, se saisirent de quelques mulets chargés de provisions, s'avancerent même entre Démont & Gayola dans la vallée de Sture & pillerent plusieurs caissons de vivres chargés du pain des troupes: aussi-tôt qu'ils virent arriver les détachemens qui les escortoient, ils se retirerent dans les montagnes avec peu de profit. La méthode du Prince de Conti n'étoit pas qu'on les poursuivît un à un, mais que les corps qui les attaquoient ne se séparassent point en petites bandes, & les laissassent se disperser quand ils ne pouvoient pas les joindre; précaution sage, qui conserva bien des hommes à la France pendant cette campagne. Les Fuseliers de montagne avoient seuls le privilége de leur faire la petite guerre, ayant à-peu-près la même façon d'agir qu'eux. Le Comte de Maillebois, Maréchal-Général des Logis de l'Armée, sur qui rouloit tout le détail des marches & qui prenoit par-tout les connoissances les plus exactes du pays, se porta en avant de l'Armée avec le Major-Général de l'Armée d'Espagne & les Chefs des Ingénieurs des deux nations, pour reconnoître un Camp avantageux, d'où l'Armée pût faire à son aise le siége de Coni, & recevoir l'Ennemi s'il se présentoit. Quelques petits détachemens Piémontois vinrent à sa rencontre, mais le Comte de Stainville avec quelques compagnies de grenadiers & de la cavalerie les écarta, sans perdre beaucoup de monde, quoiqu'il fût attaqué à plusieurs reprises; il amena même au Camp François plusieurs prisonniers. Le Comte de Maillebois proposa d'établir le Camp sur la gauche de la Sture, auprès de la Chapelle de la Madona del Olmo. Le Chef des Ingénieurs Espagnols, Italien de nation, nommé Amici, fit quelques observations au Marquis de la Mina qui firent perdre plusieurs jours à disputer sur la place du Camp; il voulut le reconnoître de nouveau, ce qu'on ne lui refusa point; son escorte composée de cent chevaux & de deux compagnies de grenadiers fut attaquée; elle se battit courageusement, repoussa les attaques, mit les partis Piémontois en fuite & les suivit. L'Ingénieur, content de son expédition, rentra dans le Camp sans avoir reconnu le terrein comme il s'étoit proposé, & continua d'insister sur ses premieres observations.

Les Ingénieurs des deux nations n'étoient point d'accord sur l'ordre des attaques: Amici vouloit qu'on se contentât d'une seule, qui remplît tout le terrein entre les rivieres de Sture & de Gezzo & qu'on prît le tems nécessaire pour faire solidement tous les travaux de la tranchée, afin d'y mettre le Soldat autant à couvert qu'il seroit possible; il vouloit sur-tout qu'aux extrémités de la premiere parallele on construisît de vastes redoutes pour soutenir la tranchée & les ouvrages poussés en avant; ce qui mettoit dans la nécessité d'élever les batteries plus haut que de coutume. Le vieux Razeau qui venoit d'être nommé Marechal-de-Camp, Commandant les Ingénieurs François, blanchi dans le métier des siéges, avec une réputation qu'aucune nation ne dispute aux Ingénieurs de France, vouloit qu'on mît plus de célérité & moins de précautions. Le Prince de Conti l'avoit instruit de l'état de la place du côté du Gezzo, ayant été lui-même la reconnoître avec le Chef d'Ingénieurs d'Artus, ancien Officier d'un grand mérite, lequel avoit levé le plan de la ville, des hauteurs qui la dominent, & reconnu qu'on se fioit dans la place sur l'escarpement du terrein & des rochers qui joignent la Sture & le Gezzo. Il n'y avoit pas même de boulevard de ce dernier côté: quelques maisons bâties sur le rocher servoient de muraille à la ville, qu'il eût été facile d'escalader en détruisant d'abord ces maisons, dont les matériaux écroulés par le canon auroient formé une rampe suffisante. D'Artus proposoit d'ouvrir du côté du Gezzo une seconde tranchée, il ne s'effrayoit point de faire un passage de riviere sous le canon de la place, que les batteries des assiégeans font taire en peu de jours, d'autant que le Gezzo, quoique assez rapide quand il vient de grandes eaux, en manque totalement dans les mois d'Eté; on le passoit alors par-tout à pied sec, & la saison des pluyes étoit encore assez éloignée. Le Marquis de la Mina trouva des raisons assez plausibles pour rejetter cette attaque, dont tout le succès dépendroit, disoit-il, d'un orage. Les Ingénieurs François proposoient divers moyens de n'être pas incommodé de l'eau qui pourroit survenir par des orages d'Eté, soit en creusant des canaux pour la détourner, soit en gênant son cours dans un canal plus resserré, sur lequel on pût entretenir aisément des ponts qu'on fabriqueroit à l'aise & solidement. On leur faisoit chaque jour de nouvelles difficultés qui consommerent beaucoup de tems avant qu'ils eussent donné des réponses dont on voulût bien être satisfait. D'un autre côté le Roi de Sardaigne avoit une Armée sous Saluces, il étoit maître de la Sture deux lieues plus bas que la jonction des deux rivieres qui couloient sous le canon de la place, ensorte qu'il auroit fallu trop étendre le Camp, & sa communication seroit devenue fort difficile, si l'on avoit embrassé toute l'enceinte de Coni. L'Armée devoit être séparée en trois foibles corps, qu'une seule pluye pouvoit séparer pour plusieurs jours les uns des autres, & que l'Ennemi pouvoit alors attaquer en force. Le Prince de Conti proposoit de n'avoir qu'un Camp-volant en deçà du Gezzo & d'établir la communication principale de ce Camp par le côté du Quartier-général, & cependant de s'assurer des deux côtés de la Sture au dessous du canon de la place pour pouvoir communiquer avec Centale & Tarantasca, & pour empêcher tout secours d'entrer dans Coni. Le Marquis de la Mina non seulement ne se rendoit pas, mais ajoutoit de nouvelles objections aux premieres; il exagéroit peut-être la force des paysans & leur hardiesse, ensorte qu'il n'étoit pas plus d'accord sur le nombre des troupes qu'on devoit employer pour la communication, que sur l'emplacement du Camp & sur le nombre des attaques. Il falloit cependant décider, & le Prince de Conti forcé de se plier aux circonstances, espérant encore de faire revenir le Conseil d'Espagne à son avis, cessa d'insister sur la seconde attaque & sur le Camp-volant qui devoit la protéger.

Les Lieutenans-Généraux du Kayla & Pignatelli eurent chacun un gros corps, consistant principalement en Cavalerie, pour camper en avant de l'Armée & la couvrir. Le Comte de Chabau, Colonel d'un Régiment de Cavalerie de son nom, étoit employé sans cesse à veiller non seulement à la sureté de ce Camp, détaché de plus de deux lieues, mais même à celle de l'Armée ; ce qu'il fit avec tant de zêle qu'il passa près de cinquante jours sans se coucher & même sans se reposer, faisant des détachemens toutes les nuits, & le jour se tenant toujours alerte, sans se permettre deux heures de sommeil suivi ; exemple bien frappant de la force que donne le zêle! Il fut décidé que ces deux détachemens s'établiroient à Tarantasca & à Centale, entre la Mayra & la Grana ; que cinquante escadrons & dix-neuf bataillons camperoient, leur droite appuyée à la Chapelle de la Madona del Olmo & leur gauche vers un Couvent d'Augustins, nommé la Madona del Lume, s'éloignant du grand chemin de Tarantasca & faisant face à l'Armée ennemie séparée d'elle par les rivieres de Mayra & de Grana ; qu'une autre partie camperoit entre les deux rivieres de Sture & de Gezzo, & que le Quartier-général des Princes seroit couvert par un petit Camp particulier ; il fut composé des Gardes du Corps de Conti, du Régiment de l'Isle de France, des Gardes Lorraines & d'Agénois pour le Quartier du Prince de Conti qui fut près du Couvent de la Madona delli Angeli ; celui de l'Infant Don Philippe fut à St. Roch, où quelques troupes d'Espagne camperent en deça de la Sture

entre

entre le Camp & ſon Quartier. On convint auſſi que Borgo ſeroit le dépôt de tous les magazins & qu'on y laiſſeroit deux Régimens d'Infanterie d'un bataillon chacun; mais avant de prendre cette poſition, il fallut encore eſſuyer des longueurs; & lorſque le Camp fut occupé, le Prince de Conti changea quelques Régimens qu'on avoit trop approchés de Coni. Pendant tous ces délais, il fit arriver l'artillerie & les munitions, il établit un parc d'artillerie près de ſon Quartier, le fournit de tout ce dont on pouvoit avoir beſoin, & le fit entourer d'un bon retranchement qu'il garnit de canons. L'on fit auſſi des amas de faſcines & de gabions; l'on envoya, du côté de Bovés & de Peveragno, de gros détachemens qui brûlerent pluſieurs retranchemens faits de faſcines, près de Mondovi, & ſur les débouchés du col de Tende, & l'on s'aſſura du pays qui devoit fournir la plus grande partie des fourrages de l'Armée. Les payſans attaquerent un détachement de 3000 hommes que commandoit le Marquis de Campo-Santo, mais ils furent repouſſés.

L'Armée étant enfin fixée dans ſon Camp, il fut arrêté que la tranchée ſeroit ouverte la nuit du 11 au 12 Septembre, les payſans cependant inquiétoient encore les derrieres de l'Armée. Le Régiment de Catalonia & celui des Landes gardoient Borgo: c'étoit anciennement une ville fort opulente qui avoit eſſuyé pluſieurs cruelles calamités dans diverſes guerres & avoit ſouvent été détruite, enſorte qu'elle avoit de très-vieilles & très-mauvaiſes murailles. On avoit autrefois reſſerré ſon enceinte par des murs qui paroiſſoient auſſi vieux que les premiers, & l'entre-deux étoit rempli de mazures & de débris de maiſons. Une grande partie des murs avoit des brêches conſidérables. Borgo tient à la montagne par un ſeul côté, & des trois autres jouit d'une plaine aſſez étendue; c'eſt proprement où commence celle du Piémont. Cette ville avoit eu un château très-fort, mais il étoit actuellement réduit en ruines qui dominoient la ville; elle n'eſt plus à préſent

Siege de Coni.

qu'un mauvais Bourg mal entretenu, relevé sur le
incendies de l'ancienne ville. Trois à quatre mille p
senterent avec hardiesse pour l'emporter d'assaut;
poussés de tous les côtés, & se retirerent avec
montagnes; ils s'attrouperent encore pour attaqu
qui passoient dans la vallée de Sture, & causerent
de désordre que de perte; ce qui ne laissoit
de continuelles inquiétudes.

Un Capitaine de grenadiers du Régiment de
reçu ordre d'en faire un exemple, puisque toutes l
qu'on avoit faites contre eux, ne les pouvoient co
sonniers trente de ces paysans qui l'attaquoient ave
les conduisit au premier village où il fit assembler
le Curé qu'il chargea de les préparer à la mort,
exécution en régle comme de gens condamnés pa
par un Conseil de guerre. Il fit casser la tête aux tre
avec les formalités ordinaires, déclarant qu'il punis
& des rebelles qui seroient tous traités avec la mêr
Officier Espagnol fit éprouver une pareille punit
autres qui tomberent entre ses mains. Ces deu
pêcherent les paysans de faire de nouvelles entrep
ils se dédommageoient en se portant sur tous les r
craignoient pas d'être pris, & tiroient des coups
robée sur ceux qu'ils n'osoient attaquer dans la

Rien ne s'opposant plus à l'ouverture de la t
Coni, l'on en fit les approches le 9 Septembre
d'une cassine sur la droite assez près du corps de l
demain on en attaqua une seconde où les ennemi
résistance, & mirent le feu lorsqu'ils se virent c
bandonner; on y placa des grenadiers, on en
poste en l'entourant de fossés & en crénelant les
fixée pour l'ouverture de la tranchée étant arri

rent au lieu de l'aſſemblée ; les bataillons qui devoient r ſe rendirent fort tard, quelques-uns venant de l'autre la Sture ; douze cens travailleurs de chaque nation de'y trouver de même ; ils vinrent tous ſi tard & les choſes ient avec tant de déſordre & de lenteur, que le Prince ti prévoyant qu'ils avanceroient peu leur ouvrage & qu'à e du jour on feroit une cruelle boucherie de ſoldats & de urs qui ne ſeroient point à couvert, ne trouva point de remede que de renvoyer les travailleurs & la garde du remettant au lendemain ce qu'il auroit été trop counntreprendre alors.

y eut point de difficultés la nuit ſuivante : les travailleurs oupes en même nombre que la veille, arriverent de meilure ; les Eſpagnols prirent la droite, & les François par- également le terrein avec eux. On ouvrit une premiere de onze cens toiſes de longueur, environ à trois cens e la place ; on la termina par une redoute ſur chaque ries troupes y furent à l'abri à la pointe du jour & l'on con perfectionner cet ouvrage. Le Lieutenant-Général de a, Gouverneur de Coni, s'étoit annoncé pour faire la oureuſe réſiſtance ; il fit toute la nuit un feu de canons ortiers dont on a peu d'exemples, puiſque ſur la ſeule qui fut brûlée il tomba 155 bombes dont perſonne ne ſé, & qu'on compta plus de 800 coups de canon qui terent pas un ſeul homme, malgré la précaution qu'il iſe de faire allumer des faſcines gaudronnées & de jetter mortiers des balles enflammées pour éclairer les oue la tranchée.

Tranchée ouverte devant Coni la nuit du 12 au 13 Septembre.

u de mouſqueterie fut auſſi des plus vifs ; un Lieutenant ment de Poitou s'étant avancé trop près de la redoute à la gauche, donna l'alerte au point que pendant une

demi-heure on fit de sa redoute un feu roulant comme dans une bataille. La perte cependant ne fut que de 15 hommes tués & 25 blessés, pour les deux nations.

Sortie des Assiégés du 13.

Le Lieutenant-Général de Lautrum avoit, outre deux mille hommes de garnison, quatre bataillons divisés en trois corps qu'il avoit fait camper jusques-là entre le chemin-couvert & les ouvrages avancés de la place. Il leur fit faire quelques mouvemens pendant le jour, & sur les deux heures après midi 250 grenadiers suivis d'un corps de mille hommes soutenus par les quatre bataillons, vinrent attaquer la redoute que les Espagnols n'avoient pas encore eu le tems d'achever à leur droite; aussi-tôt que le jour l'avoit découverte, elle avoit été battue en brêche par le canon de la place, & presque détruite. Trois compagnies de grenadiers, deux de Galice & une de Reding, qui montoient la tranchée s'y soutinrent quelque tems, mais forcées de céder au nombre, elles se replierent sur la garde de la tranchée; le Maréchal-de Camp Don Fernando Cacigal, le Brigadier Marquis de Tripuci & les Colonels d'Osforio & d'Arteaga qui la commandoient sortant de la tranchée vinrent la bayonnette au bout du fusil charger les Piémontois, qu'ils reconduisirent jusqu'à leur premiere redoute, où ils ne furent pas plus tôt entrés qu'ils firent sur les Espagnols une décharge complette de mousqueterie. Les canons de la ville qui n'avoient point tiré tant qu'on avoit été mêlé dans la plaine, recommencerent leur feu; il fut d'autant plus vif qu'il n'y avoit point encore de batteries élevées du côté des Assiégeans, & que les Espagnols se pressant de rentrer dans leur tranchée, les incitoient à redoubler d'ardeur pour tirer sur eux. Un détachement sorti de la place en même tems, fut rencontré par les piquets de l'Armée; ils étoient venus, au premier bruit, au secours de la tranchée en suivant les bords du Gezzo: ils chargerent ce détachement, qui se retira fort maltraité; il en couta près de cent hommes aux Espagnols dans cette sortie, mais les Assiégés en avoient perdu beaucoup plus. Cette attaque servit de prétexte aux Espagnols pour ne travailler que lentement & avec circonspection; ils mirent cinq jours à perfectionner leur premiere parallele, leur redoute, & deux batteries, chacune de six pièces de canon de 24 livres de balle, & une de cinq mortiers à bombes. Les François éleverent à la gauche une batterie de huit pièces de 24, deux autres de 4 pièces de 16, & deux batteries à bombes de 4 mortiers chacune. On établit en outre au delà de la Sture une batterie à ricochet de six pièces de 16, qui prenoit les ouvrages à revers. Ces batteries commencerent à tirer le 17: elles ne tarderent pas à démonter le canon de la place, & les bombes mirent bientôt le feu dans la ville; ce qui causa beaucoup de rumeur parmi le peuple. Des déserteurs dirent le lendemain que le Gouverneur, qui s'étoit porté lui-même aux lieux où étoit l'incendie, ayant vu plusieurs personnes tenir des propos séditieux, & particuliérement un de ceux dont la maison brûloit, lequel cherchoit à ameuter le peuple, il fit pendre cinq bourgeois au même moment & au même endroit; ce qui contint les autres. Le siége n'avançoit cependant qu'avec lenteur; on poussa des zigzags en avant de la premiere parallele, on fit la seconde parallele à sappe-volante, ce qui couta trente morts ou blessés, dans une nuit: on en avoit passé plusieurs sans perdre un seul homme, & sans plus de deux ou trois blessés; aussi les tranchées étoient-elles larges & ouvertes comme des rues.

Les François ne voulant point aller plus vîte que les Espagnols, perfectionnoient de même leurs ouvrages, quoiqu'à regret; mais l'ordre étoit de ne travailler qu'également pour qu'un seul n'attirât pas tout le feu sur lui. Les mineurs travaillerent à faire sauter les redoutes que les assiégés avoient en face de celles des assiégeans; les François ne firent sauter que le glacis du chemin-couvert, & les paliſſades de la redoute reſterent en entier; le mineur ne s'étant pas ſuffiſamment avancé, ſe remit à l'ouvrage ſur le champ. Les Eſpagnols avoient rencontré un terrein de ſable qui leur fit recommencer trois fois leur ouvrage, enſorte qu'ils ne purent faire jouer leur mine. Les aſſiégés firent une petite ſortie à la pointe du jour; ils renverſerent quelques gabions de la ſappe des Eſpagnols, tuerent quelques travailleurs, & rentrerent dans leur redoute avant que les troupes de la tranchée fuſſent arrivées au ſecours; ce petit contretems ſervit de prétexte à de nouvelles lenteurs. Le Prince de Conti cherchant à tirer parti des mauvais ſuccès même, renouvella ſi vivement ſes inſtances pour attaquer la place par le côté du Gezzo, & fit voir ſi clairement qu'elle n'étoit défendue que par une fauſſe-braye, & que les maiſons en pluſieurs endroits n'avoient point de remparts qui les ſéparaſſent des murailles, qu'enfin les Eſpagnols conſentirent à cette ſeconde attaque. Le Marquis de Pignatelli qui de Tarantaſca s'étoit rendu à Centale, reçut ordre de paſſer la Sture & le Gezzo au deſſous de leur jonction, & de ſe porter au village de Spinetti, pour achever d'inveſtir la ville, qui juſques alors avoit un chemin libre de ce côté. Les Marquis de Campo-Santo & du Châtel furent chargés des détails de cette attaque. On leur donna 2500 hommes pris des piquets de l'Armée, qu'ils firent camper le 26 ſi près de la place que le canon de la ville les obligea de ſe retirer un peu plus loin. Ils ouvrirent la tranchée la nuit du 27 au 28 par 800 travailleurs (23), en face de la fauſſe-braye, & ſe preſſerent d'établir deux batteries qu'ils eſpéroient mettre en état de tirer dès le commencement du troiſieme jour.

Sortie des Aſſiégés du 20.

Seconde attaque des Alliés de l'autre côté du Gezzo.

(23) Ils eſſuyerent le même contretems qu'à la premiere tranchée; ſous divers prétextes, entr'autres, celui d'une petite pluye, la tranchée qui devoit être ouverte la nuit du 26 au 27, ne le fut que vingt-quatre heures plus tard.

Le Gouverneur ne se vit pas plus tôt resserré & attaqué de ce côté, qu'il ne cessa de faire des signaux, qui furent répétés pendant deux nuits. On prétendit même qu'il trouva le moyen de faire passer à la nage un Espion, pour avertir le Roi son maître du danger dans lequel il se trouvoit. Il craignoit de ne pouvoir pas tenir plus de trois jours contre cette nouvelle attaque. Il reçut bientôt la réponse la plus propre à le tranquilliser & à redoubler son activité. Les Princes n'avoient point encore fait passer de l'autre côté du Gezzo le canon destiné pour ces batteries, quand les deux Lieutenans-Généraux reçurent ordre d'abandonner ces ouvrages, & de venir rejoindre l'Armée près de la Madona del Olmo. Le Marquis de Pignatelli dut de même abandonner Spinetti pour retourner à son premier poste de Tarantasca.

La prudence avec laquelle le Roi de Sardaigne cédoit une partie de son terrein & évitoit des rencontres qui pouvoient affoiblir ses forces & donner trop d'avantage à ses ennemis, n'étoit point l'effet de la crainte, mais celui de la politique la plus consommée, pour travailler tranquillement au plan le plus vaste & le plus grand que ce Prince pût former, relativement à ses forces & à son état actuel; il attendoit quelque secours d'Allemagne & du Milanois: n'étant qu'Auxiliaire de la Reine de Hongrie, il étoit étonnant qu'elle lui laissât supporter tout le poids d'une armée ennemie. Tant qu'on avoit été dans les montagnes, ses troupes étoient suffisantes pour garder son pays, il n'en auroit pas même desiré d'autres; mais étant campé dans une plaine, & n'ayant plus à l'avenir que des siéges ou des batailles à essuyer, il sollicitoit vivement un secours, qui se fit attendre quelque tems & qui ne consista que dans le Régiment de Palavicini & quelques Croates que le Prince de Lobkovits ne détacha de son armée qu'à regret; car les Napolitains avoient alors rompu la Trève, & s'étant joints de nouveau aux Espagnols, ils se flattoient de faire une brillante campagne, qui se borna cependant à l'affaire de Velletri, & à fourrager les terres du Pape.

Le Roi de Sardaigne ne reçut que quatre mille hommes; il avoit compté que le seul Milanois lui en fourniroit beaucoup plus, & avoit en conséquence envoyé le Marquis d'Ormea son premier Ministre dans la Province de Mondovi sur la droite de Coni, pour y former une petite armée composée de ces futurs alliés, de quelques bataillons de ses troupes répandues dans le pays, & de toutes les milices des environs. Ces corps ne devoient se réunir & marcher ensemble qu'au moment où le Roi de Sardaigne se présenteroit lui-même vis-à-vis de l'Armée Françoise, ils devoient repousser tous les détachemens François répandus de ce côté, s'approcher de Coni & attaquer non-seulement les troupes employées au siége, au delà du Gezzo, mais même ce qui se trouveroit entre les deux rivieres, de même que le Quartier-général, & le parc d'artillerie qu'il se flattoit de trouver dégarni.

Plan d'attaque du Roi de Sardaigne.

Premier Corps.

Second Corps.

La garnison faisant en même tems une sortie devoit mettre les troupes de la tranchée entre deux feux.

Troisieme Corps.

Un corps de cinq à six mille hommes composé de mille ou douze cens Soldats & de la milice du pays, Vaudois ou Paysans, devoit attaquer Borgo, dans lequel étoient tous les dépôts de l'Armée, un magazin considérable de munitions de guerre & de bouche, le trésor & les hôpitaux.

Quatrieme Corps.

Pendant que ces deux corps se feroient avancés par la gauche du Roi de Sardaigne, il devoit détacher par sa droite quelques bataillons de son Armée, qui se joignant aux paysans de toutes les vallées où l'on venoit de faire la guerre, & aux milices du canton, devoient se jetter sur les divers postes établis pour la communication de la vallée de Sture, afin de détruire tous les ponts de cette riviere, de rompre de nouveau tous les chemins &

& de couper la retraite à l'Armée des Princes. Le Roi de Sardaigne les attaquoit avec des forces supérieures en Infanterie, & de telle maniere qu'il comptoit rendre inutile leur Cavalerie, dont il connoissoit la supériorité. Ainsi enveloppant, comme il faisoit, toute l'armée & les forces des Alliés, quel que fût son fort, un seul de ses succès pouvoit les mettre dans le plus grand embarras. Supposé qu'ils gagnassent la bataille, que leur servoit-elle, si les troupes campées entre les deux rivieres étoient battues, si les tranchées étoient comblées, s'ils perdoient leur Quartier-général, leur artillerie & leurs magazins de Borgo, ou si leur communication avec la France étoit entiérement rompue? L'importance de cette communication avoit fait confier le soin de Démont & de la vallée de Sture au Maréchal-de-Camp de Chevert, qui par ses soins & son activité rendoit des services essentiels en repoussant toutes les petites attaques des paysans & des Vaudois qui menaçoient l'Armée Alliée d'une disette prochaine. Comme ils enlevoient ou mettoient en fuite les vivandiers & les sujets du Roi de France qui lui apportoient des provisions de la vallée de Barcelonette, ceux-ci n'osoient plus aller au Camp, & pour dissiper leur terreur, il falloit battre, écarter l'Ennemi, ou faire partir souvent des détachemens qui leur facilitassent le moyen de les suivre & de passer.

Cinquieme Corps composé du reste de l'Armée du Roi de Sardaigne.

Le Prince de Conti connoissoit trop son Ennemi, pour s'exposer à ses surprises d'aucun côté. Il prévit que tout ce qui seroit au delà du Gezzo ne pourroit être aisément soutenu par son armée, occupée au delà de la Sture: elle auroit dû passer deux rivieres pour venir au secours de ce corps, dans le cas où le Roi de Sardaigne faisant passer les deux rivieres réunies, quelques lieues au dessous de leur jonction, auroit essayé d'enveloper ces détachemens & de leur couper la retraite du Gezzo. Il sentoit toute l'importance de ne pas laisser son Quartier-général & les

Précaution des Alliés.

troupes de sa tranchée exposées pendant la bataille, & quoiqu'il ne connût point d'ennemis autour de Borgo, ni de sa communication, il supposoit que les paysans ne manqueroient pas de profiter de cette occasion pour former quelque entreprise. Ainsi ne balançant point à rapeller les trois Officiers-Généraux & les détachemens d'au-delà du Gezzo, il prit toutes les précautions possibles pour se garantir de toute surprise. Le Comte de Lautrec avec quelques bataillons & un Régiment de cavalerie, fut chargé de veiller à la défense de la tranchée & de tout le pays que la Sture séparoit de l'Armée. La tranchée étoit montée par le Lieutenant-Général Comte de Danois ayant six bataillons à ses ordres; les batteries étoient en bon état, le parc d'artillerie étoit environné de bons fossés, & garni de canons & de troupes suffisantes. Comme le Prince de Conti avoit toujours prévu que le Roi de Sardaigne chercheroit à l'inquiéter pendant le siége, il avoit fait retrancher la Chapelle de la Madona del Olmo où la droite de son armée s'appuyoit; elle étoit défendue par un ouvrage à tenailles avec de bons fossés; six bataillons au centre de l'Armée campoient dans la redoute de Picca-Roca aussi bien fortifiée, & assez grande pour contenir plus de monde. Le grand chemin de Coni à Tarantasca aboutissant à la Madona del Olmo, & ayant de chaque côté un fossé, le Prince de Conti voulut forcer le Roi de Sardaigne à mettre son armée en bataille en avant de ce chemin. A cet effet il avoit assis son Camp de façon que sa droite joignant ce grand chemin & sa gauche s'en trouvant éloignée d'environ une demi-lieue, son Ennemi devoit naturellement venir se former là, & y faire ses dispositions d'attaque. Deux navilles ou grands fossés pleins d'eau traversant ce terrein, aboutissoient au chemin de Tarantasca d'où ils passoient dans la plaine. Le Roi de Sardaigne forcé de prendre cette position s'il vouloit attaquer, ne pouvoit combattre qu'avec un désavantage extrême, & le moindre désordre dans son centre ou dans l'une de ses aîles pouvoit en entraîner un total, par la difficulté des communications tant dans son centre que sur les derrieres de son armée.

Marche du Roi de Sardaigne pour attaquer les Alliés.

QUAND le Prince de Conti fut instruit de la marche du Roi de Sardaigne qui ne pouvoit avoir d'autre but que celui de livrer bataille, il ne changea rien à sa disposition, & se contenta de faire retrancher à la hâte & créneler deux cassines ou maisons détachées dans la plaine en avant de sa gauche, & une troisieme entre ses deux redoutes. Jusques-là l'on avoit quelquefois douté que le Roi de Sardaigne osât présenter la bataille à une armée fort supérieure en Cavalerie, & dont l'Infanterie avoit un Camp si bien fortifié. On imaginoit qu'il envoyoit de gros détachemens pour resserrer l'Armée & l'empêcher d'aller trop loin au fourrage, ou pour la fatiguer par une petite guerre tandis que le siége l'affoiblissoit. Cependant on fit partir des détachemens pour reconnoître l'Ennemi. On sçut à n'en pouvoir douter qu'il avoit campé la veille entre Lentignasco & Castiola près de Castiglione, & qu'il s'approchoit; que le chemin de Villefallet étoit rempli de troupes & d'équipages de guerre. Le Lieutenant-Général du Kayla s'avançant sur ce chemin reconnut par lui-même que toute l'Armée ennemie s'approchoit; un autre détachement Espagnol rapporta les mêmes nouvelles. Les Lieutenans-Généraux du Kayla & de Pignatelli n'étant pas encore rentrés dans le Camp le soir du 29, le Prince de Conti leur envoya dans la nuit un Aide-de-Camp qui leur porta l'ordre de faire rentrer sur le champ leurs détachemens dans l'Armée. Comme le jour commençoit à paroître lorsqu'il arriva près d'eux, le Colonel Chabau prit l'Aide-de-Camp, & le menant sur sa droite lui fit voir assez distinctement deux colonnes qui filoient le long de la Sture pour

Détachemens des Alliés envoyés le 29 pour reconnoître l'ennemi.

s'approcher de l'Armée Alliée; les deux Lieutenans-Généraux ne desiroient que la permission de les attaquer, ils communiquerent toute leur ardeur à l'Aide-de-Camp du Prince, qui se flattant d'obtenir cet ordre pour eux, brûloit d'impatience de revenir les accompagner & de rapporter la nouvelle de leur succès, qu'il regardoit comme infaillible. En effet il voyoit un détachement de plus de trois mille chevaux d'élite, composé de tout ce que la Cavalerie d'Espagne pouvoit avoir de meilleurs chevaux & de cavaliers plus aguerris, de toute la Maison du Roi d'Espagne, des grenadiers des Dragons (24), de tous les carabiniers de la Cavalerie Espagnole & Françoise, & des Régimens de la Reine & de Languedoc, Dragons. Depuis qu'ils étoient détachés ils attendoient ce moment favorable qu'ils ne pouvoient jamais espérer plus avantageux, étant soutenus de quelque Infanterie & de 25 compagnies de grenadiers. L'Aide-de-Camp appréciant le prix des momens fit la course la plus rapide. Le Prince de Conti mécontent que ces détachemens n'employassent pas toute cette ardeur à exécuter ses ordres, soit à charger l'Ennemi, soit à l'éviter, dit en quatre mots ses intentions à son Aide-de-Camp, lui montra le terrein que le Lieutenant-Général du Kayla devoit occuper afin qu'il le conduisît, & lui demanda de faire la même diligence, s'il étoit possible, pour hâter la rentrée de ces troupes, & empêcher qu'elles ne s'engageassent d'aucune maniere avec l'Ennemi.

L'Aide-de-Camp, aussi prompt à remplir son devoir qu'à partager une occasion de se distinguer, revint avec la même célérité porter des ordres si positifs. Les détachemens n'étoient encore qu'à St. Blair proche Tarantasca, il les conduisit à la place indiquée par le Prince de Conti qui s'y trouva lui-même, faisant

(24) Les Espagnols ont à chaque Régiment de Dragons une compagnie de grenadiers du même corps, comme on en a dans l'Infanterie.

alors ses dispositions & plaçant quelques bataillons dans les cassines en avant de son Armée. Les détachemens obéirent en pressant leur marche; nul cavalier ne jettoit les yeux en avant, tous leurs regards se portoient sur la gauche où l'Ennemi défiloit. Le Colonel Chabau regrettoit de perdre une occasion si belle.
„ Qu'on nous eût ordonné, disoit-il à l'Aide-de-Camp, d'en
„ couper quatre mille, six mille, ou dix mille, nous pouvions
„ rompre les colonnes au point prescrit, compter les hommes &
„ charger en queue ceux que nous aurions laissé passer devant
„ nous, nous les aurions conduits jusqu'à notre armée, où ils au-
„ roient apporté leurs armes & demandé nos prisons". Il sentoit aussi, qu'une si heureuse occasion ne devoit pas remplir les vues & l'ambition d'un Général, qui forme d'autres projets que celui de déranger un ennemi qui vient l'attaquer, en mettant quelque désordre dans son avant-garde, & que la gloire d'une Journée victorieuse pour un Général ambitieux qui ne connoît point de réputation qu'il ne veuille atteindre, n'est pas faite pour être traversée par le petit succès d'un Officier particulier, qui, tout brillant qu'il puisse être, n'a d'effet & de suite que pour un moment. Cependant le Colonel Chabau, Officier non moins intelligent qu'ardent, connoissoit la force de la position où il alloit se trouver avec le reste de l'Armée, & ne perdoit pas l'espérance de s'y signaler. Le Brigadier Don Joseph Flodorph s'avança avec 300 chevaux & 300 grenadiers, pour tenir libre le chemin par lequel ces détachemens venoient au champ de bataille.

Les ordres donnés & exécutés de tous les côtés, le Prince de Conti vit approcher l'Armée du Roi de Sardaigne avec tranquillité. L'on jugeoit de sa proximité par le bruit des tambours, qu'on entendit dès la pointe du jour battre la générale, ainsi que les trompettes sonner le boute-selle. Le Roi de Sardaigne ne songeoit point à dérober sa marche, il entroit même dans son

Bataille de Coni le 30 Septembre.

plan de faire oſtentation de ſes forces de ce côté. Les Fuſeliers de montagne ne ceſſoient depuis le point du jour d'eſcarmoucher avec ſon avant-garde qui gagnoit toujours du terrein; les Mignons ne prétendoient pas le diſputer, mais ils ne cédoient qu'à la force, & toujours en ſe défendant; quelques détachemens ſoutenoient leur retraite & leur feu. Sur les neuf heures du matin les Piémontois arrivant près des poſtes des Alliés, s'emparerent du côté de la Madona del Olmo de ſix ou ſept caſſines qu'ils mirent en feu. Le Roi de Sardaigne ayant reconnu la poſition de ſes ennemis, ſçut en pénétrer l'intention, & profiter en grand Général de l'avantage du terrein. Perſuadé qu'on attendroit qu'il commençât la charge, il fit de tout autres diſpoſitions que celles qu'on ſuppoſoit. Il fit avancer ſon armée le long du chemin de Coni à Tarantaſca, & la couvrit de chevaux-de-friſe dont chaque Soldat portoit une pièce à la main. Ce retranchement formidable fut élevé dans un moment au milieu du chemin, & couvrit toute la droite de ſon Armée. Il plaça ſon Infanterie à la gauche d'une de ces deux navilles qui traverſoient le terrein libre entre les deux armées, la couvrit en face & par ſon flanc droit de chevaux-de-friſe, & fit garnir de canons toute la face de ſon armée; la ſeconde naville qui ſortoit du Camp des Alliés & traverſoit auſſi le grand chemin de Tarantaſca, couvroit un troiſieme côté de ces troupes; une quatrieme naville plus bas & parallele au grand chemin de Tarantaſca, communiquoit aux deux navilles des côtés, enſorte que la plus grande partie de ſon armée ſe vit renfermée entre ces quatre navilles comme dans une fortification: il falloit, pour y arriver en face, paſſer un foſſé aſſez large & aſſez profond pour arrêter la Cavalerie, couper les chevaux-de-friſe, traverſer le chemin & paſſer encore un foſſé pareil au premier; entrepriſe dont on ne pouvoit guere eſpérer de ſuccès, vis-à-vis de l'Infanterie & du canon placé derriere tant de défen-

Diſpoſition du Roi de Sardaigne.

ses. Sa gauche étoit plus ouverte ; il ne songea point à la défendre par des chevaux-de-frise, mais il y plaça sa meilleure Infanterie qu'il disposa pour attaquer la redoute de la Madona del Olmo en face & par son flanc. Le Prince de Conti qui s'étoit porté successivement tout le long de la premiere ligne de son Armée, attendoit avec impatience l'approche du Roi de Sardaigne.

L'Arme'e des Alliés étoit rangée en bataille sur deux lignes inégales à cause du terrein, & avoit un corps de réserve derriere le centre de la seconde ligne. La premiere composée de dix-sept bataillons, moitié Espagnols, moitié François, s'appuyoit à la Madona del Olmo, qu'on avoit garnie de deux batteries de trois pièces de canon chacune & de vingt compagnies de grenadiers aux ordres de Don Augustin d'Aumada Brigadier, de tout le Régiment d'Edimbourg, Dragons, commandé par son Colonel Don Juan de Sarmanat, avec une compagnie de Houssards à pied au service d'Espagne. Ces dix-sept bataillons s'appuyoient par leur gauche à une cassine retranchée où l'on avoit placé deux bataillons du Régiment de Lyonnois. Onze escadrons de Dragons couvroient le flanc gauche de la premiere ligne d'Infanterie, & remplissoient un terrein vuide entre elle & une redoute triangulaire, ou, pour mieux dire, un Camp de six bataillons, défendu par de bons retranchemens & garni de canons, qui se trouvoit presqu'au centre de la premiere ligne, présentant un angle à l'Ennemi, & sa base faisant une continuation de la seconde ligne, que la redoute coupoit en la débordant. Elle prit le nom de Picca-Pera ou Picca-Roca d'une cassine placée dans son centre. On y laissa pour la défendre la brigade de Poitou composée de 5 bataillons.

Disposition de l'Armée des Alliés.

La Cavalerie Espagnole & Françoise formoit le reste de la premiere ligne, elle appuyoit sa gauche à une cassine, où l'on avoit placé deux bataillons du Régiment d'Anjou ; on avoit garni de même une autre caffine en avant de la ligne, d'un bataillon du Régiment de Querci.

La feconde ligne étoit compofée de feize bataillons des deux nations, & de quelques efcadrons, fur les flancs defquels on mit en retour les Dragons de la Reine & deux efcadrons de Dragons Efpagnols.

Le refte des 38 bataillons que l'Armée Alliée avoit fur le champ de bataille, fut mis en réferve, & l'Infant Don Philippe ne garda près de fa perfonne que cent Gardes du Corps, le Régiment de Calatrava Cavalerie, & quatre Compagnies de grenadiers, qui fe tinrent derriere le retranchement de Picca-Roca, aux ordres du Maréchal-de-Camp Don Thomas Corbolan, qui fuivant les ufages d'Efpagne répondoit fur fa tête de la vie de l'Infant.

Ce Prince vit avec peine qu'on le devoit garder à cette place; mais avant de s'y fixer, il fe porta tout le long de la ligne, & voulant faire paffer à fes Soldats toute l'ardeur dont il étoit animé (25), il fe retourna vers eux pour leur faire cette harangue. „ Soldats, fouvenez-vous que vous êtes les vaffaux de mon in-„ vincible pere, & que je fuis votre Général". Après ce peu de mots il fe retira. Les Efpagnols répondirent par des cris de joye &

(25) Voici les mots de la Relation que le Marquis de la Mina fit au Roi d'Efpagne. „ Paffo el Infante las lineas, le recevio refpetto y el applaufo, inf-„ pirando fu fembiante el triompho y dixo a los Efpagnoles que folo fe les ac-„ cordara que eran vaffalos de fu invitto padre, y que lo tenian por General; a „ cuyas breves aunque expreffivas rafones, refpondieron los Coraçones con vit-„ tores y acclamationes", c'eft-à-dire: L'Infant paffa devant les lignes, le refpect & l'applaudiffement le reçurent: fon air infpirant le triomphe, il dit aux Efpagnols qu'il leur rappelloit feulement qu'ils étoient vaffaux de fon invincible pere & qu'il étoit leur Général. A ces courtes mais expreffives paroles les Cœurs répondirent par des acclamations & des cris de victoire.

& de „ Viva el Rey, y el real Infante". Dans le même moment on entendit les troupes du Roi de Sardaigne répondre par un cri semblable, & l'on vit distinctement ce Monarque à la tête de son Armée. Le Prince de Conti, sans faire de harangue & sans attirer le cri du Soldat, alloit de rang en rang, disant aux chefs des divers corps qu'il parcouroit, ce que le moment & la circonstance exigeoient qu'ils fissent ou prévissent.

Les dispositions avoient été faites de part & d'autre avec la plus grande tranquillité. Le Roi de Sardaigne avoit rangé sur une seule ligne 44 bataillons qui composoient toute son Infanterie, n'ayant placé derriere que trois corps de réserve, un à chaque aîle & un dans le centre. Sa gauche s'étendoit en retour vers la Sture. Il avoit placé deux batteries de canon sur le flanc de la redoute de la Madona del Olmo, uniquement pour la battre; une troisieme batterie de six pièces de canon appuyoit à la gauche de ses chevaux-de-frise. Quatre autres batteries placées par intervalles derriere les chevaux-de-frise couvroient sa premiere ligne. Les François avoient de même garni d'artillerie tout le front de leur Armée.

Le Roi de Sardaigne commença vers midi l'attaque de la redoute de la Madona del Olmo, par le feu le plus terrible d'artillerie & de mousqueterie. Les grenadiers Piémontois & un corps d'environ trois mille Croates s'avancerent assez près des retranchemens; la défense qu'on leur opposa, & le feu du canon de la droite des Espagnols, les obligea de se retirer; ils revinrent plusieurs fois à la charge avec aussi peu de succès, mais en si peu de tems qu'à n'en juger que par le bruit des décharges de l'artillerie & de l'Infanterie, on n'auroit point imaginé qu'elles eussent des intervalles. Des troupes fraîches remplaçoient celles qui n'avoient pu parvenir jusqu'au pied du retranchement, & qui retournoient se rallier derriere les autres pour charger de nouveau à meſure que celles-ci plioient ou ſe retiroient. Le Roi de Sardaigne jugeant avec raiſon qu'il ne pouvoit emporter la redoute qu'en repouſſant les corps qui la protégeoient, ſe préſenta pour faire une charge ſur tous les Régimens Eſpagnols de la droite, qui le reçurent en plaine avec autant de valeur que ceux de la redoute, & ne perdirent rien de leur terrein. Les Régimens de Lyonnois & de Beauce ſoutinrent contre l'Ennemi l'attaque d'une caſſine fortifiée qui ſe trouvoit entre les deux grandes redoutes, ils joignoient les Régimens Eſpagnols & faiſoient autant de mal aux Piémontois qu'ils en recevoient. Le Marquis de la Mina ne quittoit point les Régimens de ſa nation, & ſe tenoit toujours au milieu du feu le plus vif; il reçut quelques balles dans ſes habits & dans ſon chapeau. Le Lieutenant-Général d'Aramburu s'étant porté dans la redoute avec des troupes fraîches, & les munitions n'y manquant point, il tint l'Ennemi toujours à quelque diſtance, quoiqu'il en eſſuyât le feu le plus formidable. Toute la droite de l'Armée des Alliés ſe renforçant ſans ceſſe par pluſieurs Régimens de la ſeconde ligne, loin de plier, força par ſon feu les Piémontois de reculer: c'eſt alors que le Comte de Beaupreau, ſes cheveux blancs épars & couvert de ſa cuiraſſe, traverſant à pied un aſſez grand eſpace, vint embraſſer les genoux du Prince de Conti pour lui demander de ſortir de ſa caſſine retranchée & d'attaquer les batteries ennemies la bayonnette au bout du fuſil. Non, dit ſon Général, & courant à ſa Cavalerie, lui-même à la tête de ſon Régiment les mena contre le centre des ennemis, faiſant en même tems marcher deux Régimens de Dragons en avant & ſur la gauche de celui de Lyonnois. Les deux Régimens de Dragons s'avancerent à toutes jambes, mais rencontrant les navilles & les chevaux-de-friſe ſur le chemin de Tarantaſca, & eſſuyant le feu le plus vif de l'Infanterie & du canon chargé à cartouche, ils furent contraints de ſe retirer dans le plus grand désordre & avec perte. Le Prince de Conti, outre les mêmes obstacles, vit l'Infanterie ennemie se former en colonne pour le recevoir; il passa l'une des navilles qui traversoient son champ de bataille, & s'approcha du grand chemin, marchant toujours en ordre; il vit l'impossibilité de forcer les chevaux-de-frise & d'attaquer en face une colonne d'Infanterie, inabordable de tous les côtés: il fit halte sous le feu de l'Ennemi, & faisant sur sa gauche un quart de conversion, qui devenoit moins dangereux parce que l'ennemi s'étoit formé en colonne, il conduisit sa Cavalerie tranquillement hors de la portée du feu de cette colonne, & la plaça sur son flanc droit où elle fit si bonne contenance, quoiqu'exposée aux boulets, qu'elle contint l'Ennemi pendant tout le reste de la bataille; elle avoit essuyé plusieurs décharges de l'Infanterie & de l'artillerie qu'elle avoit en face; les canons avoient été d'abord chargés à boulets ramés, méthode qui n'est gueres usitée que sur les vaisseaux & qui fit alors très-peu d'effet. Le Prince de Conti reçut dans cette charge une balle à la cheville du pied, qui ne lui causa d'abord qu'un peu d'engourdissement, mais qui, sans faire playe, l'incommoda longtems: son cheval fut aussi blessé à la tête & au poitrail. Il envoya sur le champ de nouveaux ordres à sa Cavalerie de tourner l'Ennemi, & de l'attaquer en flanc s'il étoit possible. Le Marquis de Castellar qui commandoit à la gauche, fit faire quelques mouvemens à plusieurs Régimens, qui se trouverent embarrassés dans des navilles & des endroits coupés & sans communications, ensorte qu'ils ne purent avancer.

Le Marquis de la Mina conduisit au Prince de Conti le Marquis de Castellar, qui lui répéta que le pays étoit si coupé de petites navilles, de hayes, de fossés & de jardins fermés en avant de la Cavalerie, qu'elle ne pouvoit y manœuvrer, & que celle du Roi de Sardaigne étoit garnie en face & sur son flanc droit de chevaux-de-frise comme son Infanterie; qu'après avoir envoyé reconnoître le terrein aussi loin qu'on avoit pu, l'on ne trouvoit aucun débouché pour arriver à la droite de l'Ennemi. Les Lieutenans-Généraux de Pignatelli & du Kayla furent de nouveau détachés à cet effet; ils rejoignirent la ligne sans avoir pu parvenir à l'ennemi. Le Prince de Conti tirant parti de ce malheur même, ne balança point à dégarnir la gauche de son Armée; il envoya les Régimens de Stainville, de Flandres, Foix, Brie, & le second bataillon de Conti aux ordres du Marquis de Senneterre, pour renforcer la droite de la brigade de Lyonnois. Ces Régimens se contenterent d'abord de soutenir l'effort de l'Ennemi; mais l'ayant fait plier, le Comte de Beaupreau se joignit à eux avec la brigade de Lyonnois, & saisissant le moment d'exécuter le projet qu'il méditoit depuis si longtemps, tous ensemble marcherent droit aux batteries: ils s'en rendirent maîtres, & n'eurent que le tems de les retourner pour faire feu sur l'ennemi. Le Roi de Sardaigne s'opposant en personne aux efforts des François renforça les troupes qui défendoient ses batteries: elles chargerent si vivement les brigades Françoises qu'elles furent forcées de céder du terrein & d'abandonner les canons. Le Marquis du Châtel à la tête des Régimens de l'Isle de France & des Gardes Lorraines rétablit encore une fois l'avantage des François; ils revinrent à la charge, & furent encore obligés de se retirer, quoiqu'en bon ordre, jusqu'à leur premiere position. Le Colonel Mahoni fit une charge avec deux Régimens de Dragons, qui se retirerent avec précipitation. La droite des Espagnols soutenoit toutes les attaques avec la même constance, sans jamais rien perdre de son terrein; tous les Régimens de la seconde ligne & de la gauche de l'Armée étoient venus successivement se joindre à la premiere ligne & combattoient avec ardeur. Le feu de la redoute de la Madona del Olmo ne se ralentissoit que lorsque l'ennemi s'éloignoit. Le Lieutenant-Général d'Aramburu, Officier aussi brave qu'expérimenté par de longs services, donnoit ses ordres avec un ſang-froid extrême ; il reſtoit aſſis ſur une chaiſe au pied du parapet au milieu de ſes Soldats dont il dirigeoit les coups, eſſuyant ſans ceſſe le feu de l'ennemi, qui dura depuis midi juſqu'à huit heures & demie. Le Roi de Sardaigne ayant vu l'inutilité de ſes efforts, & rempli d'autres objets, ne combattoit plus depuis quelques heures que pour gagner la nuit, afin de dérober ſa retraite ; il fit avancer une colonne contre la batterie de Lyonnois, mais aux mouvemens de l'Infanterie Françoiſe elle parut céder & ſe retirer. Cette manœuvre fit qu'on renforça la premiere ligne du Régiment de Dragons de la Reine, qui fut mis pied à terre pour garder la batterie. Les Piémontois paroiſſant n'oſer plus rien tenter, défiloient inſenſiblement.

Retraite du Roi de Sardaigne.

Le Gouverneur de Coni tira de ſa place quelques boulets & jetta quelques bombes qui bleſſerent pluſieurs Soldats près de la redoute de la Madona. Les troupes des *Alliés* épuiſées d'avoir été vingt-quatre heures ſans quitter le champ de bataille & huit heures ſans ceſſer de ſe battre, ne s'animerent point par le ſilence des ennemis, & ne renouvellerent point la nuit les charges qu'ils avoient faites avec tant de valeur en plein jour. Trois pièces de canon des Piémontois & un feu d'Infanterie ſuffiſamment nourri déroboient leur manœuvre & empêcherent qu'on ne les ſuivît au moment où ils ſe retirerent : cependant les patrouilles & les poſtes avancés ſe mirent à leurs trouſſes dès qu'on eut reconnu qu'ils s'éloignoient, mais on s'en apperçut un peu tard. Le Maréchal-de-Camp de Corbolan, qui n'avoit point quitté la perſonne de l'Infant pendant toute la bataille, fut détaché avec 400 hommes & 200 grenadiers à la ſuite de leur arriere-garde. Les Lieutenans-Généraux du Kayla & de Pignatelli, chacun avec mille chevaux, les pourſuivirent auſſi loin qu'ils purent, faiſant ſans ceſſe des priſonniers & s'emparant des chariots de munitions, & des bleſſés dont les chemins étoient embarraſſés de tous les côtés; ils renvoyerent au Camp près de mille prisonniers, dont la plus grande partie se donna pour déserteurs. Ils trouverent aussi plusieurs cassines en feu, remplies de cadavres qu'on y brûloit pour dérober aux Alliés la connoissance du mal qu'ils avoient fait. Une victoire aussi complette, quoiqu'au premier instant dérobée à la connoissance du vainqueur même, n'eut pas les suites que le Prince de Conti pouvoit se flatter d'en recueillir.

Coni secourue.

PENDANT que le Roi de Sardaigne attaquoit avec la plus grande intrépidité, des détachemens de son Armée passoient la Sture derriere lui, & des convois protégés par eux apporterent des vivres & des munitions dans Coni, remportant avec eux les blessés & nombre de bouches inutiles.

Succès du premier Corps détaché de l'Armée du Roi de Sardaigne.

LES milices ou paysans rassemblés dans le Mondovi, quoiqu'en petit nombre, attaquerent les postes de Bovés & de Peveragno, où ils firent cent cinquante prisonniers; ils s'avancerent vers Coni & détruisirent tous les ouvrages commencés au-delà du Gezzo.

Succès du second Corps.

LA Garnison ne fit pas sortir autant de troupes qu'elle auroit pu, ses efforts avoient été prévus; elle ne perdit que des hommes & du tems à l'attaque des tranchées & fut repoussée partout. Le Quartier-général & le parc d'Artillerie ne purent être ouverts à l'ennemi, par les soins que le Comte de Lautrec avoit pris de le garnir de troupes & de canons.

Succès du troisieme Corps. Attaque de Borgo.

L'EFFORT le plus considérable & le plus dangereux de ces paysans, fut l'attaque de Borgo. Cinq mille Vaudois, trois bataillons & quelques compagnies de grenadiers s'étoient avancés pendant la nuit & avoient entouré de loin les premiers postes sans les attaquer, pour ne point donner trop tôt l'allarme. Ils emporterent la Chapelle qu'on avoit fortifiée sur la hauteur qui domine Borgo, couverte à quelque distance par les châtaigniers les plus touffus, qui laissent cependant la liberté d'agir dessous. Lorsque les ennemis s'y furent assemblés, ils fondirent en un moment & en si grand nombre sur ce poste qu'il fut enlevé sans pouvoir se défendre. Le Marquis de Magni, Maréchal-de-Camp au service d'Espagne, qui commandoit dans Borgo, n'avoit que les Régimens de Catalonia & des Landes, d'un bataillon chacun, quelques Fuseliers de montagne & un piquet de cinquante cavaliers du Régiment Dauphin, pour se défendre. L'endroit étoit ouvert presque de tous côtés; les vivres, les hôpitaux, le trésor & plusieurs magazins le remplissoient. Le Comte de Villeneuve, Colonel du Régiment des Landes, divisa son Régiment en onze piquets de cinquante hommes chacun; celui de Catalonia fit de même. Comme Borgo étoit attaqué de toutes parts, on opposa la résistance qu'on crut nécessaire à chaque point, & l'on se défendit avec courage.

Les grenadiers Piémontois ne doutant point que les Vaudois ne fussent repoussés, & croyant qu'on ne manqueroit pas de les suivre, se mirent en embuscade près de la Chapelle, pour couper la retraite à ceux qui sortiroient de Borgo, & resterent tout le tems de l'attaque en cette position. Les trois bataillons se diviserent; ceux qui vinrent aux mêmes endroits que les Vaudois avoient déjà tenté de surprendre ou d'emporter, éprouverent la même résistance, & ne purent pénétrer par des brêches ouvertes depuis longtems, mais défendues par de braves gens. Tout ce qui se trouva dans les hôpitaux en état de porter le fusil, se traîna sur les brêches: les boulangers, les vivandiers; enfin tout ce qui put s'armer, courut à la défense des murs qui ne furent jamais forcés.

Les deux bataillons ennemis qui s'étoient portés du côté qui regarde Démont, pour y faire une attaque plus en regle, ayant perdu du tems, le Comte de Lautrec envoya contr'eux le Régiment Dauphin, Cavalerie.

Le Marquis de Volvire, Colonel de ce Régiment, accourut à toutes jambes, fondit sur tout ce qui se trouva dans son chemin, & le dispersa; s'étant joint aux cinquante cavaliers de son piquet, il vint se mettre en bataille dans la prairie qui joint la porte de Démont, ayant devant lui le grand chemin de Démont à Borgo.

Les Vaudois hazarderent de venir l'attaquer, & lui firent une décharge d'assez loin & mal en ordre: voyant qu'il n'y répondoit point, ils se rassemblerent pour en venir faire une seconde plus près que la premiere. Le Marquis de Volvire les voyant éloignés des vignes, où ils se réfugioient à chaque moment, les fit charger vigoureusement par une centaine de cavaliers qui les reconduisirent à coups de sabre jusqu'au pied de la montagne, où ils ne se sauverent qu'avec perte. Deux bataillons de renfort que le Comte de Lautrec avoit fait partir à la suite du Régiment de Cavalerie, arriverent trop tard pour avoir part à l'affaire; les troupes réglées du Roi de Sardaigne avoient déjà fait leur retraite en bon ordre: les Vaudois furent plus maltraités; non-seulement on leur tua beaucoup de monde, mais on leur fit encore beaucoup de prisonniers dans la montagne; cent chevaux envoyés sur le chemin de Roccavione pour leur couper la retraite en recueillirent un grand nombre; d'autres furent forcés dans une chapelle près de Roccavione. Tous ces paysans prisonniers furent traités avec la même sévérité que ceux qu'on avoit punis comme voleurs; les Soldats les tuerent à mesure qu'ils les prirent, ou les Officiers ordonnerent qu'on les mît à mort, sans les conduire à Borgo.

Succès du quatrieme Corps.

Les détachemens & les paysans qui menaçoient la communication de la vallée de Sture, s'étoient présentés sur tant de points & avec tant de confusion, qu'il n'auroit pas été possible de distinguer quel poste étoit plus en danger, & auquel on devoit plutôt

tôt envoyer du ſecours ; chaque Officier particulier ſe ſoutint auſſi longtems qu'il put ſur le terrein qu'il défendoit, mais ſoit qu'ils fuſſent obligés de céder au grand nombre, ou qu'ils vouluſſent repouſſer l'Ennemi, ils ſe virent bientôt contraints de ſe réunir en corps pour ſe ſoutenir : les payſans profitant de ce moment, ſe rendirent maîtres de pluſieurs ponts aux endroits où le chemin oblige de traverſer la Sture. Outre les ſoldats qui les accompagnoient, ils avoient conduit pluſieurs mineurs, qui travaillant dans le moment à miner ces ponts, eurent le tems de faire ſauter celui de Rocca-Sparviera, avant qu'on pût les en empêcher ; celui de l'Oulme ſous Gayola fut détruit de même ; enſorte que la communication de la vallée de Sture fut coupée en pluſieurs endroits.

Ce ſuccès & celui de faire entrer du ſecours dans Coni furent les ſeuls avantages que le Roi de Sardaigne retira d'une Journée ſi couteuſe. Il perdit près de cinq mille hommes reſtés ſur le champ de bataille, & deux mille priſonniers bleſſés, ou déſerteurs, avec trois pièces de canon & autant de drapeaux, ſans compter un grand nombre de bleſſés qu'il fit tranſporter & les morts qu'il fit brûler, ce que l'on tua ou bleſſa de la garniſon de Coni dans la ſortie qu'elle fit, & mille payſans ou ſoldats qui périrent dans les attaques de Borgo & de la vallée de Sture. La perte des Alliés ne fut pas proportionnée au feu qu'ils eſſuyerent. Ils ne compterent que quatre mille hommes tués ou bleſſés dans tous les divers points où ils eſſuyerent le feu de l'Ennemi. Parmi les Officiers principaux étoit le Brigadier de Solemi, Lieutenant-Colonel du Régiment de Conti Infanterie, & l'Aide-Major-Général Kendelan. Le nombre des Officiers bleſſés fut conſidérable ; le Marquis de la Force, Colonel du Régiment de Beauce, & le Marquis de Chabanes, Aide-Maréchal-Général des Logis de l'Armée, moururent de leurs bleſſures. Le Comte de Senneterre, Lieutenant-Général, & le Chevalier Chauvelin, Major-Général; les Lieutenans-Généraux Don Louis Gandica & Don Pedro Garcia furent auſſi bleſſés.

Comme on ignora d'abord le parti que les Ennemis avoient pris, on ne fit repaſſer la Sture à aucune des troupes de ce Camp, & l'on ſe tint prêt à tout événement. Les Princes envoyerent chacun à leur Cour la relation de cette bataille; le Marquis de Biſſy fut chargé de la porter à Metz au Roi de France, qu'une maladie mortelle avoit mis à deux doigts de ſa perte au grand regret de ſon peuple. Ces relations étoient le panégyrique de l'Armée & l'éloge des deux nations. Le Prince de Conti, qui s'étoit trouvé par-tout, rendit juſtice à toute ſon Armée & particuliérement à la bravoure des Eſpagnols. Le Marquis de la Mina dans la relation à ſa Cour, peignit toute la valeur de ſa nation, toute l'ardeur de l'Infant qui ne reſpiroit que le combat (26), & traita de même la nation alliée, dont il dit; „ Les François étoient à notre côté & nous applaudiſſoient ſans avoir beſoin d'exemples, ils en donnoient eux-mêmes, avec la même valeur, & avec une perte conſidérable, parce que le canon les martiriſoit".

Le Roi de Sardaigne ne crut point avoir ſacrifié mal à propos ſes troupes, ni payé trop cherement par la perte qu'il avoit faite, le mal qu'il cauſoit aux Alliés; quoiqu'il eût formé le plan de détruire entiérement leur Armée & de ſe rendre maître de toute leur artillerie & de tous leurs équipages de guerre, ſi ces diverſes attaques avoient toutes réuſſi. Ce Prince ſe rappelloit avec complaiſance la Journée du 7 Septembre 1706, où l'Armée du Maréchal de Marſin avancée juſqu'à Turin & avec de plus grands avantages que celle du Prince de Conti, fit la retraite la plus coûteuſe. Ses eſpérances trompées, il reconduiſit ſon Armée vers

(26) Su ardor anhelava el combate. (Relation de la Mina.)

Saluces où elle étoit avant la bataille, se flattant que les Alliés, malgré l'avantage d'une bataille gagnée, ne parviendroient point à s'assurer des quartiers d'hyver en son pays, même s'ils étoient assez heureux pour prendre Coni. La communication de la France interceptée par les neiges expose une armée sans place forte dans la plaine du Piémont, à ne point y avoir de quartier sûr pendant l'hyver; Coni & Démont ne protegent qu'une vallée & ne sont pas assez considérables pour faire un point de soutien où une armée attaquée puisse trouver les ressources dont elle auroit besoin. L'Italie étoit ouverte à tous les secours pour le Roi de Sardaigne, tandis que les Alliés ne pouvoient tirer d'aucun pays ni leurs vivres, ni toutes les réparations dont les troupes ont besoin pendant l'hyver, ce qui devoit les mettre hors d'état d'entrer en campagne, & peut-être d'attendre la fonte des neiges pour communiquer avec la France. Le Prince de Conti ne faisoit ces réflexions qu'avec douleur, & lorsqu'il les surmontoit, il se trouvoit accablé par celle de ne pouvoir disposer avec une autorité absolue d'une armée qu'il se seroit encore flatté de pouvoir diriger par les ressources de son esprit, suivant les circonstances, s'il avoit été le maître de profiter de celles qui se présentoient, ou d'en faire naître de favorables. La nuit qui suivit la bataille le livra tout entier aux inquiétudes, à mesure qu'il reçut des nouvelles de la communication de la vallée de Sture, de ses tranchées du côté du Gezzo, de la plaine de Mondovi, & des secours entrés dans Coni: il sentit de plus en plus combien il lui étoit important de se débarrasser de l'Ennemi qu'il avoit en tête, il cherchoit des expédiens pour tourner contre lui cette position dont il avoit tiré si grand parti pendant le jour. Mais à peine eut-il reçu les premieres nouvelles de sa retraite qu'il ne songea plus qu'à travailler à se rendre bientôt maître de Coni, dont les Espagnols ne paroissoient faire le siége qu'à regret.

La saison avoit été passable jusqu'à ce moment ; cette même nuit le temps ayant changé, la pluye qui tomboit avec beaucoup de violence lui fit craindre de ne pouvoir pas reprendre de quelques jours les travaux d'au-delà du Gezzo. Le lendemain ce torrent & la Sture étoient si gonflés, & la pluye tomboit avec tant d'abondance que les ponts furent emportés, & qu'on ne dut plus s'occuper que des moyens de pourvoir à la subsistance de l'Armée. On les débattit envain dans un Conseil de guerre qui ne fournit aucun expédient ; on ne pouvoit plus relever les troupes de la tranchée ; les vivres n'arrivoient plus, & les ponts de Rocca-Sparviera & de l'Oulme coupés arrêtoient tout ce qui se présentoit. Les paysans renouvellant leurs efforts attaquoient, homme à homme & mulet par mulet, tout ce qui ne passoit pas avec des escortes suffisantes ; ils avoient enlevé un convoi près de l'Argentiere, & le pain commençoit à manquer aux troupes. Il n'étoit plus question de les soulager comme à Démont & dans les postes où le Prince de Conti pouvoit y suppléer comme on a vu. La saison devenant de plus en plus fâcheuse, le Prince de Conti se montra dans le Camp, parlant à tous les Soldats, les consolant & ne voulant pas les quitter pour retourner à son Quartier-général, qu'il n'eût rétabli l'abondance & écarté toute plainte. Cependant les pluyes qui continuoient toujours, avoient emporté les quatorze ponts de communication qu'on avoit faits sur la Sture pour la commodité des Camps qu'elle séparoit. Ces ponts n'étoient qu'en fascinage & trop bas pour se soutenir contre les eaux qui montoient à plus de 12 pieds au dessus de leur niveau, roulant des rochers & des pierres qui brisoient tout ce qui se trouvoit sur leur chemin. Comme la Sture est encaissée dans cet endroit, on avoit pratiqué huit rampes pour arriver à ces ponts : elles souffrirent beaucoup, & ne purent plus être d'usage par la suite. L'unique pont qu'on avoit sur le Gezzo, construit comme ceux de la Sture, fut emporté de même (27).

C'est alors que la présence du Prince de Conti fut de la plus grande utilité dans le Camp; il visitoit ses blessés, au nombre desquels on en comptoit mille des Ennemis, dont il avoit un soin si particulier que les siens se plaignoient des attentions qu'ils leur voyoient prodiguer.

Comme l'Armée du Roi de Sardaigne étoit trop près pour permettre d'aller au loin chercher des vivres, on eut bientôt épuisé toutes les ressources qui se trouverent aux environs, & cependant le pain de munition n'arrivoit pas. Le Prince de Conti remarquant que plusieurs Soldats courant dans les montagnes, en rapportoient des châtaignes dont ils faisoient une fort bonne pâte & une nourriture très-saine, vint à leur tente se réjouir avec eux de cette ressource, & ordonnant aux Officiers de les faire aller en regle chercher ces châtaignes, il permit aussi qu'on les envoyât faire vendange, le raisin étant à-peu-près mûr; ensorte que le Soldat abondamment pourvu de ces deux fruits, fit du vin & supporta la disette de pain où il fut pendant six jours entiers (28).

(27) Ce Torrent se déborde quelquefois avec tant de violence, comme on en peut voir des traits dans l'histoire de Coni, qu'en 1448. il emporta toutes les fortifications qui avoient été construites sur ses bords au pied de Coni: elles n'avoient point été relevées depuis.

(28) On lui apprit qu'en 1493. une grêle extraordinaire ayant ravagé tout le Piémont & détruit toutes les récoltes, on n'avoit eu pour toute ressource que les châtaignes & les noix que les montagnes avoient mises à l'abri de l'orage; les gens aisés avoient acheté à tout prix les noix & les châtaignes qu'on réduisoit en farine & dont on faisoit du pain; les pauvres en ramassoient les coquilles & les pelures qu'ils piloient dans des mortiers & en formoient une pâte, qui conserva la vie d'un grand nombre, quoique le Piémont perdît le tiers de ses habitans par cette famine. Le Soldat consolé par cette comparaison ne se trouvoit point à plaindre, & ne perdoit rien de son ardeur, ni de la gayeté que la nation Françoise oppose ordinairement aux malheurs passagers, qu'elle ne peut ni prévenir ni détourner.

On ne pouvoit faire aucun ouvrage solide sur un torrent aussi rapide que l'étoit alors la Sture; le Prince de Conti pressé par l'indispensable nécessité de communiquer avec ses troupes, ses magazins & son Quartier-général, ne se rebutoit point par toutes les difficultés qu'on vouloit lui faire regarder comme insurmontables. Après avoir en vain consulté ses Ingénieurs & les Officiers de son artillerie, il imagina de faire construire un pont qu'il fit exécuter en la maniere suivante. A l'endroit où le torrent étoit le plus resserré & où ses bords étoient le plus élevés, on plaça douze cables parallellement & à un demi-pied l'un de l'autre, arrêtés ensemble solidement par des cordes qui les traversoient. On les couvrit transversalement de planches de huit pieds de longueur, qu'on attacha sur les cables, moyennant de petites cordes passées à travers ces planches dans leur extrémité & dans le centre. On éleva ce pont sur des chevalets placés sur les deux bords de la riviere à la hauteur de dix pieds, & l'on fit une rampe de terre pour y arriver. La Sture étoit si rapide que le nageur le plus habile n'auroit pu la traverser; on fut obligé d'attacher au bout du pont un cable qui tenoit à une ficelle, qu'on lança de l'autre côté par le moyen d'une pierre qu'on y attacha. Les ouvriers qui travailloient de l'autre côté de la Sture à faire la rampe & à préparer la descente du pont, reçurent la pierre & tirerent avec la plus grande peine le pont à eux; car le torrent l'entraînoit lorsqu'il fut à flot, quoiqu'on eût pris la précaution de le jetter plus haut que la place qu'il devoit occuper. Les cordes arrêtées sur le chevalet aux deux bords, quelque fortement qu'on les pût tirer, ne purent jamais se tenir dans une direction horisontale, & surbaissoient considérablement dans le centre. Le pont avoit plus de cent cinquante pieds de longueur, sans aucun point d'appui. Cet inconvénient ne le rendoit propre que pour les gens de pied, mais par les soins qu'on appor-

Pont de cordes.

ta & les ordres qu'on fit ponctuellement exécuter par des Gardes attentives & des Officiers exacts, il fut de la plus grande utilité, sans essuyer d'accident, ni d'interruption de service. On travailla de même avec le zêle le plus ardent à refaire deux nouveaux ponts au sein de l'Armée à la place des quatorze qu'on y avoit eu devant la crue des eaux ; on reconstruisit ceux de l'Oulme & de Rocca-Sparviera. Tous ces ouvrages occuperent une semaine entiere.

Les paysans devenus furieux par l'animosité que le Roi de Sardaigne leur inspiroit, & par le désespoir où les Alliés les réduisoient, se livrerent à tous les excès de cruauté & de barbarie imaginables. Ne se contentant plus de tuer les Soldats & les valets qui tomboient entre leurs mains, ils leur faisoient essuyer des tourmens affreux en tous genres ; ils les massacroient par-tout sans miséricorde : ils épioient particuliérement les convois, qu'il étoit très-difficile de faire arriver au Camp sans perte.

Lorsqu'il fut question de distribuer aux Soldats le pain dont ils manquoient depuis sept jours, on n'en trouva pas une assez grande abondance pour le livrer sans ménagement. Le Prince de Conti se rendit au Camp ; les Officiers le secondant & préparant les Soldats, non-seulement il n'eut point de peine à leur faire accepter de bon gré la diminution de pain qu'il alloit ordonner, mais même il se vit entouré d'eux, accueilli d'acclamations de *vive le Roi* (29), *vive le Prince de Conti, le Pere des Soldats & de l'Armée.* Il annonça lui-même que chaque Soldat n'auroit plus que deux rations de pain pour trois jours, & qu'il n'en seroit distribué qu'aux Soldats effectifs & présens, & non sur les Etats des Officiers-Majors comme on fait ordinairement. On régla de même la fourniture des rations des Officiers, qui com-

(29) Les Soldats François joignent toujours les cris de *vive le Roi* à toutes leurs autres acclamations.

munément en reçoivent plus qu'ils n'en ont besoin pour la consommation de leurs valets, & en nourrissent leurs chevaux quand les fourrages sont rares; mais on ajouta trois onces de riz & cinq sols de gratification à chaque Soldat par chaque fourniture qui se devoit faire tous les trois jours. Les Soldats touchés de l'intérêt que leur Général prenoit à eux, & des raisons qu'il vouloit bien leur donner, répétoient leurs acclamations, & se livroient à de véritables transports de joye.

Cet ordre établi, le Soldat content, & les ponts rétablis, le Prince de Conti repassa la Sture, après avoir été dix jours sans équipage au sein de son Armée, oubliant son Quartier-général, & cependant ne ménageant aucune dépense pour tenir une table qui pût être utile aux Officiers de son Armée, qui trouverent plus d'une fois sa maison pour ressource, sans laquelle ils auroient été plus mal à leur aise que leurs Soldats, chez qui l'argent étoit très-commun, par la quantité qu'on leur en payoit pour les travaux du siége.

Conseil de guerre du 11 Octobre.

Il se tint un Conseil de guerre au Quartier de l'Infant, où le Prince de Conti se rendit. En le quittant il convoqua chez lui les Officiers-Généraux & les chefs de tous les corps de sa nation; il leur fit un discours très-touchant, dont ils étoient si pénétrés que pendant plusieurs jours on ne parloit que du sentiment avec lequel le Prince s'étoit expliqué sur la peine qu'il ressentoit de l'état de disette actuelle des troupes, & de la nécessité de les employer à des corvées fatigantes pour le siége, qu'il étoit résolu de pousser avec la plus grande vigueur; il exhortoit tous les Officiers à réveiller l'ardeur des troupes, & à leur faire perdre cet esprit de découragement & d'abattement qu'il trouvoit général dans le Camp où il arrivoit. On y avoit autant souffert de la disette que de l'autre côté de la Sture; on y joignoit l'habitude d'entendre parler sans cesse de tous les petits détails des attaques des paysans

qui

qui faisoient la guerre à tous les convois & à tous les vivandiers: on ne s'entretenoit que des cruautés qu'ils exerçoient sur les Soldats & sur tous ceux que leur mauvais sort faisoit tomber entre leurs mains.

Les troupes avoient aussi des fatigues réelles plus accablantes que de l'autre côté de la Sture. La tranchée avoit été plusieurs jours sans être relevée, & vingt-quatre heures d'une pluye froide & presque continuelle, sans aucun abri, étoient plus que suffisantes pour rendre malade un Soldat forcé de se tenir dans l'eau qui séjournoit dans la tranchée, ou d'épuiser ses forces à la jetter sans cesse dehors avec des pelles, sans pouvoir jamais parvenir à être à sec, & sans approcher du feu qu'on ne permet en aucun cas dans les tranchées. N'ayant pas sa ration ordinaire de pain, abusant de sa boisson qu'il se faisoit lui-même en pressant le raisin, mangeant avec avidité les châtaignes beaucoup plus lourdes & de plus difficile digestion que le pain, ce régime devoit nécessairement causer des maladies, à la suite desquelles l'épuisement entraîne toujours le découragement : c'est ce qu'on éprouvoit. La Cavalerie n'étoit pas moins à plaindre, ainsi que les chevaux des vivres, de l'artillerie, & des Officiers de l'armée: ils étoient renfermés entre deux rivieres qu'ils ne pouvoient passer pour aller au fourrage, & dans une vallée si foulée de passages qu'il n'y avoit plus de pâture. La désertion, suite ordinaire de ces malheureux momens, devenoit si considérable que lorsqu'on put passer le Gezzo pour aller fourrager, il déserta dans un seul jour quarante cavaliers du Régiment du Commissaire-Général & dix-sept du Régiment Dauphin tout montés & équipés. Le soldat suivoit l'exemple du cavalier.

Les discours du Prince de Conti, soutenus par l'attention continuelle avec laquelle il s'occupoit à diminuer la souffrance des troupes, les soins particuliers qu'il donnoit aux hôpitaux, les abus qu'il y corrigea, le bon ordre qu'il rétablit, & la peine qu'il se donna pour l'entretenir, ranimerent un peu la langueur des troupes. Quoiqu'il eût annoncé qu'il alloit pousser le siége avec vigueur, on n'eut pas plus tôt vu quelques jours écoulés sans qu'on eût attaqué les redoutes, & les mineurs travailler avec lenteur, que le bruit se répandit que l'on alloit bientôt abandonner le siége. Chacun convenoit que si l'on avoit commencé d'abord l'attaque du côté du Gezzo, la place auroit été prise infailliblement en peu de jours; mais les pluies qui ne discontinuent point en cette saison, ne permettant plus de la renouveller, il étoit plus qu'apparent que Coni ne seroit point prise. On croyoit & on disoit assez haut dans l'Armée que les Princes n'avoient pas sérieusement formé le projet de prendre cette ville, & qu'ils n'en faisoient courir le bruit que pour tromper l'ennemi, & n'être pas inquiétés dans leur retraite. Elle devenoit de jour en jour plus difficile par la quantité de paysans & de troupes Piémontoises répandues dans toutes les montagnes, où les Princes n'avoient conservé que les postes nécessaires à la communication de la seule vallée de Sture. Tandis qu'on tiroit force boulets & bombes sur Coni, une partie de l'artillerie, les gros équipages de l'Armée & ceux des vivres défiloient déjà vers Démont.

Quelques Officiers répétoient en vain que l'on prendroit surement Coni, qu'on y laisseroit ainsi qu'à Démont une forte garnison, & que le reste de l'Armée prendroit ses quartiers d'hyver en France & en Savoye: on doutoit toujours de l'intention des Princes, & on se méfioit de leur politique. Les mineurs François firent jouer une mine sous la redoute des ennemis, mais on se contenta d'en regarder l'effet: les Piémontois qui s'étoient retirés, vinrent bientôt se loger dans l'entonnoir, & à l'aide de quelques gabions ils furent en état d'incommoder de nouveau les travailleurs François, qui s'avançoient toujours à sappe-volante & avec perte. Les Espagnols, avec bien moins de politique, ne perdoient plus un seul homme; ils abandonnerent l'ouvrage de leurs mineurs, sans charger seulement la mine, & ne travaillerent plus qu'à sappe-pleine & très-lentement; aussi n'eurent-ils plus un seul homme de tué.

Retraite des Alliés de devant Coni.

Quand les batteries eurent consumé les munitions qu'on ne vouloit point emporter, on retira tous les canons de la tranchée, on enterra quelques boulets qui restoient, & la retraite fut ordonnée pour le 22 d'Octobre. Jamais le Prince de Conti ne voulut consentir qu'elle se fît de nuit; le Marquis de la Mina se rendit la veille chez lui pour insister sur ce point, mais sans rien obtenir. Il parut bien en sortant du Cabinet que ces Généraux n'étoient point d'accord, ni contens. Lorsque le Marquis de la Mina se retira, le Prince de Conti lui dit si haut que chacun put l'entendre: „ Non, non, je veux faire une retraite & non pas „ une fuite". En donnant à ses Aides-de-Camp ses ordres à porter aux Officiers-Généraux de sa nation & sur-tout au Marquis du Kayla qui étoit toujours à Tarantasca, & au Comte de Danois au Camp de la Madona del Pino, ce Prince s'expliqua très-clairement sur ce qu'il pensoit de la proposition de se retirer de nuit. L'arriere-garde appartenoit aux Espagnols comme le poste d'honneur; les François n'étant qu'auxiliaires, leur marche devoit nécessairement précéder & régler celle de leurs Alliés.

L'inébranlable fermeté du Général François excita toute la vivacité du Capitaine-Général, qui marqua son mécontentement assez haut. Les anciennes animosités alloient se renouveller, & avec plus de danger, puisqu'elles commençoient par les Chefs; les deux nations étoient au fond également mécontentes, mais elles étoient contenues par l'autorité. Chacune rejettoit sur l'autre la source de la disette, des maladies & des disgraces de cette fin de campagne; & ce moment alloit peut-être devenir critique, si le Prince de Conti prenant sur lui-même, n'avoit pas eu la force de se contenir, & d'imposer silence aux autres. Il ne se livra plus qu'aux détails d'une retraite, qui ne se présenta point à lui sans de grands obstacles.

Le Comte de Danois avec les brigades d'Infanterie de Lyonnois & d'Anjou, longea la Sture sur le côté gauche jusqu'à Rocca-Sparviera, afin de couvrir la marche de l'Armée. Le Comte de Saulx, parti de la redoute de Pica-Rocca avec la brigade de Poitou, recueillit celle de Ségur, & vint passer la Sture sur le pont de la gauche proche St. Roch où toute l'Armée devoit se réunir.

Le Marquis d'Argouges conduisit la Cavalerie & les Dragons qui repasserent la Sture sur le pont de la droite; l'on y mit le feu, de même qu'à celui de la gauche, aussitôt qu'on fut au delà du torrent, ces deux ponts n'étant que de fascines.

Le Marquis de Castellar marchoit avec toute la Cavalerie & les Dragons d'Espagne, qui furent suivis de toute l'Infanterie de cette nation. Les Lieutenans-Généraux de Pignatelli & du Kayla firent l'arriere-garde de ce qui se trouvoit à la gauche de la Sture, & arriverent avant le jour à St. Roch où toute l'Armée se rassembla.

On brûla l'unique pont qu'on avoit sur le Gezzo. On mit en mouvement un peu devant le jour les troupes campées devant le Quartier du Prince de Conti; à six heures du matin celles de la tranchée se retirerent en bon ordre sans que les Assiégés parussent s'appercevoir de leur départ, & sans qu'un seul homme se mît à leur suite.

Toute l'Armée ainsi rassemblée fut mise en bataille faisant face à Coni & ayant le village de St. Roch derriere elle, la droite appuyée au Gezzo & la gauche à la Sture.

Le Comte de Danois se trouvoit au delà de cette riviere avec deux brigades d'Infanterie à la même hauteur que l'Armée. La Cavalerie & les Dragons eurent l'avant-garde.

L'Armée défila par quatre colonnes dans la vallée de Sture.

Le Lieutenant-Général du Kayla marcha le premier le long du chemin de la Sture avec la Cavalerie Françoise & se rendit dans la plaine de Borgo; il fit transporter en croupe sur les chevaux des Dragons plusieurs malades qu'on avoit choisis comme les plus en état de soutenir cette fatigue, afin de ne pas trop multiplier les chariots. Il continua sa route jusqu'à Démont où il campa le même soir.

La Cavalerie Espagnole, commandée par le Marquis de Castellar, suivit immédiatement celle des François: à quelque distance, elle passa la Sture & prit la gauche du chemin de Coni à Borgo, traversant les vignes & le pied de la montagne sans jamais entrer dans le chemin. Elle se joignit à la Cavalerie Françoise sous Démont, où elle ne campa qu'une nuit, allant ensuite prendre ses quartiers d'hyver en Savoye.

L'Infanterie Espagnole séparée de sa Cavalerie par de simples hayes, & conduite par le Lieutenant-Général d'Aramburu, marcha par le chemin de Coni à Borgo où elle s'arrêta. Son arriere-garde étoit composée de grenadiers provinciaux, de quelques piquets de Dragons & de la compagnie des Hussards à pied.

Le Comte de Maillebois avoit fait ouvrir une marche pour l'Infanterie Françoise joignant celle de sa Cavalerie; elle y passa sous la conduite du Comte de Lautrec.

Le Lieutenant-Général du Châtel faisoit l'arriere-garde de cette colonne avec tous les grenadiers François, dont dix-sept compagnies détachées sous le Comte de Montmorenci, Colonel du Régiment de Flandres, fermoient la marche. Le Comte de Crussol, Colonel du Régiment de l'Isle de France & Brigadier depuis quelques mois, eut un détachement de deux mille quatre cens hommes, pour aller s'emparer des hauteurs de Valoria dont il se rendit maître plus aisément que lorsqu'il les avoit attaquées avant le siége de Démont. Si son détachement avoit été de moindre force, il auroit couru risque de ne pas venir à bout de repousser la foule innombrable de paysans armés qu'il chassa.

En arrivant à Borgo, l'Armée fut de nouveau rangée en bataille, pour donner à l'arriere-garde le tems de la suivre, & pour ne perdre pas un seul homme. Un Aide-de-Camp du Prince de Conti renvoyé jusqu'aux dernieres compagnies de grenadiers de l'arriere-garde de toute l'Armée, rapporta qu'il ne paroissoit aucun corps considérable à sa suite, que le peu d'ennemis qui s'y présentoient n'avoient point encore pressé les derniers grenadiers avec assez de vivacité pour les obliger à faire volteface; qu'ils se contentoient de prendre poste à mesure qu'on en abandonnoit. A cette nouvelle, l'Armée fut remise en marche. Le Lieutenant-Général du Châtel la suivit jusques à Borgo où il fit halte pour recevoir le Régiment des Landes, qui s'y étoit soutenu si courageusement, & continua sa retraite. Le Régiment de Catalonia fut reçu de même dans la division de l'Infanterie Espagnole.

Toute l'Infanterie campa sous Gayola, sans avoir perdu un seul homme; on fit sauter le pont de l'Oulme entre Borgo & Gayola. Des détachemens furent postés sur toutes les hauteurs qui dominoient le Camp, & l'Armée passa la nuit très-tranquillement.

Marche du 23 Octobre & Camp sous Démont.

Le lendemain elle se remit en marche avec le même ordre & la même tranquillité, & campa sous Démont sur deux lignes, l'une faisant face à Coni, & laissant Démont derriere elle, sa droite appuyée au Poggio, & sa gauche aux montagnes qui bordent l'autre côté de la vallée.

La seconde ligne dépassant la ville de Démont y appuyoit sa gauche, & sa droite aboutissoit au chemin qui va d'Yson au col de Valoria, faisant face aux montagnes du Vaudier; le parc d'artillerie fut mis entre ces deux lignes, & les Princes établirent leur Quartier-général dans la ville de Démont.

Comme l'Armée devoit néceſſairement faire quelque ſéjour dans ce camp, on établit des poſtes dans toutes les montagnes, où l'on ne marcha qu'en force, ce qui fit qu'on n'eſſuya nulle part aucune réſiſtance difficile à ſurmonter. Les Princes voulant aſſurer leur Camp firent travailler d'abord à un retranchement, qui s'étendit dans toute la largeur de la vallée en avant de la premiere ligne; on ſoutint les deux extrémités de ce retranchement par de bonnes redoutes, & on le garnit par-tout de canon. Pour donner un peu plus d'aiſance au Camp, on fit deux lignes des troupes qui camperent d'abord ſur une ſeule, la ſeconde fut placée enſuite parallellement à la premiere & fort près d'elle.

Charles Emanuel connoiſſoit trop la force de Démont & celle de la poſition de l'Armée des Alliés, pour rien entreprendre contre ce Camp. Il ſe contenta d'envoyer un Corps de dix mille hommes pour l'obſerver, & fermer le retour à ſon ennemi, s'il venoit à changer d'avis.

La prudence des Chefs des deux Armées empêcha toute entrepriſe de part & d'autre; aucun ne vouloit expoſer des hommes mal à propos, & ſans un avantage réel, ni ne ſe faiſoit une gloire de tuer des ennemis, au riſque de perdre autant des ſiens. Les deux Armées (ſi l'on appelle de ce nom le détachement de celle du Roi de Sardaigne) ſe tinrent toujours en corps, & n'envoyerent des partis à la guerre qu'à portée d'elles & bien ſoutenus. Il ne ſe paſſa rien non plus dans les montagnes qu'on voyoit couvertes de payſans armés; ils ne trouvoient aucun poſte trop foible, ou trop écarté; n'oſant s'en approcher trop près, ils ſe contentoient de tourner ſans ceſſe autour, & de lâcher quelques coups de fuſil à la dérobée. Les Piémontois târerent le poſte de Valoria, mais ſans l'attaquer ſérieuſement.

Les Généraux Alliés ne ſe trouvoient pas d'accord ſur le parti qu'ils devoient prendre. L'un croyoit qu'il feroit très-avantageux de conferver le château de Démont, & d'y laiffer une bonne garnifon, avec un Gouverneur intelligent & intrépide ; l'autre au contraire penfoit qu'on devoit s'occuper à détruire ce château de fond en comble. Les fentimens ainfi partagés, & les Princes voulant fe témoigner des égards réciproques, déciderent qu'on travailleroit également à réparer le château, pour le mettre en état de défenfe, & à le difpofer en même tems de façon à pouvoir le détruire dès qu'on le jugeroit à propos. On employa fur le champ des ouvriers à faire des toits, des planchers, des portes & des fenêtres, tandis que d'autres creufoient les fondemens & préparoient des mines, pour les remplir de poudre au premier ordre.

On ne négligea point de raffembler toutes les provifions néceffaires & de les placer dans les magazins à mefure qu'ils furent en état de les recevoir. Les réparateurs & les deftructeurs travailloient avec une égale ardeur; on fe contentoit dans l'Armée de dire que les Princes avoient envoyé des couriers chacun à leur Cour, pour fçavoir quel parti l'on devoit choifir, mais qu'on devoit être également prêt pour l'un ou pour l'autre.

Connoissant toute l'ambition, la bravoure & les talens de Chevert, le Prince de Conti fe propofoit de l'inftruire, quand il en feroit tems, de l'intention qu'il avoit de confier Démont à fa garde ; fon plan étoit de choifir dans toute fon Armée mille Soldats de bonne volonté, commandés par des Officiers volontaires auffi, pris indifféremment dans tous les corps & déterminés à s'enfermer dans le château de Démont, pour y foutenir pendant l'hyver & le printems toutes les attaques & tentatives du Roi de Sardaigne. Tranquille fur ce point, le Prince de Conti fit d'autres difpofitions pour la retraite de fon Armée, qui ne confiftoit plus qu'en Infanterie, ayant fait rentrer toute la Cavalerie & les Dragons

gons en France. Quelques Régimens filerent le long de la vallée de Sture pour renforcer de plus en plus la chaîne de communication ; le Comte de Lautrec vint avec quelques bataillons à Sambuc, & fit occuper le village de Morion, dans la montagne qui domine Sambuc de si haut qu'il faut plus de deux heures pour arriver de l'un à l'autre, quoique des coups de fusil tirés de Morion par les paysans ayent pu atteindre un détachement posté sur un plateau qui n'est point à plus de cent pas de Sambuc. Il fit rompre de nouveau tous les chemins du col de Pianés, & les sentiers qui pouvoient aboutir à la vallée de Sture. Le Maréchal-de-Camp de Larnage qui pendant toute la campagne avoit gardé le village de l'Arche avec quelques bataillons pour entretenir la communication, reçut une augmentation considérable de troupes, ainsi que les ordres les plus précis de veiller aux débouchés de l'Argentiere, pour que tous les équipages de l'artillerie, des vivres, & de l'armée ne causassent aucun embarras ni retard, & sur-tout pour empêcher les paysans & les troupes ennemies de donner des alertes, qui causent toujours de grands désordres.

Les maladies continuoient à regner dans l'Armée, il se glissoit de nouveaux abus dans les hôpitaux, & les troupes souffroient cruellement. Le Prince de Conti redoubloit ses soins, & ne ménageoit aucun de ces Protégés qui viennent ramasser des millions, dans des emplois où leur gain n'est fondé que sur le vol & l'abus de la confiance qu'on met en eux. Il fit arrêter les principaux intéressés dans les entreprises des hôpitaux, leur déclara les abus dont il étoit instruit, & les menaça de la potence, si l'on n'apportoit un prompt remede à ces maux, & si les hôpitaux n'étoient tenus sur un meilleur pied. On avoit donné ordre à des Commis d'évacuer un hôpital garni d'environ deux cens malades dans un village écarté ; par un mal-entendu qui peut seul excuser l'inhumanité d'une action si barbare, les

Employés de l'hôpital avoient emporté sur leurs chariots les draps, couvertures & ustenciles qui servent aux malades, & laissé les Soldats sur la paille, sans doute dans la confiance qu'il viendroit d'autres chariots pour les enlever. Le Prince de Conti, instruit de cette action dans le moment même, n'accorda qu'une heure pour y remédier, & prit la résolution bien déterminée de faire un exemple imposant, si ceux qui commettoient ou laissoient commettre de telles fautes ne les réparoient sur le champ. Les potences furent effectivement dressées, mais elles ne servirent point.

A peine les Employés furent-ils instruits du danger qu'ils couroient, que chaque Soldat malade se vit placé sur un brancard fait à la hâte, & porté sur les épaules de quatre Soldats bien sains, avec lesquels on ne marchanda point sur le prix. On transporta les malades dans un nouvel hôpital, où l'on tint une toute autre conduite à leur égard. Le Chevalier de Chauvelin Major-Général de l'Infanterie alloit chaque jour lui-même, ainsi que plusieurs autres Officiers, faire la visite des hôpitaux, que le Prince de Conti ne perdit pas un instant de vue.

Tant de Généraux ont été les victimes de ces millionnaires à protection obscure & puissante, que l'humanité gémit de ces abus, & qu'elle est consolée quand elle voit un homme puissant employer l'autorité pour les réprimer & le mérite pour se soutenir ensuite.

Conversation du Prince & de Chevert.

Impénétrable dans ses projets & dans son secret, le Prince de Conti laissoit flotter l'Armée dans l'incertitude du sort du château de Démont; il instruisit enfin Chevert de ses intentions, & les lui détailla sans que cet Officier l'interrompît. Chevert n'étoit point homme à sacrifier sa gloire & son ambition, & à s'enfermer dans une place dont il n'auroit pu sortir qu'à sa confusion; il ne se piquoit point de politique, & ne croyoit point son honneur suffisamment à l'abri par des ordres que le public met toujours en doute, quand ils ont été, ou quand ils restent trop longtems secrets, & sur-tout quand l'issue en est malheureuse.

„ Chevert fit au Prince les remercîmens les plus sinceres sur „ tout ce qu'il avoit daigné lui dire de flatteur, & sur la confian- „ ce avec laquelle il le traitoit; passant ensuite avec la franchise „ d'un Soldat à la commission dont il le vouloit charger, il s'ex- „ pliqua sans détour sur l'opinion qu'il en avoit, & sur les suites „ qu'on en devoit attendre". Le Prince de Conti ne se laissa pas dissuader, & loin de se désister de sa résolution, il attaqua Chevert par son amour propre & par sa bravoure qui l'avoit élevé jusques alors au dessus de tous les dangers & de toutes les circonstances. Chevert se vit obligé de lui répliquer avec encore plus de fermeté, mais rappellé par son Général à l'obéissance, & pressé par tous les motifs que le Prince employoit pour l'amener à son but, il ne craignit pas de répondre avec courage, „ qu'il ne rougissoit ni ne s'enorgueillissoit de s'être frayé par lui- „ même le chemin, d'un grade à l'autre, jusqu'à celui de Maré- „ chal-de-Camp, dont le Roi l'avoit honoré dans le courant de „ cette campagne, & où il avoit eu le bonheur de le servir avec „ le même zêle & le même succès que dans tous ceux qu'il avoit „ successivement remplis; que son ambition étoit plus que satis- „ faite par le témoignage que le Prince avoit bien voulu rendre „ au public & au Roi de sa personne, mais qu'il voyoit avec „ douleur que la récompense de ses services alloit être perdue, „ ainsi que les occasions d'en rendre de nouveaux: que le Roi „ de Sardaigne n'étoit point un ennemi sur la négligence ou sur „ les fautes duquel on dût compter: que le château de Démont „ étoit d'une telle importance pour lui qu'il ne négligeroit rien „ pour s'en emparer: qu'une foible garnison attaquée, avec des „ forces supérieures, dans une place construite par le même Prin-

„ ce qui la viendroit assaillir, seroit bientôt hors d'état de se dé-
„ fendre. Il ne manqua pas d'ajouter qu'il voyoit avec chagrin
„ qu'un Prince qui venoit de donner les plus éclatans témoigna-
„ ges de son humanité, & de son amour pour le Soldat, pût se
„ déterminer à sacrifier mille Soldats choisis entre les plus braves
„ de son Armée, & un Commandant qu'il ne croyoit pas indi-
„ gne de son estime: qu'ils périroient tous sans regretter la vie,
„ mais qu'ils sentoient avec douleur que leur mort seroit inutile à
„ leur patrie & à l'Armée: qu'en son particulier, loin de se refu-
„ ser à l'obéissance qu'il devoit à son Général, il le supplioit de
„ ne point nommer un autre Commandant, s'il persistoit dans son
„ plan; que cependant il lui daignât pardonner de défendre sa
„ réputation en faisant connoître l'état de la place qu'on lui con-
„ fioit: qu'il convenoit qu'elle étoit défendue par de bons murs,
„ garnis d'une suffisante artillerie & d'abondantes munitions,
„ mais que pendant l'hyver elle étoit abandonnée à ses propres
„ forces: que toute communication avec la France étoit fermée
„ par les neiges qui couvrent les Alpes jusqu'au mois de Juin,
„ tandis qu'elle étoit exposée du côté de la plaine à toutes les at-
„ taques & surprises de l'ennemi: qu'on avoit poussé les fortifica-
„ tions jusques sur le Poggio, dont la hauteur domine le châ-
„ teau: que la garde en devenoit si difficile que la foible garni-
„ son qu'on se proposoit d'y laisser suffiroit à peine à cette cor-
„ vée, qui dans une saison si fâcheuse lui couteroit beaucoup de
„ monde, & la mettroit hors d'état de se défendre au printems
„ en cas qu'elle y fût attaquée: qu'un Chef laissé seul dans un
„ pays étranger pouvoit s'y regarder comme un Général indé-
„ pendant de tout autre, & n'ayant plus d'ordres à demander
„ qu'au Roi son maître, au Ministre duquel il devoit s'adres-
„ ser directement & exposer fidélement l'état de la place &
„ ce qu'on pouvoit espérer ou craindre: qu'il ne manqueroit

„ pas d'en agir de même, aussi-tôt que les Princes auroient „ repassé les Alpes".

Cette modeste répugnance ne pouvoit pas offenser le Prince de Conti, qui ne pouvoit blamer un homme, pêtri d'ambition & de talens, de chercher à faire valoir ses services & sa réputation par des circonstances plus favorables : il n'insista donc plus.

Le mérite en ce siecle, comme dans celui d'Aristide, suffit quelquefois pour attirer des ennemis, & même des persécuteurs. Chevert craignoit, s'il devenoit prisonnier du Roi de Sardaigne, de rester chez les ennemis jusqu'à la paix, & de s'entendre dire dans une seconde guerre, par quelque nouveau Ministre, prévenu contre lui : „ vous demandez à servir le Roi : quand il vous a „ confié la place la plus importante, & dont le Prince de Conti „ n'a pu s'emparer que par des circonstances singulieres & heu„ reuses, qu'avez-vous fait" ? puis sans attendre la réponse & l'effet du désespoir dont il rempliroit une ame courageuse, lui tourneroit le dos, & ne l'écouteroit plus.

Cette conversation, que Chevert avoit trop d'intérêt de rendre publique pour la cacher, fit faire des réflexions à tous ceux qu'on auroit pu choisir pour le remplacer, & décida le Prince de Conti pour le seul parti qui lui restoit à prendre.

On sçut que les Couriers de Versailles & de Madrid étoient de retour ; on ne publia rien des ordres qu'ils avoient apportés, mais on vit bientôt des dispositions décisives. On cessa de travailler aux réparations, on chargea toutes les mines, on distribua toutes les provisions à l'Armée en gratification, on fit partir les gros équipages ; & enfin l'Armée reçut ordre de décamper.

Le Prince de Conti, pour se vanger de Chevert en Prince, lui confia l'avant-garde de son Armée avec deux brigades d'Infanterie, un bataillon de Fuseliers de montagne, & dix compagnies

Retraite de Démont le 14 Novembre.

de grenadiers. Le Prince de Beauveau fut chargé de conduire quatre autres compagnies de grenadiers entre cette avant-garde & les Princes qui devoient marcher à la tête de l'Armée. Le Marquis d'Argouges, Lieutenant-Général de la promotion faite après l'attaque des retranchemens de Montalban où il avoit été bleſſé, eut à ſes ordres la premiere diviſion de la colonne, qui fut coupée par brigades, commandées chacune par les Officiers-Généraux de ſa nation.

Le Comte de Danois, après avoir fait ſauter le pont de Rocca-Sparviera & tenu les hauteurs autant que le terrein l'avoit permis, rejoignit la brigade d'Anjou au reſte de la colonne qui défiloit dans la vallée. Celle de Lyonnois que conduiſoit le Marquis de Beaupreau deſcendit du Camp qu'elle avoit occupé près de la Madona del Pino, & prenant à mi-côte un chemin qui conduit de Démont à Vinai, ne rentra dans la colonne qu'au point où le chemin aboutit à la vallée. Deux brigades Eſpagnoles marcherent auſſi dans la vallée à côté de la colonne de l'Armée, auſſi longtems que la diſpoſition du pays en laiſſa la liberté: lorſqu'elles furent arrivées vis-à-vis de la Sture à un point où elles auroient dû croiſer la colonne, elles s'arrêterent, ſe mirent en bataille & enfin ſe réunirent à la colonne, dont le Comte de Saux Maréchal-de-Camp fit l'arriere-garde avec les brigades de Galice & de Poitou.

Le Comte de Courten Maréchal-de-Camp le ſuivoit ſans intervalle, avec tous les grenadiers provinciaux d'Eſpagne & quatre compagnies de grenadiers des Régimens de Lyonnois & de Gâtinois.

Le Lieutenant-Général d'Aramburu étoit reſté le dernier & devoit prendre la ſuite de cette arriere-garde avec un bataillon de Fuſeliers de montagne & dix-ſept compagnies de grenadiers; le bataillon devoit toujours marcher ſur les flancs & dans les montâgnes sans égard aux obstacles. L'Armée s'étoit mise en mouvement à la pointe du jour; comme elle ne pouvoit marcher que sur une seule colonne, elle avançoit très-lentement. Le Lieutenant-Général d'Aramburu resta jusqu'à trois heures après midi, sans entendre le signal convenu pour sa retraite. Une mine qui fit sauter un pont de pierre sur la Sture, l'avertit qu'il étoit tems de se retirer; il le fit dans le plus grand ordre & sans le moindre obstacle. En quittant les retranchemens qui couvroient le Camp & coupoient toute la vallée, il fit allumer plusieurs feux faits avec des fascinages gaudronnés & des débris de voitures & d'équipages hors d'état de servir. On avoit garni ces feux à certaines distances de grenades & de bombes qui crevant à mesure que le feu se communiquoit, empêchoient qu'on n'en pût approcher sans risque. Quelques paysans suivirent le Lieutenant-Général d'Aramburu sans oser l'attaquer; il ne vit aucune troupe réglée entrer dans les retranchemens qu'il quittoit, & vint tranquilement se mettre en bataille de l'autre côté de Démont, où le Marquis de la Mina se tenoit pour être à portée de donner des ordres ou de combattre si l'occasion s'en présentoit, ainsi que pour veiller au sort du château de Démont. Il n'étoit resté dans tout le château qu'onze mineurs avec leur Capitaine.

On fait sauter le château de Démont.

Le Lieutenant-Colonel de Belidor les protégeoit avec deux compagnies de grenadiers qu'il pouvoit mieux qu'un autre mettre à la plus juste portée des mines, par ses connoissances, qu'il a rendues publiques dans d'excellens Traités militaires sur le Génie & l'Artillerie.

La premiere mine qu'on fit jouer, étoit à plusieurs chambres rangées autour d'un puits creusé dans le roc, d'une largeur & d'une profondeur extraordinaire, ouvrage véritablement digne des Romains, qui fut détruit dans un moment. Les rochers entr' ouverts & rapprochés le comblerent. Les ouvrages de

St. Marcellin qui le défendoient furent totalement détruits, & la premiere enceinte de murs sauta pièce par pièce, sans qu'aucun fourneau manquât son effet. Quelques paysans sans armes qui s'étoient avancés du côté du Poggio qu'on avoit abandonné, voyant que le château de Démont n'avoit plus de gardes, hazarderent de venir sous les murs arracher quelques saucissons qui faisoient la communication des mines avec l'endroit où l'on allumoit le moine (30).

Le Capitaine de Turmel, aussi brave qu'intelligent & actif, accourut avec quelques mineurs pour repousser ces paysans en leur jettant d'en-haut des pierres; il vit qu'au lieu de se retirer, leur nombre ne faisoit qu'augmenter; & n'ayant rien à gagner à soutenir un siége contre eux, il envoya demander du secours. Le Lieutenant-Colonel de Belidor le jugeoit très-dangereux; les paysans continuoient à arracher les saucissons de communication, qui n'étoient que de simples tuyaux de grosses toiles recouverts très-légérement de sable; ils empêchoient ainsi les mines de prendre feu.

Le Chevalier de Chauvelin, Major-Général de l'Infanterie Françoise, ayant sçu ce qui se passoit, fit marcher sur le champ deux piquets, de cinquante hommes chacun, du Régiment de Poitou aux ordres d'un seul Capitaine, qui gardant la moitié de son monde en dehors de la ville, fit monter au château son Lieutenant avec les cinquante autres Soldats. Il arriva précisément au moment où le Capitaine de Turmel venoit de faire mettre le feu à une mine chargée de soixante & quinze milliers de poudre pour faire sauter une poterne.

On

(30) On appelle de ce nom une amorce préparée en forme de pyramide, où l'on met le feu par en-haut: elle brûle lentement & donne le tems à celui qui l'allume de se retirer aussi loin que sa fureté l'exige.

On fit diligemment entrer le piquet ſous la porte, & Turmel ſe mit ſous un autre abri. La mine fit ſon effet ſi malheureuſement & avec tant de déſordre qu'elle mit le feu aux communications qui répondoient à la mine chargée de 150 milliers de poudre ſous la porte. Cette maſſe de pierres les plus dures & les plus groſſes, ſoutenue par trois voutes l'une ſur l'autre, d'une épaiſſeur à les garantir des bombes, ſauta dans le moment avec le bruit le plus effroyable, & broya contre les voutes les cinquante malheureux Soldats qui ſe trouvoient ſous la porte. Les décombres ſe répandirent de tous côtés avec un déſordre extrême. Le Capitaine de Turmel fut renverſé & bleſſé de quatre éclats de pierre; des onze mineurs, ſept furent tués ou bleſſés mortellement, & les quatre autres renverſés & ſi étourdis de leur chute qu'ils ne purent continuer leur ouvrage. Le Chevalier de Beauveau, Capitaine dans le Régiment des Gardes Lorraines, étoit monté par curioſité dans le château; ſon bonheur voulut qu'il fût garanti des éclats de pierre par une pièce de canon de 24, ſous laquelle il ſe trouva très-heureuſement: il vint dégager le Capitaine des mineurs de la voute ſous laquelle il étoit au milieu des décombres où la fumée alloit l'étouffer. Un Lieutenant d'artillerie, plein de zêle, d'ardeur & de connoiſſance de ſon métier, attendoit que les mines euſſent ceſſé de jouer, pour mettre le feu à divers ouvrages faits de faſcines ſur leſquels on avoit jetté des réſines & gaudrons, & qu'on avoit auſſi remplis de petites bombes & de grenades afin d'écarter ceux qui ſe ſeroient approchés pour éteindre le feu. Comme tout ſe paſſoit dans le plus grand ordre, & ſans que perſonne ſe mêlât de la beſogne qui ne le regardoit point, lorſqu'il n'entendit plus de mines, il crut que les mineurs avoient fini leur ouvrage, & montant au château il mit tranquilement le feu où il le devoit & redeſcendit à la ville.

Le Chevalier de Chauvelin ne le vit pas plus tôt arriver, qu'il lui fit les plus vives instances pour l'engager à remonter au château, afin de faire jouer une mine chargée de trois cens mille livres de poudre placées sous cinq voutes du Gouvernement. Le Lieutenant de la Maillardiere, qui s'étoit entiérement dévoué pendant toute la campagne à tout ce que le Prince de Conti pouvoit desirer, assura le Major-Général qu'il n'avoit rien sçu de l'accident des mineurs, mais que sentant le service qu'il pouvoit rendre, il s'inquiéteroit peu des obstacles qu'il y avoit mis lui-même; & prenant aussi-tôt deux compagnies de grenadiers, dont il fit des mineurs & des gardes, il passa autour des flammes qu'il avoit allumées & au milieu des grenades & des bombes, mit le feu non-seulement à la mine du Gouvernement, mais fit encore sauter un magazin à poudre, la chapelle & quelques parties de la vieille enceinte. Les grenadiers mirent le feu avec moins de précaution que les mineurs & avec plus de bonheur, puisqu'aucun ne fut blessé dangereusement. Le château fut tellement bouleversé, qu'il n'étoit plus possible de passer sans risque au milieu des ruines qui le couvroient.

Le Marquis de la Mina, le Chevalier de Chauvelin, le Lieutenant-Colonel de Belidor, & tous les détachemens rejoignirent le Lieutenant-Général d'Aramburu, resté pendant tout ce tems en bataille sous Démont, & envoyant ses Fuseliers de montagne tout autour pour écarter les paysans. Cette arriere-garde se mit enfin en marche & regagna la colonne de l'Armée, qui s'étoit arrêtée à Yson, pour lui donner le tems de s'y reunir. Elle n'en fut pas plus tôt à portée qu'elle continua son chemin & arriva sur les neuf heures du soir au village de Sambuc où elle campa. Les défilés, les haltes continuelles, & les précautions qu'on ne négligeoit de prendre dans aucun endroit du passage, firent que l'arriere-garde n'entra dans le camp que vers la pointe du jour, sans avoir perdu un seul homme, mais ayant souffert tout ce qu'on aura peine à s'imaginer d'un vent si froid & si piquant qu'il fit périr plusieurs Soldats.

Aussi-tôt que l'arriere-garde eut joint l'Armée, le Comte de Lautrec, qui depuis quelques jours étoit à Sambuc, en partit avec les Régimens de Conti, Blaisois & Provence, & vint à Preinard & aux Barricades où il trouva quatre autres bataillons qu'il joignit à ces trois Régimens; il établit son camp entre Brezés & les Barricades pour couvrir l'Armée quand elle seroit campée sous Brezés. Les Régimens de Reding le vieux & de Barrois, qui depuis quelque tems étoient établis à Pied-de-Port pour la communication, eurent ordre de s'incorporer dans l'arriere-garde, qui fut confiée ce jour-là au Marquis de Campo-Santo. Le Maréchal-de-Camp de Chevert fermoit la marche avec un détachement de mille hommes de piquets & de grenadiers. L'ennemi ne donna pas de plus grandes inquiétudes que les jours précédens, mais il n'est pas possible de se former une idée de ce que l'Armée eut à souffrir vers la fin du jour, lorsqu'elle passa le défilé des Barricades. Le vent le plus froid y jettoit une poussiere fine, mêlée d'un gresil dur & piquant, qui s'attachoit à tout ce qu'il rencontroit, & s'y convertissoit en un moment en verglas; le chemin devenoit comme une glace, sur laquelle ni les hommes ni les chevaux ne pouvoient plus se soutenir; plus de cent Soldats périrent du froid, & de ce vent qu'il est mortel de respirer. Toute la colonne n'arriva que tard & excédée de fatigue & de froid: le détachement de Chevert ne joignit que fort avant dans la nuit.

Marche du 15 Novembre.

Le Camp occupoit une petite plaine couverte de neige où il n'y avoit ni arbres, ni azyle, ni ressource. Les piquets des tentes ne pouvoient s'enfoncer en terre qu'avec de grands efforts. Les Soldats chercherent d'abord quelque paille ou fourrage dans les granges de Brezés & des environs, mais ne trouvant absolument rien pour couvrir la terre verglaſſée ſur laquelle ils devoient coucher, pluſieurs enleverent les toits de chaume des maiſons pour les porter ſous leurs tentes.

Les Officiers logés dans ces maiſons n'avoient pas la cruauté de s'oppoſer à une reſſource ſi néceſſaire; contens d'être garantis de la dureté de la ſaiſon par de ſimples planchers, ils laiſſoient aux malheureux Soldats ce triſte ſoulagement. Après le chaume, les bois furent renverſés pour en faire du feu, puiſqu'on ne trouvoit aucun arbre à couper; le Soldat ſans diſcrétion y vouloit joindre les portes & les rateliers des étables & des écuries. On lui permettoit beaucoup, cependant on l'arrêtoit quand il devenoit trop indiſcret. Toute la nuit ne ſe paſſa qu'à les plaindre, les laiſſer faire & quelquefois les contenir, quelque compaſſion qu'inſpirât leur état. Le village de Pont-Bernard avoit été brûlé la veille par malheur, & les Princes l'avoient traverſé pendant qu'il étoit en feu. Le Prince de Conti ne voulant pas que ſa trace fût marquée par les flammes, donna de ſi bons ordres, & ſçut les faire exécuter ſi ponctuellement que Brezés fut conſervé, & que le Soldat n'y commit de déſordre que celui que la néceſſité rendoit indiſpenſable & qu'on voulut bien tolérer. Quand le jour termina cette déſolante nuit, l'Armée reprit ſa marche par le col de l'Argentiere.

Marche du 16 Novembre. Le Comte de Lautrec avoit laiſſé deux pièces de canon de montagne en deça du défilé des Barricades; les mulets qui les portoient n'avoient pu le ſuivre & étoient morts de fatigue; nombre de chevaux & de mulets abattus traçoient la route. Quelques compagnies de grenadiers furent commandées pour protéger ceux qui vinrent rechercher ce canon & les autres équipages. Les payſans s'étoient emparés déjà des canons, qu'ils portoient à bras d'hommes & comme en triomphe. Les grenadiers les chargerent; les payſans armés ſoutinrent leur premier feu; cependant les grenadiers avançant toujours, leur firent lâcher pied, & les ſuivirent juſques à Pont-Bernard, où ſept bataillons Piémontois reçurent les fuyards, ſans pouvoir empêcher les grenadiers François de ramener leur canon : ceux-ci ne laiſſerent que trois des leurs, tués ſur la place, & n'eurent que très-peu de bleſſés.

La marche fut encore plus cruelle que celle des jours précédens. Le froid, toujours accompagné de ce vent dangereux, devint ſi piquant qu'on fut obligé de faire faire halte à l'Armée, & de commander des travailleurs pour frayer le chemin, briſer le verglas & ranger les hommes, chevaux & mulets, morts ou mourans en grand nombre ſur la route. Quoique l'Armée n'eût que deux lieues à faire pour arriver à l'Argentiere par un pays aſſez ouvert, & qu'elle fût en marche dès la pointe du jour; une grande partie ne put faire que la moitié de ce chemin, & paſſa la nuit à Maiſon-Méane au bas du col de l'Argentiere, où elle n'arriva qu'avec une peine incroyable. Trois mulets chargés d'une partie de l'argent du tréſor tomberent & ne purent ſe relever; un Sergent & vingt-deux hommes qui les eſcortoient, furent trouvés morts auprès; quelques Soldats en pillerent en paſſant environ cinquante mille francs, dont la plus grande partie fut repriſe entre leurs mains; le reſte de cette portion de tréſor demeura vingt-quatre heures à la même place, ſans que perſonne ſe souciât de ſçavoir ce que contenoient les caiſſes.

Comme cette marche étoit couverte par un corps de troupes reſté derriere l'Armée, & par des détachemens ſur les flancs, qui ne permettoient point aux ennemis de ſe gliſſer dans le chemin, ces embarras & ces déſordres ne furent point augmentés par la crainte qu'ils inſpirent en pareilles occaſions: précaution bien ſimple & trop ſouvent négligée! Ceux qui ſe ſouviendront de ſemblables retraites, ſans excepter celle du Maréchal de Belle-Iſle, ſentiront tout le mérite de l'ordre d'une marche ſi bien concertée ; ils regarderont peut-être avec moins de plaisir les dispositions de nombre de batailles que celles de cette marche, qui furent si prudemment ordonnées & si fidélement exécutées qu'elles continrent les ennemis pendant vingt jours de retraite au sein de leur pays, le plus inégal de la nature, sans que les troupes & les équipages eussent la moindre allarme. Le Lieutenant-Colonel de Kermelec, qui la veille avoit escorté les équipages, essuya sur le col de l'Argentiere une si terrible bourasque, qu'elle lui fit perdre autant d'hommes & de chevaux qu'auroit pu faire un détachement d'ennemis embusqués dans cet endroit. Les équipages & les hommes précipités rouloient des montagnes, arrivoient froissés & meurtris à quelque torrent, où le froid les faisoit bientôt périr ; beaucoup ne se croyant qu'engourdis, cherchoient à s'asseoir sur les rochers pour reprendre haleine, & mouroient, faute de forces, sans souffrir, ni sentir la mort.

Marche du 17 Novembre.

L'Armée continua sa marche le jour suivant. Le Comte de Lautrec & ses huits bataillons se rapprocherent de l'Argentiere, & garderent les débouchés du vallon d'Honoraye ainsi que les deux redoutes qui les défendent. Le détachement de Chevert resta seul sur les terres Piémontoises pour donner le tems à l'artillerie engagée dans le col de l'Argentiere de regagner l'Arche. Elle n'y parvint que le 19, avec des peines infinies.

Le Prince de Conti qui n'avoit essuyé nul echec dans sa retraite, à qui les Fuseliers de montagne, au contraire, avoient conduit un Capitaine & quelques Soldats Piémontois prisonniers, mettoit un amour propre bien raisonnable à ne donner au Roi de Sardaigne aucun avantage sur lui. Les neiges commençoient à tomber avec abondance, les chevaux & les mulets ne pouvoient plus tirer le canon. Arrêté comme Annibal dans sa marche, le Prince de Conti se rendit sur les lieux pour examiner les obstacles. Un Régiment Suisse défiloit avec peine au milieu de cet embarras ; allons, camarades, leur dit le Prince, vingt-cinq louis d'or de gratification pour chaque pièce de canon que vous monterez au haut du col. A peine avoit-il parlé que les Soldats engourdis par le froid, réveillés par ſon diſcours & avides d'argent, ſe mettent à l'ouvrage: on déploye tous les cables & toutes les cordes, les Officiers d'artillerie n'ont plus de directions ni d'ordres à donner; deux cens Suiſſes tirent chaque pièce de canon, & la montent avec une aiſance ſinguliere; ils ſe diviſent en trois bandes & lorſqu'une pièce eſt au haut du col, ils la remettent aux Officiers d'artillerie, & ſans perdre de tems courent en chercher une autre, juſqu'à ce qu'ils ayent rempli leur tâche.

Un détachement de ſix compagnies de grenadiers Piémontois, de mille hommes de piquets, renforcés d'un plus grand nombre de payſans, marchoit ſur trois colonnes, une ſur chaque côté des montagnes, & l'autre dans la plaine, où quinze cens hommes les ſuivoient d'aſſez près, tandis qu'un ſecond détachement plus nombreux s'avançoit juſqu'à Pont-Bernard. Le Prince de Conti craignant pour le détachement de Chevert que tous ces corps ennemis menaçoient, commanda ſur le champ tous les grenadiers de l'Armée, & envoya ordre au Comte de Lautrec de repaſſer avec ſes huit bataillons à Maiſon-Méane. Chevert, dont l'ambition animée par les graces du Roi & par les procédés de ſon Général deſiroit une occaſion de ſe diſtinguer, fit dire au Prince de Conti que ce ſecours n'étoit pas encore néceſſaire, qu'il avoit fait ſes diſpoſitions pour recevoir l'ennemi, s'il ſe préſentoit, mais qu'il ne craignoit pas d'être attaqué, qu'il s'étoit rétranché de façon à ſe pouvoir défendre longtems, qu'il avoit fait occuper & créneler toutes les maiſons, dont il avoit éloigné l'approche par de petits retranchemens ſuffiſans pour arrêter l'ennemi; que les bataillons du Comte de Lautrec arrivés déjà ſur le haut du col & à ſa portée, ſeroient obligés de paſſer la nuit au bivouac, ainſi que les grenadiers de l'Armée; que le froid leur feroit un mal plus réel que l'ennemi; qu'il répondoit en cas d'attaque de les avertir à tems, & de se soutenir jusqu'à leur arrivée. Ses raisons persuaderent le Prince de Conti, qui fit rentrer les grenadiers & les bataillons, avec ordre de se tenir prêts à marcher au premier avis. Chevert n'ayant point été attaqué, se rapprocha le 19 jusqu'à Maison-Méane; il y fit cantonner son détachement, & passa le col de l'Argentiere trois jours après sans aucun échec.

On fut obligé de faire cantonner aussi ce qui restoit de troupes du côté de la France, car il tomba dans la nuit du 19 quatre pieds d'épaisseur de neige. L'Infant Don Philippe étoit parti la veille pour se rendre par Chatelar à Chorges en Dauphiné entre Gap & Embrun. Les Régimens Espagnols marcherent sur trois divisions le 19, le 20 & le 21 Novembre, pour se rendre partie en Savoye & partie dans le Comté de Nice, où l'Infant résolut de passer l'hyver. Les François les suivirent le 22 & se séparerent de même en trois corps pour quitter l'Arche. L'artillerie fut conduite avec des peines incroyables à Giausier près de Barcelonette. Le parc d'artillerie s'y trouva garni de cent douze bouches à feu; pas une seule de celles de France ou d'Espagne n'étoit restée en Piémont, mais dans ce nombre étoient plusieurs canons & mortiers de fonte aux armes du Roi de Sardaigne. Le Prince de Conti se rendit à Barcelonette pour reprendre la route de France.

Qui n'a pas vu les Tourniquets, le Pas de la Breoulle, & les passages aux environs d'Ubaye où ce Prince se vit engagé, ne sçauroit se faire un tableau fidele de ce pays, où des hommes sans moyens & sans industrie ont fait des communications; l'habitude seule d'y passer peut empêcher d'y considérer le danger, toujours présent. Dans tel endroit un homme ne peut rester sur son cheval, parce qu'on a creusé un sentier dans le roc pour des mulets chargés, à-peu-près comme les essieux des roues creusent une orniere

orniere dans les murailles qui ſerrent trop les chemins, & paſſent aiſément avec cette reſſource: la charge du mulet y paſſe, mais on doit même baiſſer les plumes qu'ils portent ordinairement ſur leurs bâts, parce que le roc n'eſt pas taillé plus haut. Dans tel autre endroit on a fait des ponts de bois ſur des rochers eſcarpés & à pic comme des murailles: on les ſoutient par de ſimples bois en potence dont un bout appuyé de quelques pouces dans les rochers, & l'autre à peine entaillé dans de petites traverſes arrêtées auſſi dans le rocher, ſoutiennent les madriers du pont, & font toujours craindre qu'il ne perde l'équilibre, ou que par un ébranlement trop conſidérable il ne s'échappe de ſes points d'appui & ne tombe avec ceux qui ſont deſſus dans des abîmes effrayans, où l'on ne peut eſpérer d'échapper à la mort, ſi l'on a le malheur d'y tomber. En divers endroits un mulet dont la charge a trop de faillie, ne peut paſſer, car s'il touche le moins du monde le rocher, ſur-tout dans les tournans fort communs dans ces chemins, le choc lui fait perdre l'équilibre & le jette dans le précipice. Dans ces endroits-là les chevaux & les mulets du pays ont coutume de plier le corps pour éviter la rencontre de ces rochers.

Louis XV., autant pour honorer ſon Général que pour laiſſer à ſa poſtérité le ſouvenir d'une telle Campagne, fit préſent au Prince de Conti de ſix des plus belles pièces de canon aux armes du Roi de Sardaigne; elles furent conduites au château de l'Iſle-Adam-ſur-Oiſe qu'habite ce Prince; monument non moins glorieux que celui de la ſtatue équeſtre du Connétable de Montmorenci qui décore la cour de Chantilli, ſéjour des Princes de Condé dont les exploits ſont peints dans une gallerie.

Le Prince de Conti ayant donné les ordres néceſſaires pour l'établiſſement des troupes, de l'artillerie, & même des vivres pendant la mauvaiſe ſaiſon, reprit la route de Verſailles. Le

Roi lui donna de nouveaux témoignages de sa satisfaction, & lui confia la campagne suivante le commandement d'une Armée en Allemagne. En prenant sa route par Gap ce Prince s'en détourna pour aller à Chorges rendre une visite à l'Infant Don Philippe, qu'il étoit bien éloigné de regarder comme l'auteur des projets qui ne lui avoient pas laissé la liberté de faire tout ce qui pouvoit rendre sa campagne infiniment plus glorieuse. Cependant le passage du Var, celui du Paglion, l'attaque des retranchemens de Mont-Alban, la reddition de Villefranche, le passage des Alpes, la prise de Démont, le gain d'une bataille & une retraite si tranquille dans des circonstances si malheureuses, seront dans tous les tems des modeles de prudence, d'activité & de bravoure.

TABLE DES MATIERES.

X 2

FIN.

ERRATA.

Page 45 *ligne* 2 *de la Note* 12, *au lieu de* Var *lisez* Vars.
Page 65 *ligne* 20 Gandiga *lisez* Gandica

L'HISTOIRE DE CONI,

DEPUIS SA FONDATION EN MCXX jusqu'en MDCCXLIV.

Le Piémont étoit divisé du tems de l'Empereur Henri IV. en un grand nombre de fiefs relevans de l'Empire. Les Seigneurs respectifs de ces fiefs étoient presque toujours en guerre les uns contre les autres, & jouissoient d'une autorité d'autant plus grande, que leurs sujets, craignant l'effort de leurs armes, n'osoient résister à leurs volontés. An. 1120.

Les Seigneurs Del-Vasto alliés du Marquis de Saluces, avec qui ils entretenoient une étroite union, possédoient alors à titre de fiefs les villes de Caraglio, Cervasco, Caranta, Pedona (connue aujourd'hui sous le nom de Borgo,) Bovés, Peveragno, Brusa-Porcella, Roccavione & Vignolo. Presque tous ces endroits étoient défendus par des châteaux qui les mettoient à l'abri des invasions de leurs ennemis, & qui leur offroient une retraite sûre lorsqu'ils avoient fait quelque descente dans la plaine du Piémont, & qu'ils revenoient chargés des dépouilles de ceux qu'ils avoient attaqués. Après avoir longtems fait la guerre, & essuyé quelques revers de fortune, leur foiblesse & leur épuisement les mit dans la nécessité de ne plus troubler leurs voisins; leurs esprits inquiets furent obligés par les circonstances de souscrire à des conditions que la raison dictoit, & que leur manque de ressources les forçoit d'accepter.

Ils furent donc réduits à gouverner leurs Etats particuliers. L'habitude de commander à des peuples vaincus avoit rendu leurs cœurs peu sensibles aux maL-

An. 1120. heurs de ceux qu'ils opprimoient; ne changeant point leurs inclinations dans la paix, ils traiterent leurs sujets avec la même rigueur que ceux que les armes leur avoient soumis; les taxes & les impôts, dont ils les surchargeoient, étoient leurs moindres peines. Tous gémissoient dans l'attente d'un heureux changement qu'ils n'osoient espérer, & qu'ils n'avoient pas le courage de se procurer; plusieurs Vassaux de ces Seigneurs murmuroient hautement de la tyrannie qu'on exerçoit contre eux; les Gentilshommes qui se trouvoient enveloppés dans les mêmes vexations que le peuple, n'étoient distingués que par l'excès de leurs impôts: ils ne cherchoient qu'une occasion de secouer un joug qu'on leur rendoit de plus en plus onéreux. Ils attendirent l'occasion longtems; mais enfin croyant l'avoir trouvée dans une nouvelle ordonnance de ces Seigneurs qui voulurent en établissant le droit qu'on nomme de Jambage (1) assujettir leurs Vassaux à leur livrer leurs filles la premiere nuit de leurs nôces, ils s'assemblerent à la Madona-del-Bosco, chapelle isolée au confluent des rivieres de Sture & de Gezzo, & chercherent les moyens de se délivrer de cette honteuse servitude. Ils n'en trouverent point de meilleur que celui de faire périr tous ces Tyrans. Ils prirent toutes leurs mesures pour les sacrifier à leur vengeance sans s'exposer, & remirent l'exécution de ce projet à la premiere nôce, où ces impérieux Maîtres trouveroient la mort dans le sein des plaisirs. Quelques bourgeois entrerent dans cette conspiration, qui fut tenue si secrette que ceux qu'elle menaçoit n'en eurent aucune méfiance.

Le Seigneur d'un fief relevant de Caraglio, marioit sa fille dont on vantoit autant la vertu que la beauté. La noblesse du pere, son âge avancé, les services qu'il avoit rendus au Seigneur de Caraglio qu'il avoit accompagné dans toutes ses guerres, la considération enfin qu'il s'étoit acquise, furent les titres qu'il réclama pour sauver à sa fille l'opprobre dont la menaçoit le Seigneur Del-Vasto qui possédoit Caraglio. Loin de laisser parler la reconnoissance & l'amitié, son Suzerain affecta l'autorité la plus imposante; voulant y joindre aussi la magnificence, il déclara que les nôces seroient célébrées en son château. Il en fixa le jour, & convoqua tous ses parens, amis & vassaux. Le pere ne fut point dis-

(1) Ce droit consiste encore aujourd'hui, dans quelques Terres en France, à venir en grande cérémonie au lit de la mariée qui se couche pour recevoir son Seigneur. Il arrive botté & éperonné; il fait tirer une de ses bottes & place la jambe dans le lit de la mariée à qui il donne l'accolade ou baiser sans que la jambe qui est restée bottée perde terre: après quoi il remet sa botte & se retire.

pensé d'accompagner sa fille, & la fête eut tout l'éclat que le Seigneur de Caraglio put lui donner. Le banquet fut splendide & nombreux; tous les convives s'y livroient à la joie. Le Seigneur de Caraglio cherchoit à se distinguer par l'excès de la sienne, il animoit les autres, & les exhortoit tous à suivre son exemple. Les Vassaux mécontens paroissoient avoir oublié leurs chagrins, & retrouvé la gayeté la plus bruyante dans le vin; mais au moment du signal, les Conjurés entrant en foule dans la salle, ils se joignirent à eux, & n'épargnerent personne de la famille proscrite. Non contens de ce massacre, ils coururent aux châteaux de ces Seigneurs épuiser leur vengeance sur les vieillards & les enfans qu'ils mirent tous à mort. An. 1120.

Tant de meurtres pouvoient trouver un vengeur dans la personne du Marquis de Saluces, redoutable par ses forces & son pouvoir. Son alliance avec cette famille le mettoit en droit de punir les assassins; cette réflexion détermina tous les Conjurés à chercher leur salut dans la fuite. Considérant qu'ils étoient en grand nombre, ils chercherent un endroit où ils pussent se défendre contre le Marquis de Saluces s'il marchoit à leur poursuite. Ils crurent avoir trouvé l'endroit qu'ils desiroient au confluent des deux rivieres de Sture & de Gezzo, à la même place où ils s'étoient assemblés pour délibérer sur les moyens de faire périr les Seigneurs Del-Vasto.

Ce terrein tout couvert de bois relevoit de l'Abbé de St. Dalmatz de Pedona, qui ne leur permit de s'y établir qu'aux conditions de le reconnoître pour Souverain, & de lui en payer tous les droits. Les Conjurés accepterent ces conditions sans balancer. Aidés par les secours de l'Abbé de St. Dalmatz ils se presserent de bâtir une petite ville dans la pointe de terre qui sépare les deux rivieres, & que son plan ressemblant à un cône, fit appeller Coni. Ils s'y retrancherent le mieux qu'ils purent, & en moins de deux ans ils y bâtirent plus de cent maisons.

L'Abbé de St. Dalmatz, Souverain de Coni fondée sous sa protection.

Comme le nombre des habitans augmentoit tous les jours, sans que le Marquis de Saluces parût les vouloir inquiéter, il devint nécessaire de donner une forme au Gouvernement. On établit un Sénat pour régir cette nouvelle Colonie, & l'Abbé de St. Dalmatz consentit qu'il fût composé d'un Gouverneur qu'on nommeroit Vicaire, & qui seroit Docteur en Droit Civil & en Droit Canon, de deux Sindics & de trente Conseillers, tous choisis dans la Noblesse, fort nombreuse dans ce petit Etat. Ce Sénat s'occupa d'abord du soin de faire des Loix qu'il jura de faire observer. L'Abbé de St. Dalmatz érigea de son au- 1130.

AN. 1130. torité la chapelle de la Madona-del-Bosco en une Paroisse. Il fit bâtir un Couvent pour huit Religieux qu'il tira de son Abbaye & qu'il plaça proche la por-
1146. te Pedona.

LA honte de vivre sous la dépendance d'un Moine qui n'étoit à portée de procurer aucun avantage au Peuple ni à la Noblesse, & l'envie de se donner un Protecteur plus puissant, fit que le Sénat & le Peuple d'un commun accord donnerent à l'Evêque d'Asti les droits de Souveraineté qu'ils avoient juré de conserver à l'Abbé de St. Dalmatz. Il n'étoit pas assez fort pour s'y opposer, il se contenta de le faire par d'inutiles protestations contre l'Evêque, qui fit une ligue offensive & défensive avec ses nouveaux sujets. Quoique le Sénat eût pu choisir un Seigneur de fief plus puissant, il n'osa enlever à l'Eglise un bien qu'elle n'auroit jamais souffert en des mains laïques, & le Sénat voyoit la destruction de la nouvelle République, si la Religion s'armoit contr'elle.

Coni se donne à l'Evêque d'Asti.

1147. L'EVÊQUE fit de nouveaux réglemens approuvés par le Sénat, mais sans changer la forme du Gouvernement ni les premieres loix faites au nom de l'Ab-
1148. bé de St. Dalmatz. Il fit bâtir une l'Eglise qu'il dédia à St. Michel, croyant établir son autorité *plus solidement par cette pieuse fondation.*

L'EMPIRE devint alors vacant par la mort de Conrad III. Les factions des
1152. Guelfes & des Gibelins divisoient tous ses membres, & pour terminer cette guerre qui duroit depuis plusieurs siecles, les Electeurs le remplacerent par Frédéric-Barberousse du sang de Suéde, espérant voir éteindre par lui le funeste flambeau de la guerre qui ravageoit leurs Etats. Le nouvel Empereur descendoit des Gibelins du côté de son pere, & des Guelfes par sa mere.

LES Milanois lui refuserent l'obéissance; il résolut de s'en venger en portant la guerre dans leur pays. Il vint mettre le siége devant Milan; mais ayant été contraint de le lever, il tourna toute sa colere contre Tortone & Asti, & dans sa fureur il réduisit ces deux villes en cendres.

1155. LA destruction d'Asti fut aussi celle du Traité de Coni. Le Sénat profitant de la circonstance se déclara chef d'une République libre. Elle se peupla si fort que la ville devint bientôt trop petite. La quantité de Lombards qui se présentoient tous les jours pour l'habiter, fit que le Sénat permit à ces nouveaux hôtes de bâtir une ville contre la leur hors de la porte de Caranta. Les Lombards ne furent pas moins diligens à s'y établir que l'avoient été d'abord ceux de qui ils en obtenoient la permission. Leur enceinte fut aussi grande que celle de Coni, & sans lui donner un autre nom, ils la remplirent de bâtimens; ils se bâtirent une

une Paroisse qu'ils consacrerent à St. Ambroise leur Patron. An. 1155.

Cette Eglise occasionna de grands procès entre l'Evêque d'Asti & l'Abbé de St. Dalmatz qui se disputoient un droit de Souveraineté dont ils étoient également exclus par le Sénat, & hors d'état par leur foiblesse de se faire raison par eux-mêmes. Ils eurent recours au Pape qui tout occupé lui-même des affaires que lui suscitoit un Anti-Pape, les laissa dans l'indécision de leurs droits & de leurs procès, sans leur répondre.

Les Marquis de Saluces avoient d'abord méprisé la nouvelle République & n'avoient pas daigné lui faire la guerre; n'ayant rien qui pût exciter leur envie, ils avoient remis leur vengeance à des tems où elle pourroit être plus avantageuse. Plusieurs Seigneurs les séparoient de Coni. Celui de Caraglio n'avoit pas voulu leur permettre de passer sur ses terres. Manfrede Marquis de Saluces, sous quelques spécieux prétextes, vint mettre le siége devant Caraglio dont le château étoit très-fort. Il avoit dessein d'étendre ensuite ses conquêtes; mais la résistance qu'il trouva dans le château de Caraglio, l'empêcha de passer plus avant; il ne put jamais s'en rendre le maître, & fut contraint de rentrer dans ses Etats. Il sollicita vivement l'Empereur de faire une descente en Italie, espérant tirer de lui quelques secours. 1160.

L'Empereur se laissa facilement persuader de venger les affronts qu'il avoit reçus de Milan. Outre la honte d'en avoir levé le siége, l'Impératrice y avoit été traitée avec le dernier mépris. Il vint donc mettre de nouveau le siége devant cette ville; il l'emporta d'assaut, & ne suivant que sa fureur, il fit passer au fil de l'épée ses habitans, sans distinction d'âge ni de sexe, & réduisit la ville en cendres. Il fit semer du sel sur ses ruines, accompagnant cette action de toutes les malédictions que les Romains mettoient en usage en pareil cas. Cette expédition ne fut point utile au Marquis de Saluces. L'Empereur rentra dans ses Etats. En passant par la Savoye, il traita Suze comme Milan. La nouvelle Coni s'augmenta considérablement des malheureuses familles échappées de Milan. Elles se joignirent aux Lombards qui six ans auparavant étoient venus s'établir à Coni. 1161.

Asti se relevoit aussi; l'on voyoit sortir une nouvelle ville plus belle & mieux fortifiée, des ruines de l'ancienne. Le Marquis de Saluces se servit de ce prétexte pour attirer de nouveau l'Empereur en Italie. Il lui représenta que Coni devenoit la retraite de tous ses ennemis, qui s'y fortifioient de façon à se rendre redoutables à tous leurs voisins, & deviendroient difficiles à réduire sous 1165.

AN. 1165. une obéissance qu'ils ne vouloient plus connoître. L'Empereur vint en Piémont
dans le dessein de l'assujettir. Le Marquis de Saluces alla le recevoir à Turin,
& offrit ses troupes & sa personne à l'Empereur qu'il engagea à lui confier une
partie de son armée, avec laquelle il obtint la permission de faire le siége de
Coni. Mais pendant qu'il faisoit ses dispositions, l'Empereur rappella ses troupes qu'il conduisit lui-même dans la Romagne, pour soutenir les droits du Pape
contre son adversaire. Coni fut ainsi délivrée du siége qu'elle appréhendoit.
Elle travailla de plus en plus à augmenter ses fortifications, qui exciterent le
Marquis de Saluces à tout tenter pour la détruire.

1167. L'Empereur étant rentré dans l'Allemagne, le Marquis de Saluces lui représenta de nouveau les raisons qui l'avoient fait venir en Piémont, & lui demanda de suivre ses premiers projets. Ayant appris que les Milanois relevoient
leur ville & qu'ils se fortifioient avec ardeur, qu'Asti imitoit cet exemple, il
sçut si bien en donner de l'ombrage à l'Empereur, qu'il détermina ce Prince à
passer encore une fois dans l'Italie avec une armée plus nombreuse que celle qu'il
y avoit déjà conduite.

1174. L'Empereur menoit avec lui l'*Impératrice* qu'il laissa à Côme d'où il s'avança vers Milan; mais il fut battu entre Legnano & Dairago, & toute son armée
mise en déroute. Il fut contraint de rester quatre jours caché dans Pavie: ce qui
fit naître les bruits qu'il avoit été tué. Après cet échec il quitta l'Italie & porta ses armes dans la Terre-Sainte, où il mourut en se baignant dans une riviere de Cilicie.

1180. Le Marquis de Saluces voyant tous ses projets échoués, & ne se sentant pas
assez fort pour rien entreprendre sur Coni, se contenta de ravager le pays des
environs. Il s'empara de Pedona à qui il imposa 1000 sols de Gênes de tribut; mais le peuple ne fut pas en état de payer longtems une somme si considérable, vû le tems. La guerre l'en délivra pour le jetter dans d'autres malheurs.
Le Comté de Provence dont dépendoient les vallées de Sture & de Gezzo étant
dévolu à la Chambre Impériale, l'Empereur en donna l'investiture à Raimond
1181. Bérenger neveu du Comte de Barcelone. Le Comte Guillaume lui disputa For-
calquier les armes à la main, & porta la guerre au-delà des Alpes.

Après Raimond, Alphonse son fils lui succéda, & mourant peu de tems
après sans enfans, il institua Alphonse Roi d'Arragon son héritier. Ce Roi
1182. continua de faire la guerre dans les environs de Coni, où le Comte Guillaume
lui tenoit tête. Il ruina toute la campagne, mais il n'osoit attaquer Coni, qui

vivoit dans l'indépendance. Ses fortifications la rendoient respectable ; elle An. 1182.
étoit très-peuplée & ses habitans en état de la défendre. Il se contenta de faire de grands ravages dans le pays & brûla une grande partie de Pedona. Plus on ravageoit les environs de Coni, & plus la ville s'augmentoit par la quantité de gens qui s'y réfugioient.

Le trop grand nombre d'habitans fut sans doute nuisible à la ville, & y 1199.
causa une peste qui fit périr la moitié du peuple.

Le Marquis de Saluces attentif à tout ce qui pouvoit lui donner quelque 1200.
avantage sur Coni, qu'il vouloit surprendre par adresse ou s'assujettir par force, feignit d'entrer dans le malheur qu'elle venoit d'essuyer, & compatissant aux pertes qu'elle avoit faites, il permit à tous ceux de ses Vassaux qui le voudroient, d'aller s'établir à Coni. Ils furent reçus avec joie ; la ville paroissoit relevée de ses pertes & se trouvoit aussi peuplée qu'avant la mortalité.

Le Marquis de Saluces vint alors en faire le siége. On courut aux armes pour se défendre ; mais les nouveaux habitans refuserent de les prendre contre leur ancien Souverain, & conseillerent aux autres de se soumettre : ce qu'ils furent obligés de faire, n'étant pas assez forts pour se défendre, & d'ailleurs craignant qu'il ne se fît un parti dans la ville en faveur du Marquis de Saluces,
ils ouvrirent leurs portes. Le nouveau Souverain, pour prévenir les séditions ou 1207.
les révoltes, fit bâtir le château de Borgato joignant Coni. Il ménagea d'abord le peuple ; mais à peine les murs du château furent-ils élevés à hauteur d'homme, qu'il exerça la tyrannie la plus violente, faisant payer à Coni des impôts exorbitans. 1208.

L'Abbé de St. Dalmatz profita de l'occasion, il se fit un parti contre le Marquis de Saluces ; mais n'étant pas assez fort pour lui tenir tête, il détermina les principaux du peuple & le Sénat à se soumettre au Comte de Provence, avec lequel il fit son traité particulier. Les Habitans offrirent de mettre mille hommes de leur ville en campagne, si le Comte Raimond vouloit passer les Alpes avec une armée, & attaquer le Marquis de Saluces. A ces conditions la ville se soumettoit à lui. 1210.

Le Comte Raimond les accepta, & parut à l'improviste en Piémont. Il envoya sommer le Marquis de Saluces de lui rendre Coni. Celui-ci se mit en campagne. Quoiqu'avec un désavantage marqué, il se soutint dans toutes les rencontres ; mais le Marquis de Montferrat l'ayant abandonné, pour se défendre lui-même contre ceux d'Asti, & apprenant que le Comte de Maurienne étoit

AN. 1210. venu bâtir un château à Pignerol, la crainte de se trouver entre deux feux, lui fit prendre le parti de retirer ses troupes de la ville & du château de Coni, & de rentrer dans ses Etats, où il mourut peu de tems après.

1215. RAIMOND prit possession de la Ville, où il établit un très-bon ordre, fit rentrer l'Abbé de St. Dalmatz dans une partie de ses droits, conserva la forme de l'ancien Gouvernement, & repassa dans la Provence.

1230. LE Marquis de Saluces laissoit un fils qui sentit aussi bien que son pere toute l'importance de Coni. Il suivit ses traces. Sous quelque spécieux prétexte il se plaignit de la Communauté de Coni, & rassembla une armée pour l'attaquer. Ceux-ci avertis à tems, firent alliance avec ceux de Milan, qui envoyerent leur Général Ozino porter la guerre dans le pays du Marquis de Saluces, dans le même tems qu'il marchoit vers Coni. Le Marquis revint en grande hâte dans ses Etats, & Ozino s'étant approché de Coni jusqu'à Pedona qui appartenoit alors au Marquis de Saluces, attaqua cette ville. D'abord il ne trouva qu'une légere résistance; mais ses ennemis s'étant retranchés dans les maisons, il y fit mettre le feu & réduisit en cendres Pedona & ceux qui la défendoient. Il ne resta d'entier qu'un *Bourg* qui porte encore aujourd'hui le nom de *Borgo*, à côté duquel on voit les ruines de Pedona.

1231. LE Marquis de Saluces fortifié de l'alliance des Marquis de Céva & de Busca, perdit la bataille, qu'Ozino lui livra près de Grana, & son armée fut détruite. Le Marquis de Céva, sans abandonner le parti de son allié, sépara le peu de troupes qui lui étoient restées après la bataille, & les mena sur les terres des habitans du Mondovi, qu'il ravagea, les traitant en ennemis à cause de de l'alliance qu'ils avoient contractée avec ceux de Coni.

1232. PENDANT qu'il étoit occupé à faire le dégât, ceux d'Asti en faisoient autant sur ses terres. Il fut contraint d'abandonner le Marquis de Saluces pour défendre son pays. Le Marquis de Saluces ne pouvant plus continuer la guerre, rechercha la paix. Elle lui fut accordée par la médiation de l'Abbé de St. Dalmatz aux conditions qu'il renonceroit dans la forme la plus autentique & pour toujours à ses droits sur la Ville & la Communauté de Coni, qui ne négligeant aucune précaution, fit une Ligue fort étroite avec celles d'Asti & d'Alexandrie, de Mondovi & de Savigliano: en vertu de cette Ligue, toutes ces Communautés devoient se défendre mutuellement contre quiconque les attaqueroit, & formoient une espece de confédération, qui pouvoit acquérir une solidité Républicaine, si elle avoit embrassé dans son union des objets de commerce & de

politique, ainsi qu'elle réunissoit leurs armes. Un hyver fort rigoureux fit périr An. 1234.
en quelques mois dans Coni autant de peuple que la peste en avoit emporté peu auparavant. Les Milanois n'étoient pas alors dans le cas d'envoyer une Colonie pour la repeupler; mais au contraire sous le prétexte que Coni servoit de retraite à tous les rebelles de leur Patrie, ils marcherent contre elle, ayant à leur tête Toriani dont la famille a excité de grands démêlés dans le Milanois.

La ville dépourvue d'habitans & hors d'état de se défendre, fut obligée de 1237.
se soumettre. Elle reçut Toriani qui s'y fit reconnoître pour Souverain, mais
qui n'en resta pas longtems possesseur. Il l'abandonna l'année suivante, sur la 1238.
nouvelle que l'Empereur Frédéric marchoit à lui. Frédéric entra dans Coni sans obstacle: il rendit les clefs de la ville à l'Ambassadeur du Comte de Provence, à qui lui-même en avoit donné l'Investiture.

L'Empereur Chef de la faction Gibeline voulant que toutes les villes d'Italie se déclarassent, soit pour lui, soit pour Conrad Chef du parti des Guelfes; la Noblesse de Coni crut se devoir ranger du côté de l'Empereur contre les Guelfes. Elle voulut contraindre le peuple à suivre cet exemple; mais le peuple restant indécis, fut traité comme ennemi, & qualifié de *Guelfe*; ainsi la République de Coni qui n'étoit plus qu'une simple Communauté depuis qu'elle avoit reconnu des maîtres, se vit déchirer par une guerre civile, capable de la détruire. Elle souffrit beaucoup jusqu'à ce que le Comte de Provence envoya quel- 1240.
ques troupes sous les ordres du Général Cérati pour éteindre toutes les divisions & réunir les esprits. Il ne contint le peuple dans le devoir que par des exemples de sévérité & par la mort des plus séditieux qu'il fit périr par différens supplices, qui intimiderent les autres & firent cesser toutes les divisions, au moins en apparence.

Ces exemples & la présence du Général Cérati empêcherent ceux de la Com- 1241.
munauté de prendre part dans la guerre que l'Empereur portoit en Italie. Le Marquis Azzo d'Este, Général de la Ligue, battit ses troupes & s'empara de son trésor dans la ville de Parme qu'il emporta d'assaut.

Le Comte de Provence étant mort, & ayant laissé pour unique héritiere 1245.
Béatrix fille d'une sœur d'Amédée III. Comte de Savoye, laquelle venoit d'épouser le Duc d'Anjou, la Communauté de Coni voulut reprendre l'ancienne forme de son Gouvernement, & rétablit les usages que le Comte avoit abolis; mais par son inconséquence ordinaire & par un manque de conduite politique elle reconnut le Duc d'Anjou pour Souverain, se flattant qu'il accorderoit toutes

AN. 1245. les exceptions qu'elle voudroit faire à son autorité.

1247. LE Marquis de Saluces prit les armes pour faire valoir les droits auxquels il prétendoit ne pas avoir renoncé. Il attaqua Vignolo où il trouva une si bonne défense qu'il ne put s'en emparer. La Communauté de Coni qui n'attendoit pas de secours de son Souverain, voulant se mettre à l'abri des surprises du Mar-
1249. quis, fit une Ligue offensive & défensive avec les Communautés de Mondovi, de Fossano, de Savigliano, Bene, St. Albano, Moretta & la Niella. Cette Ligue fit échouer les projets du Marquis de Saluces qui fut contraint de se retirer dans ses Etats. La Communauté de Coni, en conséquence de ce Traité, fournit à celle de Mondovi douze cens hommes bien armés qui obligerent l'Evêque d'Asti de se retirer de leurs terres qu'il ravageoit. Cette nouvelle confédération ne fut encore que momentanée & sans projet d'union Républicaine.

1253. LE Comte de Maurienne vint de Pignerol dans la Vallée de Sture, prétendant s'emparer de Démont, sous des prétextes que ceux de Démont détruisirent, en se disant de la dépendance de Coni. Le Comte voulut les contraindre à lui obéir & ravagea leurs terres. Il s'avança même jusqu'à Coni; mais la vue
1255. de cette place en imposoit. Il balançoit cependant s'il en feroit le siége, lorsqu'il apprit que le Comte Toriani venoit avec les Milanois pour la secourir. Il accepta les premieres propositions de paix qu'on lui fit, renonçant autentiquement à tous ses droits sur Coni & ses dépendances, ses prétentions n'ayant pour base que la violence, à laquelle on renonce chaque fois qu'on est contraint de faire la paix.

1256. LE Duc Charles d'Anjou, frere de Louis IX. Roi de France, passa les Alpes pour venir porter la guerre en Piémont, & il augmenta ses troupes de deux mille hommes que lui fournit la Communauté de Coni, avec lesquels il marcha contre ceux d'Asti, qu'il défit en plusieurs rencontres. Il termina cette guerre plus tôt qu'il n'avoit compté pour aller prendre possession du trône de Sicile, où il étoit appellé par le Pape Alexandre IV. qui, sur la nouvelle de la mort de Frédéric en Terre-Sainte, en refusoit l'Investiture à Manfrede bâtard de cet Empereur.

CET ambitieux avoit porté Conrad son frere aîné, Roi des Romains, à faire mourir Henri, son second frere, qui avoit eu le Royaume de Naples & de Si-
1265. cile en partage. Après la mort de Henri il avoit empoisonné Conrad pour jouir
1266. seul de la succession de Frédéric son pere. Il appella les Sarrasins, qui vinrent à son secours en Italie. Il fut tué dans une bataille que lui livra le Duc d'An-

jou qui avoit conduit avec lui les troupes de la Communauté de Coni, qui se An. 1266.
distinguerent en plusieurs occasions, mais sur-tout sur les bords d'une riviere qu'ils empêcherent les ennemis de passer.

Conradin prétendit succéder à Manfrede, mais le Duc d'Anjou le chassa & 1267.
le battit par-tout où il le trouva. Le secours des Sarrasins lui fut aussi peu avantageux qu'à Manfrede, & le Duc d'Anjou demeura paisible possesseur des deux 1268.
Royaumes de Naples & de Sicile. N'ayant plus besoin de ses Piémontois, il les renvoya dans leur patrie. Les soins de son Royaume lui firent négliger ceux de ses Etats de Piémont qu'il parut abandonner.

Il s'éleva quelques disputes entre les peuples d'Asti & de Coni: on prit les 1271.
armes. Ces derniers demanderent du secours au Gouverneur de Provence qui ne leur fit aucune réponse. L'Abbé de St. Dalmatz s'érigea en médiateur, & porta les deux parties à la paix, qui fut bientôt conclue.

Le Gouverneur de Provence qui se proposoit de passer les Alpes pour secou- 1273.
rir Coni, conserva dans son cœur un vif dépit contre ceux d'Asti. Il feignit pendant quelque tems d'être content du Traité de paix; cependant il assembla des troupes dans la vallée de Sture, & marcha contre Asti; il n'eut que du désavantage pendant toute la campagne.

Il fit alliance avec Pierre Balbe, Comte de Tende & de Ventimille. Ai- 1275.
dé de ce secours, il reprit toutes les terres dont ses ennemis s'étoient emparés, & fit même quelques conquêtes sur eux. Mais enfin la paix se fit par l'en- 1278.
tremise de quelques principaux Seigneurs de Mondovi.

Le Comte Balbe pour se venger du Marquis de Saluces de qui il avoit reçu 1280.
quelque mécontentement, se jetta sur Dragonera & Montmal dont il s'empara.

Le Marquis en revanche se saisit de quelques terres dépendantes de Coni 1281.
comme étant alliée du Comte; mais cette guerre fut heureusement terminée à la fin de la campagne, & les conquêtes restituées de part & d'autre.

La paix fut de courte durée; car le Marquis de Saluces ayant appris la mal- 1282.
heureuse révolution des Vêpres Siciliennes, recommença la guerre de nouveau: il s'empara de quelques dependances de Coni. La nouvelle de la captivité du Duc d'Anjou que Roger Doria Amiral du Roi d'Arragon avoit fait prisonnier, 1283.
rendit le Marquis sourd à toutes les propositions de paix que lui fit l'Abbé de St. Dalmatz: il poussa la guerre avec vigueur; mais il n'en remporta aucun avantage, quoique Coni parût & fût réellement abandonnée du Gouverneur de Provence, qui refusa de marcher à son secours.

An. 1284. La mort du Duc d'Anjou survenue alors sembla reculer la paix; la Communauté de Coni, fort augmentée, voulut encore se remettre dans l'indépendance & s'érigea de nouveau en République. Elle fit des Loix pour se gouverner elle-même & ne plus obéir à aucun Souverain, & reprit son ancienne façon de se conduire, rétablissant toutes les charges supprimées. Le Sénat fit des traités avec les Milanois & ceux d'Asti. Le Marquis de Saluces n'avoit pas cessé de faire la guerre; il fit sa paix sur la nouvelle qu'Alphonse Roi d'Arragon étoit en Provence & qu'il marchoit vers Coni pour y succéder au Duc d'Anjou, & s'en faire reconnoître Souverain. L'Abbé de St. Dalmatz fut le médiateur, par l'entremise duquel le Marquis de Saluces obtint la paix.

1287. La République de Coni se prépara à défendre sa liberté, & vit sans s'étonner Alphonse faire le dégât sur ses terres; elle sçut se conserver libre; & malgré tous ses efforts, il fut contraint de repasser en Provence sans avoir pu tirer aucun avantage de la guerre.

1288. Charles II. Duc d'Anjou ayant été couronné Roi de Naples, le Sénat de Coni lui fit serment de la même obéissance qu'il avoit jurée à Charles I. Son commerce en devint plus florissant, personne n'osant l'interrompre par la crainte qu'inspiroit le Duc d'Anjou qui soutint une guerre fort vive, & toujours avec avantage, contre Jacques Roi de Sicile. Cette inimitié se termina par
1295. le mariage de la fille du Roi de Naples avec le fils du Roi de Sicile.

Ces guerres avoient épuisé le Roi Charles; ayant besoin d'argent, il vendît
1296. au Marquis de Saluces le tiers des Etats qu'il possédoit en Piémont pour quatre mille marcs d'argent qui lui furent envoyés. Les peuples qui redoutoient la domination du Marquis de Saluces, firent des protestations contre cette cession, révendiquant le droit des gens & les actes de leur Capitulation avec leurs divers maîtres; mais leurs plaintes & leurs actes n'empêcherent pas le Marquis de se mettre en possession des terres cédées, parmi lesquelles étoient plusieurs dépendances de Coni. Le Sénat politique dissimula son dépit, sans oser le faire éclater. Il étoit alors très-commun qu'un Souverain vendît ses sujets & sa Souveraineté.

1299. Le Marquis de Saluces étoit occupé à combattre avec ses troupes sous les ordres du Marquis Azzo d'Este, Capitaine-Général de la Ligue, contre les Visconti. Ils avoient élevé de grands troubles dans l'Etat de Milan, & furent enfin contraints d'abandonner leur patrie pour un tems. A son retour de cette guerre il prit possession de tous les pays cédés par le Roi Charles, & mit des

des garnisons dans les endroits où il le jugea nécessaire; conduisant ensuite le An. 1299.
gros de son armée devant Coni, sous prétexte que cette place lui avoit été cé-
dée, il envoya sommer le Gouverneur de se rendre. Sur son refus le Marquis
de Saluces en fit le siége. Coni ne fit pas une longue défense: elle se rendit à
des conditions fort avantageuses, reconnut le Marquis de Saluces pour son Souverain, & lui prêta serment de fidélité.

Le Roi de Naples étoit trop occupé des guerres qu'il avoit à soutenir contre 1300.
Frédéric d'Arragon, qui avoit fait le Prince de Tarente son fils prisonnier de
guerre, pour s'opposer aux entreprises du Marquis de Saluces, qui de son côté
ne craignant rien du Roi de Naples, établit à Coni & dans tous les endroits
dont il s'étoit emparé, des taxes & des impôts que les peuples ne payoient
qu'en murmurant. Un tremblement de terre très-violent abbatit une partie des 1301.
maisons de Coni, & rendit encore plus triste la misérable situation dans laquelle
elle gémissoit. Elle en instruisit son Roi qui venoit de faire la paix avec Frédéric d'Arragon.

Il envoya Raimond son fils sous le titre de Comte de Provence avec un Sé- 1302.
néchal, pour se faire rendre par les armes tout ce que le Marquis de Saluces
avoit usurpé par mauvaise foi.

A peine le nouveau Comte de Provence fut-il débarqué à Marseille, qu'il 1305.
écrivit à la Communauté de Coni qu'il se préparoit à la délivrer des vexations
qu'elle essuyoit, & qu'aussi-tôt que les neiges seroient fondues, il passeroit les
Alpes & viendroit à son secours. Il vint en effet par la vallée de Sture droit à
Borgo qui le reçut comme son Souverain. Le Marquis de Saluces n'étant pas
assez fort pour s'opposer à l'armée du Comte de Provence, abandonna toutes les
terres qu'il avoit surprises, & n'osant risquer une garnison dans Coni, dont les
habitans auroient été ses premiers ennemis, il retira ses troupes de cette ville,
& rentra dans son pays, où il s'attendoit à recevoir le Comte de Provence, qui,
content de reprendre tous les Etats que son pere lui avoit cédés, se hâta de repasser les Alpes avant que les neiges en fermassent le chemin. Il revint par la
vallée de Sture en Provence, où la mort le surprit assez promptement.

Le Marquis de Saluces ne le vit pas plus tôt sorti du Piémont, qu'il fit des
courses sur ses terres, ravagea son pays, enleva tous les convois qui entroient 1306.
dans Coni, & bloqua cette place, que Raimond avoit abandonnée ou, pour
mieux dire, confiée à ses propres forces. On lui demandoit envain du secours;
on écrivit inutilement au Roi de Naples: ce qui détermina le peuple & la No-

AN. 1306. blesse de Coni à se mettre sous l'obéissance de Galeaz Visconti de Milan, à qui ils prêterent le serment de fidélité qu'ils se croyoient en droit de retirer au Roi Charles, & de refuser au Marquis de Saluces.

ILS trouverent au commencement beaucoup de douceur sous ce Gouvernement; mais Galeaz ayant été obligé de marcher au secours de son pere dans le Milanois, confia le soin de ses peuples à des Gouverneurs qui abuserent de leurs pouvoirs; & comme il ne répondoit point aux plaintes qui lui en furent faites, on résolut de se soustraire à son obéissance pour rentrer sous celle du Roi de
1309. Naples qui étoit venu en France pour se réconcilier avec le Pape. Les Envoyés de Coni, qui prirent le titre d'Ambassadeurs, se disposoient à partir lorsqu'on reçut la nouvelle de la mort de ce Prince. Ce fut un coup de foudre pour eux; mais ils partirent peu de tems après, aussitôt qu'on sçut que Robert fils de Charles avoit été investi par le Pape de tous les Etats de son pere & de son frere Raimond Comte de Provence. Robert reçut à Marseille les Ambassadeurs de Coni avec beaucoup de plaisir: il en eut encore plus du serment de fidélité qu'ils lui prêterent au nom de la République & de la Ville de Coni.

1313. LE Roi Robert se déclara hautement Chef des Guelfes: ce qui irrita tellement l'Empereur Henri VI. qu'il le dépouilla de ses Etats, & envoya l'investiture de ceux du Piémont au Marquis de Saluces qui crut ne pouvoir mieux reconnoître cette grace, qu'en se déclarant Chef des Gibelins, dont l'Empereur protégeoit le parti. Depuis que cette source de guerre paroissoit tarie dans le Piémont, on n'avoit plus entendu prononcer ces noms; mais le Marquis de Saluces rappellant à la Noblesse de Coni ses anciens engagemens renouvella toutes les divisions oubliées. Il fut introduit dans Coni par les Gibelins; il ajouta alors à ses titres celui de Marquis de Coni, fit battre monnoie en son nom dans cette ville, & persécuta cruellement les Guelfes. Les affaires changerent de face par la mort de l'Empereur Henri, qui fut empoisonné à Bonconvento proche de Sienne. Robert reprenant courage, & retrouvant des sujets qui n'avoient pas osé se déclarer fidélement attachés à lui du vivant de l'Empereur, en rassembla une partie qu'il envoya en Piémont pour chasser le Marquis de Saluces de ses Etats. Celui-ci n'osant l'attendre, abandonna tout
1314. ce qu'il avoit pris pour se mettre en sureté dans sa ville & fit en faveur du Roi Robert une rénonciation en forme à tous les droits qu'il avoit acquis sur ses biens par l'Investiture de l'Empereur défunt.

ROBERT ne se contentant pas de cette cession, envoya un Sénéchal en Pié-

mont pour punir le Marquis de toutes les violences qu'il avoit exercées, & pour An. 1314.
détruire la faction des Gibelins, en faisant périr tous ceux qui seroient reconnus
pour tels. Le Sénéchal ne les épargna pas; il s'empara de quelques terres du 1315.
Marquis de Saluces qu'il ravagea, & il auroit fait de plus grands dégâts, si le
Roi Robert ne l'avoit rappellé avec toutes ses troupes, pour venir renforcer
en Provence une armée qu'il destinoit à marcher au secours des Génois qui s'étoient mis sous sa protection, & dont la Capitale étoit assiégée par Marc Visconti, frere de Galeaz, qu'il contraignit de se retirer.

Il s'étoit élevé de grands troubles dans le Mondovi. Quelques Chefs des 1317.
Gibelins s'y firent un parti à l'aide duquel ils vouloient soumettre le pays; mais les troupes de Coni marcherent au secours de ceux de Mondovi leurs alliés, & les délivrerent de tous les révoltés, dont le Roi Robert confisqua les biens. Pour éterniser la valeur des soldats de Coni, il voulût que cet argent servît à élever une tour à Coni, sur laquelle cette guerre seroit représentée: ce qui fut exécuté.

Ces troupes de retour dans leur ville n'y conserverent pas longtems la paix. 1318.
Accoutumées à traiter tous les Gibelins en ennemis, elles rechercherent dans la ville ceux qui favorisoient ce parti, & les firent périr. Les Officiers de Justice n'oserent les punir, & craignirent de s'en faire des ennemis. Cette impunité occasionna beaucoup de meurtres & d'assassinats. On en vint au point de faire des réjouissances publiques pour tous les avantages que le Roi Robert, Chef des Guelfes, remportoit sur Frédéric Roi de Sicile, qui ne cessoit de lui faire la guerre pour s'emparer du Royaume de Naples dont l'Empereur l'avoit déclaré déchu.

Quelques Sénateurs représenterent les dangereuses suites de ces divisions, 1319.
& s'employerent inutilement pour concilier les esprits. Ils s'adresserent même au Roi Robert qui ne leur donna que des promesses sans effet.

Ce Prince n'avoit qu'un fils, Charles Duc de Calabre, Prince de grande es- 1328.
pérance, qui mourut sans enfans mâles, dans le tems qu'on se flattoit qu'il alloit venir prendre possession du Comté de Provence & des Etats de son pere en Piémont. Il ne laissa qu'une fille (la Princesse Jeanne) qui épousa André de Hongrie, que le Roi son pere conduisit à Naples, pour assister à ses nôces.

Quelques Génois s'étant soulevés contre leur République, les milices de 1335.
Coni & de Mondovi marcherent à son secours. Elles trouverent les troubles appaisés, & rentrerent chez elles sans combattre.

Les troupes de Savigliano ayant voulu surprendre le château de Montmale, 1339.

An. 1339. regardé comme dépendance de Coni, la milice de cette ville fort aguerrie & qui s'étoit fait une réputation dans la guerre, laissa ceux de Savigliano s'engager dans les longueurs d'un siége, & tombant dessus à l'improviste, elle tailla en pièces les assiégeans, dont le Chef (Beggiamo) fut pris avec toutes leurs provisions & leurs munitions. Cette action de valeur rendit ceux de Coni respectables à leurs voisins.

1340. Le bruit de ces exploits vint jusqu'à Robert qui paroissoit avoir oublié dans Naples qu'il avoit d'autres sujets en Piémont. Cette action lui fit naître l'envie de leur commander. Il envoya Nicolas Elule son Sénéchal pour se mettre en possession en son nom de toutes les terres qui lui appartenoient dans ce pays. Le Sénéchal amena quelques soldats qu'il renforça de tous ceux qu'il trouva fideles au Roi son maître. Non content de ce secours, il contraignit plusieurs particuliers qui s'étoient déclarés pour les Gibelins, de le suivre. Ils céderent d'abord; mais à la premiere occasion ils se révolterent, & soutenus du Marquis de Saluces qui se déclara leur protecteur, ils tournerent leurs armes contre le Sénéchal qui s'empara de quelques terres du Marquis, & ne tarda pas à le faire repentir du parti qu'il avoit pris. Le Marquis craignant d'entrer dans une guerre ouverte contre le Roi de Naples, demanda la paix; mais l'Abbé de St. Dalmatz qu'il avoit prié d'être son médiateur auprès du Sénéchal, ne put lui faire accorder aucun accommodement, qu'il ne cédât le château de Dornero qui servoit de retraite aux Gibelins. Le Marquis sacrifia cette place pour avoir la paix; le Sénéchal repassa les monts, & vint s'embarquer à Marseille, pour

1343. rendre compte de son expédition au Roi de Naples son maître. Il le trouva si malade, qu'il ne put l'instruire de ce qu'il avoit fait, & il le vit mourir, peu de jours après son arrivée, regretté de tous ses peuples, que son mérite & ses vertus lui avoient attachés. La Princesse Jeanne sa petite-fille étoit instituée par son testament son unique héritiere. Elle se mit en possession du Royaume de Naples, & envoya un Sénéchal en Piémont pour s'y faire reconnoître Souve-

1345. raine. Le Sénéchal apprit à son arrivée que les Gibelins fomentoient une révolte; il l'étouffa dans sa naissance, & se comporta avec tant de justice & d'équité, que les peuples se trouverent heureux d'obéir à une Reine, qui remplit exactement tous les engagemens qu'elle prit avec eux en recevant leur serment de fidélité. La réputation de cette Princesse souffrit pourtant beaucoup à la mort d'André Roi de Hongrie son mari. Ce Prince étant mort de poison à Naples, elle avoit épousé sur le champ le jeune Prince de Tarente, fils de Philippe, frere du Roi Robert son ayeul.

Louis Roi de Hongrie accusa la Reine d'avoir empoisonné son frere André, An. 1346.
& pour s'en venger il vint avec toutes ses forces en Italie. Les nouveaux Epoux se sauverent à Avignon, & abandonnerent leurs Etats à la discrétion des Hongrois qui firent tout le dégât qu'ils purent. Le Roi fit trancher la tête à Charles Duc de Duras qu'on accusoit d'être complice du crime qu'on imputoit à la Reine. Cependant elle avoit toujours un Sénéchal à Coni; mais la peste qui s'y répandit, le força d'en sortir avec toutes les troupes pour les mettre à l'abri de la contagion, & l'empêcher de s'étendre dans la Province. Le Sénéchal se retira dans les vallées, où il mit ses troupes en quartiers. Le Marquis de Saluces prit ce tems pour se jetter sur le château de Polenzo dont la garnison capitula & sortit après un siége fort court. Le Sénéchal accourut avec ce qu'il put rassembler de Provençaux & de Piémontois pour le reprendre; mais il fut tué dans une bataille que lui livra le Marquis de Saluces, & ses troupes défaites se disperserent dans le pays.

Cet échec ébranla la fidélité des peuples de Coni. Ils avoient l'exemple de 1347.
Cheras qui s'étoit soustraite à l'obéissance de la Reine Jeanne, & qui vivoit heureuse sous le gouvernement d'Amédée VI. Comte de Savoie. La crainte d'être la proie du vainqueur, l'espérance d'un sort plus heureux & l'exemple de leurs voisins déterminerent la désobéissance de ces peuples qui n'envisageoient que des malheurs dans un attachement trop fidele, & qui se crurent permis de préférer leur utilité à leur devoir. Ils firent donc offrir au Duc de Savoie tous les droits dont ils vouloient frustrer la Reine Jeanne; mais, pour couvrir d'un voile trompeur leur trahison, il fut convenu qu'Amédée se présenteroit devant Coni avec une armée & paroîtroit s'en rendre maître par la force, afin de joindre les droits de conquête à ceux qu'ils devoient lui donner pour toujours sur leur liberté.

Le Comte de Savoie, flatté de l'espérance de s'aggrandir, n'eut garde de rejetter ces offres avantageuses. Il accorda toutes les conditions, conserva les usages & les priviléges non-seulement de Coni, mais de toutes ses dépendances; il les augmenta même: ce qui le fit recevoir avec des applaudissemens que la nouveauté & les bienfaits font prodiguer au peuple. Le Comte à la tête de quelques troupes se présenta devant Coni qui lui ouvrit ses portes avec des apparences de contrainte qui tromperent peu de personnes. Non-seulement Amédée se fit reconnoître à Coni pour Souverain; mais il reçut encore les hommages de Savigliano, de Mondovi & de Chiari. Satisfait de conquêtes aussi faciles,

An. 1347. il rentra dans ses Etats, & ne laissa que peu de monde pour garder tout le pays qu'il venoit de se soumettre.

Cet aggrandissement de la Maison de Savoie réveilla tous les desirs & toutes les prétentions du Marquis de Saluces sur le territoire de Coni. Il n'avoit que la voie des armes pour s'y opposer. Mais trop foible pour soutenir une guerre contre le Comte de Savoie, dont la puissance étoit considérablement augmentée par tant de nouveaux sujets, il aima mieux, pour ôter Coni des mains du Comte, y renoncer, & l'offrir à Luchino Visconti, Seigneur très-puissant dans l'Etat de Milan. Le traité fut bientôt conclu; & les Milanois conduits par Luchino en Piémont, parurent d'abord du côté d'Albe, s'emparerent de Vaudiere & de Caraglio qu'ils céderent au Marquis; mais en même tems ils firent reconnoître leur Chef pour Souverain dans tout le territoire de Coni dont ils s'emparerent. Il ne restoit plus que Centale qui arrêtât leurs efforts, & la ville de Coni dont ils n'oserent entreprendre le siége. La saison étoit trop avancée, & les pluyes & les débordemens auroient rendu inutiles toutes leurs tentatives. On différa pendant tout l'hyver de l'attaquer, & dès le commencement de Mars on
1348. en fit le siége. Centale avoit des vivres & des munitions pour deux mois. Confiée à la garde de ses habitans, elle étoit plus dépourvue de Chefs pour les bien conduire que de défenseurs pour s'opposer à ses ennemis. Cependant ils se défendirent avec courage aussi longtems que durerent leurs provisions; mais perdant l'espérance d'être secourus, ils capitulerent à la fin d'Avril, & se rendirent à des conditions honorables & avantageuses. La plus dure fut de reconnoître le vainqueur pour légitime Seigneur & de lui jurer une obéissance qu'ils ne connoissoient pas. Cependant ce fut-là la plus essentielle & la premiere exécutée.

Le Comte de Savoie plus occupé du soin d'immortaliser son nom par de brillantes actions que de conserver ses Etats, vit avec assez de tranquillité ce démembrement. Luchino sçut profiter de l'occasion; il persuada au Comte de Savoie que tout ce pays lui étoit plus à charge qu'utile, & l'exposeroit à de fréquentes guerres dont ses Etats ne seroient point exempts, & où tous ses sujets se trouveroient enveloppés. Le Comte qui se disposoit à partir avec mille Chevaliers pour la France, où il alloit chercher des occasions de se signaler contre les Anglois, fit une cession à Luchino de tous ses droits sur le territoire de Coni, consentant par un Traité particulier qu'il reçût le serment de fidélité dont il dégageoit ce peuple, & prit le chemin de la France.

1349. Luchino revint à Coni, d'où il se rendit dans les Vallées de Gezzo & de

Sture pour s'opposer aux troupes de la Reine Jeanne qui venoient de Proven- AN. 1349.
ce pour faire rentrer cette Princesse dans ses droits. Il ne put les empêcher de pénétrer dans la plaine pendant le mois de Septembre. Elles s'emparerent de toutes les dépendances de Coni, où elles laisserent de fortes garnisons; & le reste repassa les Alpes avant que les neiges les couvrissent. Mais Coni demeura toujours à Luchino Visconti qui mourut sans enfans & en laissa la possession à son frere Archevêque de Milan. On auroit refusé volontiers de le reconnoître; mais il avoit des troupes dans la ville. Plus on craignoit son humeur ambitieuse & son despotisme, moins on osoit lui résister. Il reçut l'hommage de Coni par des Députés qui vinrent le trouver à Milan. Il ne leur répondit qu'en leur imposant de nouvelles taxes. La dureté de son gouvernement faisoit murmurer, & son ambition faisoit craindre que Coni ne devînt le théâtre d'une sanglante guerre. Ce Prélat voulant enlever quelques terres au Comte de Savoie, eut recours à la ruse pour réussir sans s'exposer.

IL congédia une partie des troupes qu'il avoit à sa solde; mais en même tems 1351.
deux hommes affidés les enrôloient secrettement & les envoyoient dans les différens endroits pour s'en emparer quand ils auroient assez de monde pour agir ouvertement. David Grandi & Robert Pinto ses deux Confidens conduisoient tout ce projet, de Staffarde où ils rassembloient les soldats congédiés. Un Espion caché du Comte de Savoie découvrit ce manége, & pour en être mieux instruit, il feignit lui-même d'être du nombre des réformés; mais au lieu d'aller dans l'endroit qu'on lui avoit indiqué, il se pressa de rendre compte de sa découverte au Comte de Savoie qui ne perdant point de tems marcha droit à Staffarde avec les troupes qu'il put rassembler à la hâte. Il prit les deux chefs & leurs complices, fit pendre Robert Pinto à Suze, qui étoit un des lieux dont l'Archevêque vouloit se saisir, & David Grandi à Rivoli. Tous les soldats enrôlés furent de même pendus aux arbres de l'avenue qui va de Rivoli à Montcalier. Cette trahison dégoûta ceux de Coni de plus en plus de leur Souverain; s'ils avoient eu un Chef dans leur sédition, ils se seroient révoltés, tant les esprits étoient portés à se délivrer de ses tyrannies. L'espérance de rentrer sous l'obéissance de la Reine Jeanne qui venoit d'acheter la paix avec le Roi de Hongrie, en cédant Avignon au Pape pour prix de sa médiation, flatta ces peuples d'une domination plus douce. Cette Princesse fit assurer qu'elle ne tarderoit pas à les délivrer de l'oppression où ils étoient; mais peu s'en fallut que la ville ne devînt déserte, & que tous les habitans de Coni n'abandonnassent leurs maisons.

AN. 1351. Plusieurs s'étoient déjà sauvés sur les sinistres interprétations que les Astrologues donnoient à une Comete qui paroissoit sur la ville. Le Sénat employa toute la force de son pouvoir pour retenir le peuple & pour punir les Astrologues qui causoient une sédition d'autant plus dangereuse, qu'il étoit difficile de guérir les esprits d'une terreur que la superstition grave toujours profondément dans les
1355. cœurs. La mort de l'Archevêque de Milan arrivée quelque temps après, fut regardée comme l'événement prédit, & c'étoit le plus heureux que la ville de Coni pût espérer, quoique cette mort la laissât dans de grandes inquiétudes sur son sort. Il se forma plusieurs partis; les uns vouloient se soumettre à la Reine Jeanne; mais ceux qui favorisoient le Comte de Savoie, ne manquerent pas de représenter le peu de secours qu'on pouvoit retirer de cette Princesse, engagée dans de nouvelles guerres pour avoir refusé de payer le tribut promis au St. Pere. Ils faisoient valoir l'avantage d'obéir à un Prince aussi voisin & aussi puis-
1357. sant que le Comte de Savoie. Un reste de Gibelins fit ouvrir les portes au Marquis de Saluces; & après bien des difficultés & des oppositions, les voix se réunirent en sa faveur. La ville en se donnant à lui, demanda toutes les conditions les plus avantageuses pour son commerce, ses franchises & ses priviléges. Le Marquis n'avoit garde de laisser échaper une aussi belle occasion de posséder une ville qu'il avoit toujours autant crainte que desirée. Dans l'impatience d'y entrer, il accorda plus qu'on ne lui demandoit, & promit de ne point changer les offices ni les Officiers, & de conserver tous les usages de la ville. Il y fut reçu à ces conditions; mais à peine y fut-il entré qu'il exerça toute la tyrannie qu'on avoit crainte; & ne tenant aucune des conditions du Traité, il disposa de toutes les charges en faveur de gens attachés à lui, & ne s'occupa que du soin de tirer de grosses sommes du pays par toutes les exactions qu'il put imaginer.

LA Reine Jeanne ayant fait passer dans le Piémont le Sénéchal Gaspard avec le Prince d'Orange, Général fort expérimenté, ne tarda pas à rentrer en possession de tout ce qui lui avoit appartenu. Asti, Chérasque, Alba & Mondovi se rendirent aux premieres approches de ces Généraux qui vinrent mettre le siége devant Coni. Il s'y fit un puissant parti en leur faveur, & le Gouverneur qui y commandoit pour le Marquis de Saluces fut obligé de capituler dès les premiers jours du siége. Le peuple marqua beaucoup de joie de rentrer sous la domination d'une Princesse qui n'avoit occasionné leur infidélité que par ses malheurs, & qui ne les avoit jamais tourmentés comme les différens maîtres auxquels ils s'étoient donnés. Elle avoit au contraire exactement tenu toutes

tes les conditions auxquelles elle s'étoit engagée. An. 1357.

Coni sentoit pourtant toute la difficulté d'être secourue, & combien l'éloignement du Souverain seroit nuisible à la Communauté, lorsqu'elle seroit attaquée, de quelque côté que ce fût. Elle ne tarda pas à en faire la triste expérience; tout le territoire de Coni fut exposé au pillage & au ravage que faisoient sur leurs terres une bande de soldats que les Anglois avoient congédiés après la victoire de Poitiers qui les rendit maîtres du Roi Jean & d'une partie de la France. Le Marquis de Montferrat avoit pris ces réformés à son service; mais n'ayant pas d'argent pour les payer, & n'étant pas assez puissant pour les contenir, ils se répandirent dans tout le pays, qu'ils pillerent, ne respectant pas plus les Eglises que les maisons. Le mal étoit pressant: on demanda du secours à la Reine Jeanne, mais ce fut inutilement; cette Princesse ne fit aucune attention à ces demandes. Elle étoit alors occupée à chercher les moyens de monter sur le trône de Sicile dont le Pape lui venoit d'accorder l'Investiture. Elle ne fit aucune réponse aux Députés de Coni, qui de retour chez eux rapporterent un esprit de murmure & de sédition qui se répandit bientôt dans tout le peuple.

L'Abbé de St. Dalmatz qui *n'ignoroit pas les droits dont avoient joui* quelques-uns de ses prédécesseurs, non plus que l'histoire de la fondation de la ville, crut avoir trouvé le moment de se faire rendre justice. Malgré la douceur & la charité attachées à son état & à son caractere, il s'appliqua de plus en plus à aigrir les esprits & à les porter à secouer le joug d'une Reine qui prenoit si peu de soin de leur conservation: en même tems il fit courir le bruit que tous les voleurs qui les pilloient avec si peu de ménagement, étoient incités & soutenus par le Marquis de Saluces, qu'il craignoit que le peuple ne rappellât pour lui jurer une fidélité qui détruiroit toutes ses prétentions. Les plaintes qu'on fit de tous côtés au Marquis de Montferrat & le pillage de ses terres qui n'étoient point épargnées, le déterminerent à en vendre une partie au Marquis d'Este, & de cet argent il paya ses nouveaux soldats qu'il congédia sur le champ. 1358.

L'Abbé de St. Dalmatz parvint aisément à inspirer aux peuples du dégoût pour le gouvernement de la Reine Jeanne & du Marquis de Saluces; mais il ne put jamais réussir ni à se faire desirer ni à se faire reconnoître pour Souverain. Voyant que toutes ses ruses ne le pouvoient conduire à ses fins, il eut recours au Pape à qui il fit représenter ses droits, lui demandant *l'Investiture* d'une Ville qui devoit lui appartenir. Quoiqu'il ne fût point d'abord écouté, il ne se rebuta pas, & attendit la mort du Souverain Pontife pour insister auprès de son

AN. 1358. Successeur, qui lui accorda avec plus d'indulgence un Bref qui ordonnoit aux peuples de lui obéir comme à leur Souverain, & à la Ville de Coni de le recevoir comme leur maître, sous les peines que tout le courroux céleste peut faire tomber sur les enfans de rebellion & endurcis dans leur obstination.

1363. LA Communauté de Coni respectant les ordres de l'Eglise & craignant son Chef, se crut contrainte d'obéir à ses ordres absolus. Elle reçut l'Abbé de St. Dalmatz avec une apparence de joie qui faisoit connoître toute l'impression qu'un Bref pouvoit faire sur leurs esprits. Quelques particuliers voulurent montrer leur zêle par des illuminations, mais si maladroitement qu'ils mirent le feu à quelques maisons, lequel se communiquant en peu de tems, consuma tout un quar-
1364. tier de la Ville qu'on rebâtit ensuite plus magnifiquement. La Noblesse de Coni revenue de la sainte frayeur qui l'avoit fait obéir aveuglément au Pape, ne craignit point de s'exposer aux foudres du St. Pere par une désobéissance formelle. Elle réduisit son Souverain à gouverner paisiblement ses moines. Elle
1366. invita Galeaz Visconti, Seigneur fort puissant de la Lombardie, à devenir leur maître. On lui envoya des Ambassadeurs au nom de la Ville & de la Communauté de Coni, chargés de pleins-pouvoirs de la Noblesse & du Sénat. Visconti les reçut avec joie, & acceptant toutes les conditions qu'on lui proposoit, il signa le Traité, en vertu duquel il envoya Gilliers Branchi Général de ses troupes prendre possession de son nouvel Etat. Ce Général bien reçu d'abord, fut détesté pendant le séjour qu'il y fit; car sans égard à tous les articles du Traité, il dépossédа plusieurs Officiers de leurs charges, & exila tous les Guelfes comme autant d'ennemis de son maître. A peine les connoissoit-on; il y avoit si longtems qu'ils n'avoient agi contre les Gibelins, que l'on croyoit ces divisions éteintes; mais l'exil de ceux qui déplurent au Ministre, fit craindre la guerre civile qui se reproduisoit de tems à autre sous ces noms.

LES Ambassadeurs de Coni, avant de se soumettre à Galeaz Visconti, avoient demandé conseil au Comte de Savoie. Il avoit fort approuvé leur choix, & se préparoit alors à partir pour la Terre-Sainte dont il prit le chemin peu de tems après. Galeaz Visconti n'attendit pas qu'il y fût arrivé pour lui déclarer la guerre & la porter dans ses Etats. Le Comte de Savoie reçut cette nouvelle à Lyon, & surpris de l'ingratitude de son ennemi, il revint en diligence défendre son pays, marcha contre Visconti, lui livra bataille proche de Fossan, & l'ayant défait le contraignit de se retirer en Lombardie.

1368. ON comptoit de voir le vainqueur sous les murs de Coni; on n'auroit pas attendu qu'il y eût fait brêche pour l'y recevoir, l'envie d'être délivré de la domination de Visconti suffisoit pour lui faire ouvrir les portes; cet espoir ne dura pas longtems & fut détruit par la paix que le Comte de Savoie fit avec son ennemi. On fut encore flatté d'une espérance qui paroissoit plus certaine, mais qui s'évanouït comme celle-ci. Galeaz Visconti mariant sa fille à Leonette, Duc de Clarence, second fils du Roi d'Angleterre, lui donna en dot les Villes de Coni, Mondovi, Caraglio, Busca avec tout leur territoire & dépendances, outre 200000 florins d'or. Ce jeune Prince s'avançoit suivi d'une partie de la Noblesse de Lombardie pour prendre possession de ces Villes, quand il fut attaqué d'une fièvre maligne dont il mourut en peu de jours à Alba. An. 1368.

Odoart, Général du Duc défunt, fit marcher ses troupes du côté de Coni pour s'en emparer; mais Galéaz Visconti l'obligea par ses menaces d'abandonner ce projet & de se retirer: ce qu'il fit malgré les conseils du Marquis de Montferrat qui l'incitoit à prendre Coni. 1369.

Les violences de Galeaz Visconti donnerent à la Reine Jeanne quelque espérance de rentrer dans ses droits & dans ses terres en Piémont. Ne comptant pas qu'il fût aisé d'en venir à bout sans coup férir, elle fit avec le Pape & Amédée, dit le Verd, Comte de Savoie, une Ligue dont les principaux articles furent, que le Comte de Savoie seroit Général de l'armée de la Ligue, que toutes les terres qui avoient appartenu à la Reine Jeanne lui seroient rendues, de même qu'au St. Pere toutes celles qui avoient été aliénées du Domaine Papal, & que toutes les autres conquêtes que feroit le Comte, seroient en son nom & pour lui. 1370. 1373.

Le Général de la Ligue ne tarda pas à paroître à la tête de ses troupes du côté de Savigliano. Il reçut la nouvelle que les troupes du Pape commandées par le Comte de Belfort, frere du St. Pere, descendoient en Piémont par les Vallées de Gezzo & de Vermignano, que douze Galeres chargées des Bataillons Napolitains aux ordres d'Othon de Brunswick & du Sénéchal Spinelli, Généraux d'une grande réputation, étoient entrées à Savone, & que 3000 Arbalêtriers conduits par les Marquis George & Charles de Céva, son frere, devoient les joindre. Le Comte Amédée envoya, par les mêmes couriers qui lui avoient apporté ces nouvelles, ordre au Comte de Belfort de l'attendre dans la plaine de Borgo, & au Sénéchal Spinelli d'attaquer Mondovi & la Forteresse de Villeneuve, pendant qu'avec ses troupes & celles du Pape qu'il prendroit à Borgo, il viendroit faire le siége de Coni, où Galeaz Visconti avoit une forte garnison, pourvue de toutes les munitions de guerre & de bouche nécessaires pour

AN. 1373. soutenir un long siége. Le château sur-tout étoit en état de bonne défense, & Galeaz Visconti se flattoit de tomber avec des troupes fraîches sur celles de la Ligue, quand elles seroient harassées par les longueurs & les fatigues du siége.

Les troupes de Savoye ayant joint celles du Pape proche Borgo, Amédée commença le siége de Coni; mais la garnison se défendit si valeureusement, que le Comte se repentit de son entreprise, & résolut d'abandonner ce siége jusqu'à ce que celui de Mondovi & de Villeneuve fussent finis, pour le recommencer ensuite avec toute son armée réunie. Les ordres furent donnés en conséquence, & l'avant-garde prenoit le chemin de Caraglio, lorsqu'on entendit de grands cris de joie & des sons d'instrumens qui marquoient la réjouissance du peuple. Cette espèce de triomphe piqua vivement le Comte de Savoie, qui ne pouvant modérer son ressentiment, fit faire volteface à ses troupes, & les conduisit à l'assaut. L'attaque fut si vigoureuse que la Ville fut emportée après une vive résistance de la garnison qui fut taillée en pièces, sans qu'on permît aux soldats de faire le moindre désordre dans la ville. Le lendemain 23. Octobre le château se rendit à des conditions honorables. Le Comte de Savoie y laissa ses troupes jusqu'à ce qu'il remit la ville & le château à l'Ambassadeur de la Reine Jeanne. La douceur avec laquelle il traita le peuple, fit qu'on regretta de ne pas être sous son obéissance, & qu'on lui offrit de lui prêter en son nom le serment de fidélité qu'il ne reçut qu'en celui de la Reine Jeanne. Amédée se piqua de plus de religion & de justice & rendit à la Reine de Naples tout ce qui lui avoit été enlevé. Il revint après en Savoie pour y passer l'hyver.

1374. Galeaz Visconti pour se dédommager de ces pertes, se jetta sur quelques terres de l'Eglise dont il s'empara fort aisément, ne trouvant qu'une très-légere résistance. Le Pere des Chrétiens convoqua ses enfans les plus éloignés, & fit parvenir 6000 Bretons & Armagnacs qui accoururent de France à son secours. Parmi ces gens il y avoit deux scélérats, nommés Joannin & Martin, qui se séparant de leurs corps, formerent une nombreuse compagnie, avec laquelle ils alloient piller indifféremment tous les endroits où ils espéroient faire du butin, sans considérer s'ils étoient amis ou ennemis. Ils avoient choisi pour leur retraite la Chapelle de St. Maurice (proche Vignolo) où ils s'étoient retranchés, & ils y mettoient à couvert tout leur butin. Cette compagnie augmentoit tous les jours, & plus leur nombre étoit considérable, plus ils ravageoient le pays, marchant avec ordre & discipline, ne laissant écarter personne & couvrant par quelques gardes les villages qu'ils pilloient. Le Sénat de Coni recevoit conti-

nuellement des plaintes contre ces Brigands & n'étoit pas à portée de se servir An. 1374.
de la rigueur des loix contre ceux qui respectoient si peu celles des Généraux d'armée. Il convoqua les Compagnies de la Ville qui reçurent ordre de marcher droit à ces Voleurs & de les attaquer. Les deux Chefs s'avancerent à la tête de leurs gens pour soutenir le choc. La mêlée fut longue & sanglante; mais enfin la victoire pencha du côté de la justice; les Bandits furent mis en désordre & gagnerent en fuyant la Chapelle qui leur servoit de retraite, laissant beaucoup de leurs morts sur le champ de bataille, & quelques blessés qui finirent leur vie dans les supplices qu'ils avoient mérités. La milice de Coni ne se contenta pas de cette victoire: elle marcha le lendemain droit à St. Maurice pour forcer les fuyards dans leurs retranchemens. Ils n'oserent l'attendre, & profitant d'un brouillard fort épais, ils déroberent leurs marches à ceux qui venoient les attaquer & se retirerent dans le Marquisat de Saluces. On retrouva dans leur Camp presque tout ce qu'ils avoient volé; & chacun reprit ce qu'il avoit perdu. La milice victorieuse rentra dans la ville. On ne s'y occupa plus qu'à rendre son commerce florissant. Elle ne craignit aucun malheur tant qu'elle vit les troupes rassemblées; mais elle eut lieu d'appréhender que la mort du Pape ne changeât la face des affaires, & sa bonne fortune en une mauvaise.

Urbain VI. fut nommé successeur du Pape; mais quatorze Cardinaux ayant 1378.
rejetté cette élection, choisirent un autre Pape qui prit le nom de Clément VII. Les deux Saints Peres chercherent de tout côté de l'appui pour se soutenir dans leur dignité. La Reine Jeanne, sans se déclarer ouvertement, fournit quelques galeres à Clément VII.: ce qui ayant été sçu d'Urbain, il excommunia cette Princesse, la déclarant déchue de ses Royaumes & autres Etats; & en même tems il invita le Roi de Hongrie à venir se mettre en possession du Royaume de Naples. Ce Prince reçut avec soumission l'offre du St. Pere, & conduisant ses Hongrois avec lui, il se présenta devant Naples.

La Reine Jeanne trop foible pour lui résister, n'ayant point d'enfans de 1380.
quatre maris (2) qu'elle avoit eus, & mécontente de Charles de Duras, quelle avoit adopté en lui faisant épouser sa nièce, appella la France à son secours; & pour l'intéresser dans sa cause & la lui rendre commune, elle adopta pour son fils Louis Duc d'Anjou, second fils de Charles le Sage Roi de France, lui fit une donation de tous ses Etats à condition que du vivant de la Reine le Duc

(2) Le premier étoit André Roi de Hongrie; le second, le Prince de Tarente; le troisieme, Jacques d'Arragon, Infant de Majorque; & le quatrieme, Othon de Brunswick.

AN. 1380. d'Anjou ne porteroit aucun titre, & n'auroit aucune autorité dans ses Etats. Le Pape Urbain outré de cette adoption envoya l'Investiture des Royaumes de Naples & de Sicile à Charles de Duras, surnommé Charles *de la Paix*, Général du Roi de Hongrie, l'ennemi le plus mortel de cette Reine & le plus en état de répondre aux vues du Pape. Les terres du Piémont furent données de même au premier qui s'en empareroit.

1381. CEUX de Coni se voyant à la veille d'une guerre dont ils auroient été la victime, envoyerent des Députés au Duc d'Anjou en Provence pour lui demander ses conseils & du secours. Ce Prince leur refusa son assistance; mais il leur persuada de se mettre sous la puissance d'Amédée le Verd, Comte de Savoie, son ami & parent de la Reine Jeanne. On assembla la Communauté pour délibérer sur ce conseil. De l'accord de 52 familles assemblées on consentit d'obéir au Comte de Savoie à qui l'on envoya des Ambassadeurs chargés de conclure avec lui. Le Comte accepta leurs offres à toutes les conditions qu'ils exigerent, & jura de les garder exactement.

1382. LA Reine Jeanne faite prisonniere par Charles de Duras & morte ou exécutée dans sa prison délivra les esprits de l'inquiétude que cette Princesse ne rentrât quelque jour dans la souveraineté des Etats qu'elle avoit si souvent perdus & recouvrés pendant le cours de sa vie.

1383. LE Comte de Savoie étoit allé dans le Royaume de Naples secourir le Duc d'Anjou. Il mourut à St. Etienne, petite ville de l'Abruzze, laissant sa succession à son fils Amédée, dit le Rouge, parce qu'il avoit les cheveux roux. Celui-ci quitta la Flandre, où il combattoit vaillamment en faveur du Roi Charles VI. contre les rebelles de Gand, pour venir prendre possession des Etats de son pere. Il se fit prêter serment de fidélité par la Ville de Coni qu'il regarda comme une Ville essentielle. Il gagna les cœurs du peuple par les priviléges qu'il accorda ou confirma, & s'assura de la Ville par les fortifications qu'il fit faire du côté de Caraglio & de l'Olmo.

1385. LE Marquis de Céva s'étant emparé de Borgo, voulut soutenir quelques prétentions que l'Abbé de St. Dalmatz remit au jour, mais que le Comte de Savoie n'écouta pas. Il venoit de s'aggrandir par le Comté d'Anneci qui s'étoit donné volontairement à lui, de même que celui de Barcelonette: ce qui le rendoit
1390. très-puissant, & néanmoins n'empêcha pas Frédéric Marquis de Saluces de lui refuser quelques droits de vasselage. Le Comte l'y contraignit bientôt par la force des ses armes, enlevant plusieurs de ses terres qu'il ne rendit qu'aux

conditions que le Marquis lui feroit l'hommage qu'il lui devoit, ce qui termina cette petite guerre. AN. 1393.

LA Communauté de Coni profita de la paix pour augmenter ses richesses & son commerce. La Ville se trouvant trop petite pour le grand nombre d'habitans que sa situation & son trafic attiroient des Comtés de Nice & de Barcelonette, aggrandit de nouveau son enceinte. 1394.

LE Comte de Savoie étant passé en France sur les sollicitations du Roi qui l'appelloit à son Conseil, le Marquis de Montferrat prit ce tems pour attaquer ses Etats. Il se rendit maître d'Ivrée & de Cormie. Coni n'étoit pas en état de se défendre; n'ayant ni garnison ni munitions, elle fut obligée de se soumettre. Cette nouvelle ne fut pas plus tôt portée en France, que le Comte de Savoie la quitta pour reprendre son pays. Il rassembla ses troupes en Savoie, & marcha contre le Marquis de Montferrat. Il augmenta son armée de quelques Piémontois qu'il trouva à Pignerol, dans l'intention de livrer bataille au Marquis de Montferrat, qui retira ses garnisons de toutes les villes qu'il avoit surprises, & rentra dans ses terres, d'où il fit son accommodement. 1395.
Le Comte de Savoie, en faisant ce Traité, obtint qu'on réuniroit à la Communauté de Coni toutes les terres qu'il reprenoit tant sur lui que sur le Marquis de Saluces, comme dépendances de Coni. Le Marquis de Montferrat avoit usurpé sur les Visconti pendant qu'ils avoient été les maîtres de Coni, Péveragno, Brusa-Porcello, Bovés, Bignette, Margaritta & Borozzo qu'il rendit au Comte Amédée. Le Marquis de Saluces céda de même Centale, Caraglio, Valgrana, Monterosso, Montemale, Pradileve & Castelmagno. Toutes ces places furent annexées à Coni à titre de dépendances. 1396.

APRÈS s'être ainsi fait justice, Amédée repassa dans la Savoie; il y mourut d'une chute de cheval, dans une chasse de sanglier. 1397.

AMÉDÉE VIII. son fils (ou, comme d'autres prétendent, IX. du nom) lui succéda. Son premier acte de souveraineté fut la confirmation de toutes les franchises & priviléges de Coni. 1398.
Cette ville ouvrit la porte à la discorde en recevant dans ses murs la compagnie des Blancs. C'étoit une foule de Pélerins vêtus de toile blanche, conduits par un scélérat de Prêtre qui, sous prétexte d'aller gagner des indulgences à Rome, commettoit avec sa troupe tous les désordres imaginables. Il apprit à ceux de Coni l'usage du poison qu'ils n'avoient jamais employé, & celui des assassinats dans lequel ils excellerent en peu de tems. Les Vénitiens refuserent le passage à cet hypocrite qui traînoit plus 1400.

AN. 1400. de 2000 perſonnes de tout ſexe & de tout âge à ſa ſuite. Le Pape inſtruit de ſes déſordres le fit arrêter à Viterbe, où il fut convaincu de pluſieurs crimes odieux & brûlé tout vif. Sa compagnie ſe diſperſa; mais les crimes ſe perpétuerent.

1410. LA mauvaiſe conduite & l'avarice de l'Empereur Venceſlas l'ayant fait dépoſſéder de l'Empire par les Electeurs qui ne purent ſouffrir la vente qu'il avoit faite du Duché de Milan aux Viſconti; & Robert de Baviere qui lui ſuccéda, étant mort peu après, Sigiſmond frere de Venceſlas fut revêtu de la dignité Impériale. Ce Prince conçut le généreux deſſein de rendre la paix à l'Europe & de n'épargner ni peines ni ſoins pour y parvenir. Il vint en France pour agir de concert avec le Roi. Le Comte de Savoie vint au devant de l'Empereur & l'accompagna dans ſon voyage juſqu'à Beauvais. L'Empereur paſſa en Angleterre, revint en France, & réuſſit à terminer les différends de ces deux Rois, & à leur faire ſigner un Traité de paix. Le Comte de Savoie vint avec toute ſa Cour au devant de lui juſques à Lyon, lui rendit tous les honneurs qu'il put imaginer, & lui marqua l'attachement le plus particulier pour ſa perſonne.

1416. L'EMPEREUR en reconnoiſſance lui donna le titre & la dignité de Duc de Savoie que ſes Succeſſeurs ont toujours porté juſqu'aux tems plus heureux où ils ont été reconnus Rois de Chypre, de Sicile, de Jéruſalem, & enfin de Sardaigne.

CONI voulut profiter de cette heureuſe nouvelle, & marquant ſa joie à ſon Prince, s'offrit de chaſſer les Marquis de Céva de Borgo, dépendante de leur Communauté, que le Marquis de Céva leur avoit enlevée & fortifiée. Le Duc remit cette affaire à un autre tems.

1418. MAIS deux ans après, il fit ſignifier au Marquis de Céva d'abandonner Borgo. Sur ſon refus, il s'occupa des moyens de s'en emparer de vive force. Il

1422. reſta quelque tems à prendre ſes meſures ſans faire éclater ſes deſſeins. Il fit une ligue avec la République de Veniſe dont le principal but étoit de faire reſtituer à la République & au St. Pere les terres que la Ville de Milan leur avoit enlevées, & d'obtenir un ſecours pour ſe faire rendre ce qu'on avoit uſurpé ſur lui. Les Marquis de Céva implorerent la protection du Duc de Milan. Comme il avoit des vues ambitieuſes ſur le Piémont, il ſe porta facilement à marcher au ſecours des Marquis de Céva, pour couvrir les deſſeins qu'il méditoit ſous prétexte de ſoutenir ſes Alliés.

1423. LE Prince Louis, fils du Duc de Savoie, ſe mit à la tête de l'armée de ſon pere, ayant pour ſes Généraux le Prince d'Achaïe & le Marquis de Saluces.

Les

Les troupes de ce dernier étoient commandées sous ses ordres, par le Comte An. 1423. de Bennes. Le Prince joignit à ces armées les Soldats de Coni; il leur confia l'avant-garde qui s'avança jusqu'à la ville de Borgo qu'on avoit très-bien retranchée; mais malgré la résistance de la garnison, le Prince Louis s'en empara. Il fit sommer à l'heure même les deux freres (Marquis de Céva) qui s'étoient retirés de la ville dans le château de Borgo, de se rendre, leur offrant des conditions peu avantageuses & cependant honorables, & avec menace, en cas d'une trop vive résistance, de ne les point épargner. Ils répondirent qu'ils étoient résolus de se défendre & qu'ils se flattoient de le faire de façon à n'être jamais, ni eux ni leur garnison, à la discrétion de leurs ennemis. Le Prince Louis fit investir le château pour lui couper toute communication & l'empêcher de recevoir aucun secours ni convoi. Les Assiégés soutinrent avec courage toutes les attaques. Le Prince Louis rebuté de leur résistance & du mauvais tems qui s'opposoit à ses opérations, leva le siége aux approches de l'hyver qu'il alla passer à Turin, & laissa le Comte de Bennes à Borgo avec les milices de Coni pour bloquer le château pendant la mauvaise saison. Les Marquis de Céva envoyerent demander du secours au Duc de Milan, & lui représenterent l'état où ils seroient réduits à la premiere campagne, d'une façon si touchante, que le Duc de Milan leur promit de les secourir.

Le Prince Louis voulant le prévenir, se mit en campagne de bonne heure & 1424. revint assiéger le château de Borgo auquel il se disposoit à donner un assaut général, lorsqu'il apprit que le Capitaine Ange de Pergola arrivoit de Milan au secours des Assiégés, & qu'il n'étoit pas fort éloigné de lui. Le Prince Louis ne se croyant pas en état de donner l'assaut avant l'arrivée du secours, envoya le Comte de Bennes au Capitaine Pergola pour tâcher de le détourner de son dessein, ou du moins de l'arrêter quelque tems. Le Comte partit & sous prétexte de son ancienne amitié avec le Général ennemi, il lui représenta que ce seroit faire courir de grands risques à son honneur que de s'exposer à la bataille contre le Prince Louis de Savoie avec des forces inférieures. Il sçut si bien lui faire envisager toutes les difficultés qui s'opposoient à son entreprise, qu'il l'ébranla. Une grosse pluie qui rendit les passages des rivieres impraticables, détermina la retraite de ce Général qui, suivant les conseils du Comte de Bennes, reprit le chemin par lequel il étoit venu. Le Prince n'eut pas plus tôt reçu la nouvelle de son départ, qu'il pressa les attaques du château. Il fit donner un assaut général; les Compagnies de Coni marcherent les premieres. Les Assiégés se

AN. 1424. défendirent avec beaucoup de courage, ils firent périr un grand nombre de leurs ennemis; mais enfin ils furent forcés, & taillés en pièces sans qu'on en épargnât un seul. Les Marquis de Céva furent faits prisonniers & envoyés au château de Pignerol. Le Prince Louis fit démolir le château & raser toutes ses fortifications. Tous les Habitans de la Vallée de Gezzo vinrent lui prêter serment de fidélité. Le Duc de Savoie, pour récompenser les services de ceux de Coni, joignit cette Vallée aux dépendances de leur Communauté.

1425. La Peste s'étant répandue du Piémont dans tout le territoire & dans la Ville de Coni, fit périr une grande partie de son peuple. Le Duc de Savoie en fit sortir huit Compagnies de cent hommes chacune qu'il envoya en Lombardie avec quelques autres pour exécuter le Traité qu'il avoit fait avec les Vénitiens, le Pape, le Marquis d'Este, le Duc de Mantoue & les Florentins qui s'étoient joints à eux pour écraser le Duc de Milan. Il ne pouvoit résister à de si
1426. nombreux ennemis, & demanda la paix au Pape (Martin V.) qui lui envoya le Cardinal Santa-Croce pour la négocier. Elle ne fut pas difficile à conclure; le mauvais état des affaires du Duc lui fit accorder tout ce qu'on exigea de lui.

1429. Le mariage du Duc de Milan avec la fille du Duc de Savoie, ne put établir une solide union entre les deux Souverains. Celui de Milan s'étant relevé des malheurs essuyés dans la derniere guerre, se jetta sur les terres du Marquis de Montferrat, dont il s'empara. Le Duc de Savoie son Allié, & à l'occasion de qui le Marquis de Montferrat étoit attaqué, en vengeance de ce qu'il avoit eu part à la guerre qui avoit été si malheureuse au Duc de Milan, prit hautement son parti, menaça son Gendre de lui déclarer la guerre, & voyant que ses menaces ne produisoient aucun effet, il fit marcher les Soldats de Coni soutenus par quelques-uns des siens au secours du Marquis de Montferrat, & força le Duc de Milan de se retirer, sans rien conserver de ce qu'il avoit usurpé.

1430. Le Comte de Belfort avoit pris dans le tems de la Ligue & avoit conservé depuis, Castelleto, qui étoit devenu désert pendant les guerres, & Brusa-Porcello qui avoit un très-beau château, & dont la ville étoit fort peuplée; le Duc de Savoie s'en mit en possession, & après en avoir chassé les Gouverneurs établis de la part du Comte de Belfort, il la déclara dépendance de Coni, & y mit garnison.

1431. Le Duc de Savoie fit épouser au Prince Louis son fils la fille du Roi de Chypre. Il paroissoit que ce Prince alloit abdiquer en faveur de ce mariage, pour se livrer dans sa solitude à toute la dévotion qu'il y portoit; mais il se contenta de

laiſſer à ſon fils la déciſion des choſes les moins importantes & ſe réſerva toujours An. 1431.
la connoiſſance de toutes les affaires, qu'il renvoyoit enſuite au Prince Louis.

La Communauté de Coni demandoit avec de grandes inſtances la permiſſion 1433.
de démolir le château de Borgato conſtruit d'une façon plus propre à nuire à la ville qu'à la défendre, & cette grace leur fut accordée par le Duc & par ſon fils. Toutes ſes fortifications furent bientôt raſées & les pierres employées à bâtir une Egliſe en l'honneur de St. Antoine, pour mettre ſous la protection du ciel ce qui devoit être protégé par le fort. En deux ans de tems il ne reſta plus aucun veſtige du château.

Le Duc Amédée s'étant retiré à Ripaglio pour y terminer en paix ſes jours, 1435.
ne voulut plus s'occuper d'affaires, & la Communauté de Coni reçut un Edit par lequel il lui étoit ordonné de s'adreſſer dans ſes beſoins au Prince Louis, qui ne fut pourtant pas reconnu Souverain.

La République de Gènes ayant ſecoué le joug des Viſconti, le Piémont prit 1437.
les armes pour empêcher que la guerre ne ſe portât en deçà des Alpes. Le Sénat de Coni fit un Traité avec le Comte de Vintimille qui le mit en état d'arrêter toute ſédition & de faire rentrer les Génois ſous l'obéiſſance des Viſconti.

Le Roi de Sicile étoit à la veille de déclarer la guerre au Duc de Savoie au 1443.
ſujet de quelques limites qu'il prétendoit avoir été changées; mais le Juriſconſulte Thomatis de Coni prévint cette déclaration en ſe ſervant de toute ſon éloquence pour perſuader au Duc de ſacrifier quelques villages pour le bonheur de ſes Peuples. L'humeur pacifique du pieux Duc lui fit relâcher quelque choſe de ſes droits, & le Roi de Sicile ayant auſſi diminué ſes prétentions, on fit un nouveau Traité de paix & de partage des terres, dont le Cicéron de Coni devint en quelque façon le médiateur.

Malgré ſon inclination pour la paix générale & ſon repos particulier, le 1449.
Duc ſortit de ſon Hermitage pour contraindre Sforza venu pour le ſurprendre, à ſe retirer & enſuite à faire la paix, qui ne fut pas plus tôt conclue qu'il revint
s'enfermer de nouveau dans ſa ſolitude, où il mourut, laiſſant au Prince Louis 1450.
ſes Etats qu'il lui avoit appris à gouverner longtems avant que de l'en rendre le maître.

La tranquillité de Coni fut interrompue par un ſaint accès de fureur religieuſe. Alphonſe l'Hermite, Eſpagnol d'origine, prêchoit la pureté de la Religion, & lançoit avec un zêle apoſtolique toutes les foudres de l'Egliſe contre quelques Hérétiques répandus dans la ville. L'aigreur de ſes ſermons paſſa dans

AN. 1450. l'esprit de ses Auditeurs, & la perte de ces Excommuniés fut saintement jurée au pied des Autels. On en saisit vingt-deux qui ne se cachoient pas, & qui prêchoient hautement leur Doctrine. On leur fit leur procès très-rigoureusement, & ils furent condamnés au feu, dans lequel on les fit expirer à la vue de tout le peuple. Le triomphe de l'Hermite lui fit peut-être craindre les suites d'une action si cruelle; il se retira de la ville & vint se bâtir un petit Hermitage avec une Chapelle qui porta le titre de la Madone des Anges, où il se contentoit d'instruire ceux qui venoient l'y trouver. Son Hermitage devenant trop petit, il sçut persuader aux plus dévots de lui faire bâtir un Couvent qu'il remplit de Récollets avec lesquels il passa sa vie. La charité s'étendit si loin, qu'on éleva un vaste édifice (3) pour les Moines, & une Eglise capable de contenir un grand peuple; mais les ames charitables tinrent leur nom si secret, que les Moines eux-mêmes ignorent encore aujourd'hui quels ont été leurs généreux Bienfaiteurs.

1452. LES Juifs ne purent se garantir de la persécution élevée contre tous ceux qui n'étoient pas dans la bonne voie. On leur proposa charitablement de renoncer à la Loi de Moïse ou à la Communauté de Coni. Leur exil fut la punition de leur obstination; de sorte qu'ils emporterent avec eux les principales richesses de la ville, & chercherent ailleurs l'azyle que les Prophêtes leur ont prédit qu'ils ne trouveroient nulle part.

1453. LE Vicaire qui représentoit l'autorité du Magistrat, s'étant enfui pendant la peste, voulut reprendre ses fonctions à la fin de ce fléau; mais les habitans refuserent de le reconnoître. Le Magistrat voulant les contraindre, ils s'obstinerent dans leur refus, quoique sans tumulte. Enfin le Gouvernement fut assez sage pour laisser mourir tranquillement son Vicaire avec ses revenus, & le peuple pour ne point l'écouter ni le reconnoître. On regrettoit les vingt-deux Hérétiques brûlés & l'on craignoit avec raison les feux d'une guerre civile.

LA ville cependant se releva de la perte des Hérétiques & des Juifs. Les Lombards attirés par son Commerce & par la confiance en ses fortifications qu'on augmentoit tous les jours, la repeuplerent en peu de tems.

1459. LA Duchesse de Savoie obtint du Duc son époux pour le Comte Jean son fils, l'Investiture des Vallées de Gezzo & de Vermignano qui se trouverent de cette façon enlevées à la Communauté de Coni, laquelle représenta au Duc qu'il ne se réservoit que le haut domaine, pendant qu'il privoit ses peuples les plus fideles des droits qu'ils avoient sur ces Vallées. Le Duc leur rendit justice,

(3) C'est la Madona del Passo.

& rétablit les choses dans leur premier ordre. Ceux qui avoient porté la Du- AN. 1459.
cheffe à faire ce changement ne voyant point d'autres reffources pour fatisfaire
leur ambition que de s'emparer du Gouvernement qu'ils s'étoient flattés de pof- 1460.
féder fous le nom du Comte Jean, prirent les armes, & formerent une fédition qui porta les Vaudois à fecouer leur joug. Les Compagnies de Coni marcherent contre ces féditieux, dont ils tuerent plufieurs & firent prifonniers les principaux chefs qui furent conduits à Coni. Le Sénat les condamna à mort. La confidération de leur rang les fauva; mais ils furent exilés de leur patrie pour le refte de leurs jours.

La mort du Duc Louis arrivée à Lyon où il étoit allé pour s'aboucher avec 1465.
Louis XI. Roi de France, fit paffer fa fucceffion à Amédée fon fils aîné, Prince d'une dévotion & d'une piété fi grande, que fa Cour en fut appellée la
Cour fainte. (Sans doute qu'il avoit fes Courtifans pour imitateurs.) L'Evêque 1467.
de Mondovi, du Diocèfe duquel étoit Coni, profita de l'occafion & de la charité du Duc pour procurer de grands avantages à ces deux villes.

Des pluyes extraordinaires jointes à la fonte des neiges, firent groffir fi confidérablement la riviere de Gezzo qu'elle fe déborda. Son inondation abbatit
toutes les fortifications de Coni fur fon bord; mais elle n'eut pas la force de les 1468.
entraîner; ce qui forma dans le lit de la riviere une digue qui la fit remonter affez loin, & inonder toutes les terres des environs. Elles en devinrent plus fécondes, & apprirent aux habitans de Coni à les cultiver, à fe bâtir des maifons de campagne & à faire des jardins agréables. On répara le dommage que les grandes eaux avoient fait fouffrir aux fortifications; mais une feconde inondation emporta tout ce qu'on avoit fait de neuf. Le pieux Duc Amédée expira à Verceil où les miracles qu'il fit, & la fainteté de fa vie le firent regarder comme un Bienheureux à qui les Papes ont accordé une place dans le Calendrier des Saints.

Le Duc Philibert âgé de quatre ans lui fuccéda. Yolande fa mere aidée de 1473.
l'Evêque de Genève fut chargée du foin de fa tutele. Le commencement de fon regne fut marqué par une pefte qui fe répandit dans tous fes Etats, fans que les montagnes & les vallées puffent fe mettre à l'abri du venin répandu dans l'air. Coni fouffrit le moins, quoiqu'elle perdît un grand nombre d'habitans. Les foins de fes Magiftrats arrêterent le mal après deux ans de cours; ils furent les premiers délivrés de ce fléau.

Une nouvelle Colonie de Lombards & de peuple venus de Barcelonette, fit 1475.

An. 1475. qu'on ne s'apperçut pas longtems de l'effet de la peste. Il sembloit que les Lombards n'attendissent que ces occasions pour venir habiter une ville dont ils étoient toujours la ressource.

1478. La Duchesse Régente mourut sans qu'il s'élevât aucuns troubles après elle, par le soin que le Prince Philippe, oncle du jeune Duc, prit de les écarter.

1482. Le jeune Duc de Savoie jouissant d'une santé robuste, se rendit à Lyon près de Louis XI. Une nombreuse Cour le suivit. Le Roi de France le reçut avec toute la magnificence possible, lui donnant tous les jours des Fêtes & des Tournois. Le Duc de Savoie abusant de ses forces, & s'étant, dit-on, trop échauffé dans un combat de lance, prit la fièvre dont il mourut en peu de jours aussi regretté des François que de ses propres sujets. Charles d'Anjou avoit laissé par son testament la Provence & ses droits sur Naples & Sicile à Louis XI. Charles frere du Duc défunt hérita de tous ses Etats & reçut les hommages de Coni, comme de toutes les autres villes, sans que Louis XI. révendiquât les droits que pouvoit lui donner le testament de Charles d'Anjou.

1484. Quelques Hérétiques échappés à la persécution de l'Hermite, s'étoient réfugiés dans les Vallées, où ils avoient fait des Prosélites qui refuserent de prêter l'hommage au nouveau Souverain. Ils étoient incités à la révolte par le Marquis de Saluces, qui loin de les protéger ou de les défendre, les laissa périr par les mains des Soldats de Coni que le Duc Charles envoya contre eux. Leur foiblesse & leur folie étant sans appui, bientôt ils rentrerent dans leur devoir & jurerent d'être fideles à leur Souverain. Ceux de Gabbio ne réussirent pas mieux dans leur révolte. Les mêmes Compagnies de Coni qui venoient de convertir les Hérétiques en portant la guerre chez eux, firent aussi reconnoître leur Souverain aux révoltés de Gabbio qui rentrerent également dans ses bonnes graces.

1486. Ces troupes victorieuses marcherent ensuite contre le Marquis de Saluces qui refusoit de rendre l'hommage que le Duc de Savoie exigeoit comme Vicaire de l'Empire. Le Marquis de Saluces, pour prévenir ses ennemis, s'avança lui-même sur les terres de Coni; mais il fut repoussé, & perdit ensuite une partie de son territoire.

1487. Le jeune Duc avide de gloire, se mit l'année suivante à la tête d'une plus puissante armée, & vint assiéger la ville & le château de Saluces. Il s'en rendit maître & réduisit son ennemi à implorer la médiation du Duc de Milan, qui lui procura la paix & la restitution de son pays, à condition qu'il rendroit
1490. hommage au Vicaire de l'Empire. La mort enleva le vainqueur au milieu des

réjouissances de ses peuples, & son fils Amédée encore au berceau, devint son An. 1490.
héritier. Sa mere Blanche fille du Marquis de Montferrat fut chargée de sa tutele.

Le Marquis de Saluces voyant le gouvernement entre les mains d'une femme 1491.
crut pouvoir s'exempter du vasselage & refusa de rendre hommage au Mineur; mais il trouva la même valeur dans les Compagnies de Coni, qui rentrerent dans son pays. La crainte de le perdre une seconde fois, lui fit prévenir ce malheur en rendant l'hommage qu'il avoit d'abord refusé.

La grêle fit de si grands ravages dans tout le Piemont, & sur-tout à Coni, 1493.
que la disette y fut extrême. On fit de la farine de noix & de châtaignes dont on formoit du pain: ce qui n'empêcha pas que plus d'un tiers des habitans ne pérît de misere. Les pauvres mangeoient les écorces des noix & des châtaignes qu'ils piloient dans des mortiers, & qu'ils écrasoient entre deux pierres.

Un spectacle singulier attira la curiosité de toute la ville de Coni. On vit 1495.
au-dessus de la ville deux troupes innombrables d'Insectes qui sembloient donner des leçons de guerre par leur maniere de se ranger en ordre & de manœuvrer. Elles s'escarmoucherent par de petits corps pendant quelque tems, & en vinrent enfin à une bataille générale. L'un des deux partis fut entiérement détruit, mais il en couta beaucoup de morts à ses ennemis. Le nombre de ceux qui tomberent morts ou blessés, fut si considérable qu'il causa la plus grande infection. La crainte qu'on en eut, fit que les hommes se depêcherent d'enterrer les morts des deux armées aîlées. Les Insectes vainqueurs disparurent dans les airs, après avoir joui quelque tems du spectacle de leur triomphe. Ces traits d'histoire naturelle, fréquens dans l'histoire ancienne, n'étoient jamais regardés avec indifférence, ni passés sous silence par aucun Auteur.

La mort du Duc de Savoie qui n'avoit que sept ans, fut l'événement auquel 1496.
on trouva le plus de rapport avec ce phénomene qu'on ne pouvoit regarder dans ce siecle, que comme un type ou une figure de quelque événement intéressant pour les Humains. Le Duc Philippe recueillit & perdit cette succession dans la
même année, & la laissa par sa mort à son fils Philibert, sur qui l'on fondoit les 1497.
plus grandes espérances, & qui reçut de Louis XIII. la cession la plus autenti- 1498.
que des droits des Rois de France sur tous ses Etats.

La Communauté de Coni lui prêta serment de fidélité par des Députés à qui le Duc voulut bien accorder le titre d'Ambassadeurs, mot qui suffisoit pour lui
attacher tous les sujets au nom desquels ils venoient. S'ils jouissoient du bon- 1502.
heur qu'apporte la paix, ils n'en furent pas plus heureux; & l'inconstance des élémens fit plus de mal que des ennemis.

AN. 1502. LES tremblemens de terre donnerent de si violentes secousses à la ville, que plusieurs maisons en furent renversées, & quelques-unes abîmées. La crainte & la terreur redoublerent dans les esprits, quand trois mois après on vit recommencer ces tremblemens de terre avec encore plus de violence & de dégât. Quoiqu'on ne fût encore qu'au mois de Septembre, les neiges tomberent tout d'un coup avec tant de force & si épaisses, que la moisson & les vendanges entiérement couvertes & perdues, occasionnerent la disette la plus subite & la moins prévue.

1503. L'ANNÉE suivante fut encore plus terrible. Les vents, les pluies, les grêles, le tonnerre & la foudre firent de continuels ravages dans les environs de Coni. Les bestiaux furent tués dans les champs par la grêle, la plus grosse qu'on eût jamais vue. Tous les arbres & les vignes furent hachés, & rien ne resta entier dans les campagnes. La disette fut extrême, & suivie de la mort d'une grande partie du peuple. La Communauté de Coni renvoya de nouveau des Ambassadeurs au Duc Philibert pour lui faire connoître la déplorable situation du pays. Leur Prince fut sensible à des malheurs si cruels, & leur envoyoit tous les secours qu'on pouvoit espérer d'un gouvernement plein de douceur, lorsqu'une pleurésie le mit au tombeau.

1505. CHARLES son frere recueillit sa succession & reçut les Ambassadeurs de Coni sans leur disputer leurs qualités; au contraire il leur accorda quelques graces; mais en même tems il exigea d'eux que la ville raccommodât à ses dépens son chemin jusqu'à Borgo. Les Compagnies de Coni augmentées considérablement, furent les premieres à y passer en marchant au secours de la Tourbie que des Génois révoltés & conduits par les Capitaines Varlatin & Rocal Berlin tenoient assiégée depuis quelques mois. A l'approche du secours, ils se retirerent & leverent aussi le siége de Monaco qu'ils avoient entrepris par terre & par
1508. mer, & se réfugierent à Gènes, où Louis XII. faisoit marcher des troupes pour punir cette République de ses séditions. La Milice de Coni rentra dans son pays, contente d'avoir délivré la Tourbie, qui étoit alors au Duc de Savoie, & d'avoir servi si heureusement ses voisins à Monaco.

1510. UNE dispute de particuliers devint une guerre civile, quoiqu'elle n'eût pas de fondement ni d'autre prétexte que l'animosité personnelle. Les partis prirent les noms de Guelfes & de Gibelins. On avoit eu soin d'éteindre toutes les querelles que ces noms occasionnoient, à mesure qu'il s'en formoit; mais pour cette fois rien ne fut capable de retenir l'animosité des deux partis. On commença

mença par quelques coups qui furent suivis d'assassinats. Alors on ne garda plus An. 1510.
de ménagement: on prit les armes & l'on se mit en campagne. Chaque parti 1511.
ravageoit toutes les terres de son ennemi, se brûlant & massacrant réciproquement. On chercha vainement des remedes à ce mal auquel on avoit laissé pousser de fortes racines. Les Guelfes avoient l'avantage: ils s'emparérent de la 1512.
ville, établirent des gardes & des Officiers de leur faction, & traiterent durement ceux qu'ils ne crurent pas attachés à eux. Ils pousserent leur fureur jusqu'à refuser le passage aux troupes de leur Souverain qu'ils déclarerent leur ennemi, comme Protecteur des Gibelins, & menacerent ses Soldats s'ils ne se retiroient promptement. Ils se fortifierent dans la ville comme s'ils avoient eu un siége à soutenir, & prirent toutes les mesures possibles pour résister à toute la Bourgeoisie. Jusques-là le Duc de Savoie avoit été patient, mais l'excès de 1514.
témérité de ses sujets lui fit prendre la résolution de les punir. Il voulut cependant le faire avec quelque ménagement, & pour ne pas paroître lui-même leur bourreau, il résolut de confier sa vengeance à des Etrangers. Il en avoit l'occasion qu'il ne laissa point échapper. Le Cardinal de Sion à la tête de la Ligue faite contre les François, avoit 6000 Suisses avec lui, dont il vouloit se servir pour défendre le passage des Alpes, soit par le mont Genêvre, soit par le mont Cénis, à François I. qui venoit venger Louis XII. auquel il avoit succédé. Le 1515.
Duc fit proposer au Cardinal de s'emparer de Coni, d'en châtier les rebelles & d'en tirer les contributions convenues entre eux. Le Cardinal accepta l'offre sans balancer, se flattant que sa seule présence lui feroit ouvrir les portes d'une ville qu'il ne croyoit pas en état de lui faire résistance, mais qu'il ne connoissoit pas bien. Il se présenta devant Coni qu'il envoya sommer de se rendre, enjoignant aux Magistrats de lui livrer les Chefs des Guelfes. Comme ils exerçoient toute l'autorité dans la ville, ils firent réponse qu'ils s'y défendroient de façon à faire voir au Cardinal qu'il avoit entrepris trop légérement de leur prescrire des loix. Les représentations des Magistrats furent aussi mal reçues des Guelfes. Le Cardinal fit battre la ville avec son artillerie; mais voyant qu'on lui opposoit une résistance difficile à vaincre, il permit à ses Suisses de faire le dégât dans le pays, & leur abandonna le pillage de Borgo, Bovés & Peveragno, qu'ils n'épargenerent pas. Le Sénat de Coni voyant tous ces malheurs, demanda quelque accommodement, & pria le Cardinal de nommer un médiateur pour terminer leur querelle. Le Cardinal apprit en même tems que François I. ayant passé les Alpes, venoit à lui par le col de l'Argentie-

Coni assiégée par le Cardinal de Sion.

AN. 1515. re (4). Il se pressa de conclure avec les Députés qui lui furent envoyés, & promit de s'éloigner de la ville moyennant qu'on payât une somme de quatre mille écus: ce qui lui ayant été accordé, il se retira sur le champ à Saluces, conduisant avec lui les ôtages de la ville pour sureté du payement & les Officiers de Justice pour en dresser l'acte, qu'il crut ne pas avoir le tems de terminer devant la ville.

Les Assiégés ne pouvoient comprendre les motifs d'une retraite si précipitée; mais l'arrivée de François I. dans leur ville, & la vue de 40000 hommes campés sous leurs murs, leur firent aisément comprendre que le Cardinal avoit eu raison de faire toute la diligence possible, pour éviter la présence d'une armée si supérieure à la sienne. Comme le Duc de Savoie n'étoit pas en guerre avec les François, leur Roi, neveu du Duc, fut bien reçu à son arrivée, & son armée fut abondamment pourvue de tout ce dont elle eut besoin.

1516. Les François étant entrés dans le Milanois, le Roi congédia quelques Compagnies de Gascons qui reprenant le même chemin par lequel ils étoient venus, n'eurent pas la même discrétion à leur retour qu'à leur arrivée. Ils pillerent & firent de si grands ravages dans le territoire de Coni, où ils brûlerent même quelques villages, que les Compagnies de la ville prirent les armes & leur donnerent la chasse comme à des bandits & à des voleurs. Ils se disperserent pour éviter le châtiment qui les attendoit, & ceux qui purent s'échapper repasserent en France. Le pays reprit sa tranquillité, jusqu'à l'arrivée du Duc de Bourbon.

1524. Ce Prince ne trouvant plus en Italie ni en Lombardie dequoi satisfaire le desir qu'il avoit de se venger de la France, fut à la tête des troupes Impériales & Espagnoles mettre le siége devant Marseille.

En passant sur le territoire de Coni, il mit tout à feu & à sang, le traitant comme pays ennemi, & permettant à ses Soldats d'user de toutes les violences que la guerre autorise. Non content d'avoir traité si cruellement ce pays, il établit à Borgo deux Commissaires Espagnols qui obligerent chaque habitant de racheter sa vie par une somme d'argent; & s'ils ne la payoient, on les massacroit sans écouter leurs raisons. La peste suivit de près cette désolation; en quelques mois elle enleva onze cens personnes dans Borgo, & ne fit pas le moindre ravage dans Coni ni dans une grande partie du Piémont. Ce n'étoit pas le plus grand malheur que les Piémontois essuyerent, tout terrible qu'il étoit; ils furent encore plus maltraités par l'armée Françoise qui, après avoir fait lever au Duc

(4) Il est dit dans l'Histoire de François I. qu'il passa par le mont Viso.

de Bourbon le siége de Marseille, repassoit en Italie pour délivrer Pavie qu'on AN. 1524.
tenoit resserrée de fort prés. Les Soldats François ravagerent tout le pays, & non contens de piller, tuerent beaucoup de monde. La peste ne fut pas capable de mettre un frein à leurs désordres. Ils disoient par dérision aux malheureux dont ils enlevoient les biens, que leur Roi, en touchant seulement les malades, guérissoit toutes leurs maladies, & que puisqu'il étoit avec eux, ils n'avoient rien à craindre.

ILS arriverent enfin devant Pavie où ils éprouverent un sort si malheureux,
que 9000 d'entre eux resterent sur la place, & que François I., malgré la plus 1525.
éclatante valeur, ne put se garantir d'être fait prisonnier.

LA peste paroissoit finie à Borgo & dans tout le territoire de Coni, lorsque 1526.
l'avarice de quelques particuliers qui n'avoient pas voulu se défaire de marchandises pestiférées, les fit mettre en vente; le mal recommença avec plus de vio- 1527.
lence qu'auparavant. Une disette affreuse survint avec l'hyver, & fit périr les restes du peuple échappés à tant de dangers; ensorte que la campagne fut absolument déserte & les terres resterent incultes. Les soins des Magistrats préserverent la ville de Coni de cette seconde peste, qui entoura ses murailles, sans pénétrer dans son enceinte.

LE Marquis de Saluces s'étant ligué avec la France contre le Duc de Savoie, 1529.
fit appréhender que Coni ne devînt le théâtre de la guerre. Pour l'empêcher, on travailla en diligence à réparer les fortifications qu'on négligeoit toujours pendant la paix, & qui ne pouvoient être bien solides pendant la guerre; mais ces craintes s'évanouïrent par la mort du Marquis de Saluces passé en Italie contre le gré du Roi de France, qui relégua sa Veuve & son fils aîné à Guillestre en Dauphiné, & fit passer sa succession au second fils qu'il crut lui être plus attaché que son frere.

UN simple Bourgeois de Caraglio nommé Toresano qui avoit reçu quelque 1531.
mécontentement des Officiers du Duc de Savoie, sollicita vivement le Roi de France de le mettre en état de se venger. Le Roi lui donna le titre de Colonel & lui permit de lever des soldats auxquels il ne donna pour paye que les contributions qu'ils pourroient établir, & le pillage qu'ils feroient. Toresano se composa une petite troupe de bandits auxquels il donna le nom de Guelfes, se déclarant leur protecteur. Il courut le pays & sçut procurer à ses gens une paye avantageuse par tous les vols qu'ils firent. Il fit brûler Borgo qu'il ruina pres-

An. 1531. qu'entiérement, & commit de si grands désordres, que le Duc de Savoie envoya des troupes contre lui. Toresano les attendit de pied ferme & soutint leur choc; mais ses gens ayant été battus, il ne lui resta d'autre parti que celui de la fuite. Il s'échappa avec quatre hommes seulement; le reste fut tué ou pris. Les prisonniers furent tous pendus & la troupe anéantie.

1536. Les droits que François I. avoit sur le Milanois, lui donnerent lieu d'y porter ses armes. Il avoit inutilement employé des Manifestes & des Ambassadeurs. Voyant qu'il ne recevoit aucune justice, il envoya l'Amiral de Brion, de la Maison de Chabot, avec une armée considérable pour s'en emparer. Le Duc de Savoie s'étant allié avec l'Empereur Charles V. contre François I. dont il étoit oncle, fut la premiere victime de sa politique. Les François passerent les Alpes, & le Duc de Savoie se vit dépouillé de la plus grande partie de ses Etats avant le mois de Septembre, tant les conquêtes des François furent rapides. Le Marquis de Saluces prit le commandement de l'armée Françoise aussitôt qu'elle fut dans la plaine.

La ville de Coni se rendit comme les autres, n'ayant pas assez de sa garnison pour se défendre, ou, pour mieux dire, aimant mieux être assujettie tout d'un coup, que de voir ses biens pillés & ruinés pendant un siége, dont la fin ne pouvoit être que très-désavantageuse. Le Marquis de Saluces y entra en conquérant & s'y comporta en tyran, chassant tous les Magistrats & les Officiers qui ne marquoient pas un grand attachement pour sa personne. Il remplaça les exilés par des gens à sa dévotion. Il vint à Fossan dont il se rendit également maître; mais sur la nouvelle que l'Empereur Charles V. marchoit au secours du Duc de Savoie, l'Amiral de Brion repassa les Alpes pour mettre la Provence & le Dauphiné en sureté, laissant quelques troupes aux ordres du Marquis de Saluces, & lui recommendant la défense de Turin, de Fossan & de Coni. Le Marquis de Saluces, par une trahison indigne, empêcha qu'on ne mît une garnison dans Coni pour défendre cette ville, qu'il livra aux troupes de l'Empereur, dans l'armée duquel il passa. Il fut forcé par Montpésat & la Roche du Maine de fortifier au moins Fossan qu'ils se chargerent de défendre; & malgré le mauvais état où le Marquis de Saluces avoit réduit cette place, ne la fournissant d'aucunes munitions ni de pionniers, qu'il fit marcher d'un autre côté, Montpésat acquit beaucoup de gloire par sa défense; cependant il la rendit au Général de Lève à qui le Marquis de Saluces ouvrit les portes de Coni. L'Empereur à la tête de cette armée triomphante passa les Alpes & vint en France

faire le siége de Marseille; mais il fut obligé de le lever honteusement & de re- An. 1536.
passer de bonne heure en Italie. Ses troupes se regardant en Piémont comme en pays ennemi, ne se firent nul scrupule de le piller.

Un Seigneur de Centale nommé Louis Bollero, ennemi de la Maison de Savoie, ramassa une troupe de brigands composée de déserteurs Allemands & de voleurs nationaux, avec laquelle il se mit à faire des courses, n'épargnant ni hommes ni biens dans tout le territoire de Coni. Borgo eut le plus à souffrir de cette troupe. Non-seulement on en emporta tous les effets qui purent s'enlever; mais même on emprisonna les principaux habitans pour les obliger à racheter leur vie par une rançon considérable. Toresano, ce Bourgeois de Caraglio, qui avoit joué le même rôle cinq ans auparavant, & dont la troupe avoit été dissipée, reparut à la tête d'une nouvelle bande, & se mit à ravager le pays avec plus de fureur que la premiere fois. Il vint du côté de Mondovi, fit un butin considérable, & se rendit maître de Vignolo & de Cervasco. Les Compagnies de Coni ayant sçu que Bollero s'étoit joint à lui, vinrent pour les attaquer; mais ils ne les trouverent ni à Vignolo ni à Cervasco. Sur ce qu'on leur dit qu'ils étoient dans Caraglio, *ils* en firent le siége, pendant que le Marquis de Saluces en attaqua le château. Les deux Chefs des Bandits n'espérant pas de s'y défendre longtems, abandonnerent leurs gens & se sauverent seuls pendant la nuit. Tous ceux qu'ils laisserent furent punis comme voleurs, ou périrent les armes à la main.

Bollero que le Roi de France avoit pris à son service, resta Gouverneur de 1538.
Borgo qui demeura au Roi suivant les conditions de la Trève conclue pour dix ans entre l'Empereur, le Pape, le Roi de France & le Duc de Savoie, lesquels s'étoient tous rendus à Nice où elle fut signée, sans que néanmoins l'Empereur & le Roi de France s'y fussent jamais rencontrés. Toresano fut écartelé à Lyon quelques années après pour d'autres crimes qu'il y commit.

L'Empereur manquoit de parole à François I. en refusant l'Investiture du 1541.
Duché de Milan qu'il avoit promise à son fils; François I. menaçoit de rompre la Trève, & Coni craignoit avec raison d'être la victime de cette guerre. Cette ville employa une quantité prodigieuse d'ouvriers à faire de nouvelles fortifications & à réparer les anciennes. *Elle se fournit abondamment* de munitions de toute espece pour soutenir un siége. Toutes ces précautions n'étoient pas inutiles.

Le meurtre de Rinconet & de Frégose, Ambassadeurs du Roi l'un à la Porte & l'autre à Venise, commis dans le Milanois par les ordres de Duguast,

An. 1451. Gouverneur de la Province pour Charles V., & la justice qu'il refusa d'en faire, déterminerent François I. à rompre la Trève.

1542. Le Roi ayant donné ordre au Général Annebaut de passer, de Perpignan dont il venoit de lever le siége, en Piémont où Langey avoit un corps de troupes considérable, ce Général arriva à Carignan le premier de Septembre, & s'étant joint à Langey, il résolut de faire le siége de Coni contre l'avis de ce dernier, qui mourut en repassant en France, où il se proposoit de rendre compte au Roi des projets qu'il avoit formés & de ceux qu'il blâmoit. Après trois jours d'une marche fort pénible, Annebaut se trouva avec toute son armée & quinze pièces de canon devant Coni. Il campa sur les bords de la Sture & envoya sommer les Syndics de se rendre & de lui apporter les clefs de la ville. Ils lui répondirent qu'ils obéissoient aux Officiers du Duc de Savoie, qu'ils avoient juré de se défendre courageusement & de verser jusqu'à la derniere goutte de leur sang avant de songer à se rendre. Sur cette réponse Annebaut fit passer la Sture à son armée qui marchoit sur deux colonnes, sous le canon de la place qui l'incommoda beaucoup; & ayant fait occuper toutes les hauteurs, il fit dresser ses batteries, qui commencerent le 8 Septembre à battre en brêche la courtine entre le bastion de la Madona-del-Bosco & celui de Caraglio. La brêche paroissant suffisamment large & bien faite, l'assaut fut ordonné pour le 10. Les Assiégés qui s'y attendoient, firent une coupure derriere la brêche & s'y retrancherent. Ils attendirent leurs ennemis de pied ferme. L'assaut fut terrible & des plus meurtriers. Annebaut fut obligé de faire retirer ses troupes sans avoir gagné de terrein. Il fit recommencer l'assaut de lendemain; mais il fut reçu avec autant de courage que la veille & contraint de se retirer de même, laissant dans ces deux attaques 2000 morts sur la place, & emportant près de 3000 blessés. Enfin l'opiniâtre défense de Coni ne lui faisant espérer aucun succès de ses tentatives, il leva le siége le 13 Septembre, & vint prendre ses quartiers d'hyver dans les environs de Carignan.

André Marin, Capitaine d'une Compagnie de Volontaires au service de France, s'avança jusqu'à Borgo dans le dessein d'en faire périr tous les habitans qui s'étoient mal comportés pendant le siége de Coni, & de réduire le Bourg en cendres. Les habitans avertis de son dessein à tems, se sauverent avec ce qu'ils purent emporter de leurs effets. Le Capitaine trouvant toutes les maisons abandonnées, en donna le pillage à ses Soldats & fit brûler tout ce qu'ils ne purent pas enlever. Les flammes n'épargnerent aucun endroit, & pas une maison ne fut exempte de l'incendie.

Bollero qui en étoit Gouverneur n'approuva pas cette action. Il en fit des plaintes fort vives au Roi & fit relever le château de Borgo pour défendre la ville contre de pareilles incursions, en cas qu'on la rebâtit. Le Gouverneur de Coni fit une sortie l'année suivante avec sa garnison, & détruisit tous les ouvrages de Bollero. Les François avoient porté la guerre sur les bords de la mer. Ils assiégeoient Nice par terre, pendant que Barberousse l'attaquoit par mer. Le Duc de Savoie ayant avec lui le Marquis del-Vasto, accourut au secours de Nice: le siége en étoit déjà levé lorsqu'il arriva. Il revint en Piémont où le Marquis del-Vasto surprit Mondovi qui avoit garnison Françoise, par de fausses lettres qui paroissoient venir du Comte d'Enguien, Général du Roi en Piémont. Il trompa le Gouverneur qui lui remit la ville, & qui fut conduit avec tous les honneurs de la guerre sous Carignan, où étoit le Comte d'Enguien. Ce Général fort mécontent du Marquis del-Vasto, résolut de s'en venger sur Carignan; mais le Gouverneur ayant demandé du secours, le Marquis del-Vasto parut avec toute son armée dans la plaine de Cérisoles où il offrit la bataille au Comte d'Enguien qui l'accepta. Les François furent d'abord pliés; deux fois le Comte d'Enguien par désespoir voulut se tuer, on l'en empêcha. S'étant apperçu que les Ennemis s'étoient débandés pour piller les tentes des François, il revint sur eux avec ce qu'il put rallier, & les tailla en pièces, laissant près de 14000 morts sur la place. Le Marquis del-Vasto fut très-dangereusement blessé, & beaucoup de ses Officiers tués ou blessés. Cette Victoire qui ne couta que très-peu de sang aux François, leur permit d'entreprendre le siége de Carignan, où le pain ayant manqué, la garnison se rendit à des conditions honorables. Une suspension d'armes d'un mois fut l'avant-coureur de la paix qui se conclut à Crespi entre le Roi de France & l'Empereur. Le Duc de Savoie y fut compris.

An. 1543. — 1544.

Quelques Espagnols mal payés vinrent faire du butin sur le territoire de Coni; mais les menaces du Gouverneur les firent retourner dans le Milanois d'où ils étoient venus.

Le peuple qui souffroit déjà beaucoup de tous les travaux qu'on lui faisoit faire pour fortifier Coni, pâtit encore plus d'une disette extrême, qui en auroit enlevé un grand nombre sans les *soins officieux du Prieur de St. Ambroise.* Ce généreux Prélat employa tous ses biens à les soutenir, & (chose encore plus rare) il ne chercha point à en acquérir d'autres, ensorte que ceux qu'il avoit secourus durent l'assister à leur tour.

1547.

AN, 1550. CETTE famine fut suivie d'un tremblement de terre si violent, que toutes les maisons de Coni en furent ébranlées, & si ce tremblement avoit duré une minute de plus, la ville auroit été le sépulcre de tous ses habitans, & pas une maison ne fût restée sur pied; cependant il n'en tomba que très-peu.

1551. HENRI II. qui avoit succédé à François I. en 1547, n'avoit point encore troublé la paix du Piémont; mais ses Ministres sçurent si bien lui persuader l'importance de cette conquête, que ce Roi chargea le Maréchal de Brissac d'y passer avec une puissante armée qui paroissoit destinée à la conquête de Parme & de Plaisance, au sujet desquelles la guerre s'étoit allumée entre l'Empereur & le Roi.

CETTE résolution n'avoit pas été prise si secrettement que le Duc de Savoie n'en eût eu vent. Il prit toutes les précautions que le peu de tems qu'il eut, lui permit d'employer. Il attendit les François dans ses Etats; il s'appliqua sur-tout à la garde de ses frontieres; il fit travailler avec toute la diligence possible aux fortifications de Coni, pourvue d'une bonne garnison sous les ordres de Paul Vagnon Trufarello. Le Maréchal de Brissac ne tarda pas à exécuter les ordres de son maître. Il passa les Alpes aussitôt que les neiges furent fondues & s'empara heureusement de Chiari & de St. Damian. Quoique la chaleur fût excessive, il fit marcher son armée sur Dornero. Il se rendit maître de son château le 13 Août, avant que le Marquis de Gonzagues qui abandonnoit le siége de Parme pour venir à son secours, pût arriver. Le Maréchal laissa une forte garnison à Dornero, & répandit ses troupes dans tout le territoire de Coni, qui ne fut point épargné. Le Marquis de Gonzagues, pour éloigner le Maréchal de Brissac de Coni, vint assiéger Saluces, dans le dessein de faire diversion. Il fut assez heureux pour se rendre maître de la ville & du château en peu de jours, ce qu'il n'avoit pas espéré d'abord: il distribua ses troupes dans leurs quartiers d'hyver. Le Maréchal piqué de cette perte, vint assiéger le château de Busca, qui ne pouvant se flatter d'être secouru, se rendit à des conditions honorables.

1552. LA campagne suivante s'ouvrit par l'attaque de Saluces que le Maréchal de Brissac ne reprit qu'après un long siége & une vigoureuse défense de la part des Assiégés. Ils ne se rendirent qu'à des conditions avantageuses, & furent conduits à Coni pour en renforcer la garnison. Le Comte de Bénevent prit d'assaut le château de Cardé, dont il passa toute la garnison au fil de l'épée pour la punir de l'obstination avec laquelle elle s'étoit défendue.

LE

Le territoire de Coni sans cesse exposé au pillage des Soldats, étoit insulté, An. 1553.
& toutes les terres étoient abandonnées. Le Sénat en fit des plaintes au Maréchal, & lui faisant connoître le tort qu'il se faisoit à lui-même & à son armée en ruinant un pays qui pourroit contribuer à sa subsistance si on le ménageoit, obtint une Trève qui sans être limitée pour un tems, étoit à la volonté des deux partis; mais à condition qu'on ne pourroit commettre aucun acte d'hostilité que deux jours après que la Trève seroit déclarée finie, que pendant tout ce tems on pourroit cultiver les terres & les semer sans nul empêchement, & que le commerce seroit libre de Nice à Coni. Le Maréchal de Brissac n'accordoit ces conditions que dans l'espérance de gagner par la douceur cette place, qu'il regardoit comme très-importante, & qu'il ne prévoyoit pas pouvoir emporter aisément de vive force.

Le Duc Charles de Savoie étant mort à Verceil, Emmanuel Philibert son fils qui lui succéda, envoya promptement un Sénateur à Coni pour y recevoir en son nom le serment de fidélité de cette Province & de celles de Mondovi & de Fossan, qui le reconnurent pour leur Souverain & lui rendirent hommage.

La Trève de Coni finit avec la vie de son Souverain. Les François en annon- 1554.
cerent le terme, & sur le champ François Molo, Gouverneur de Busca, se mit en marche pour surprendre Borgo où Henri II. croyoit faire un butin considérable. Le Gouverneur s'y porta en diligence; mais à son arrivée il apprit que tous les habitans de Borgo s'étoient sauvés sous le canon de Roccavione & de Coni, ne laissant que quelques enfans qu'ils oublierent, tant leur fuite étoit précipitée. Molo les fit sommer de revenir chez eux, leur donnant sa parole de les bien traiter; mais sur leur refus il fit mettre le feu à quelques maisons, & les menaça de brûler tout le Bourg, si on ne lui payoit pas une contribution de trois cens cinquante écus à son retour de Rocca-Sparviera où il alloit pour le même sujet. La crainte de perdre la vie retint les habitans de Borgo dans les lieux où ils s'étoient sauvés. Le Gouverneur de Coni ayant défendu de payer la contribution, & Molo trouvant Borgo désert, effectua ses menaces en le réduisant entiérement en cendres.

Le Gouvernement de Coni redoubloit ses soins pour mettre la place en état 1555.
de résister à toutes les attaques de son Ennemi. Il craignit de la voir assiéger, lorsqu'il vit le Maréchal de Brissac maître d'Ivrée, de Brello, de Cazale, & du château de Volpiano qui passoit pour imprenable. La garnison s'étoit défen-

AN. 1555. due si courageusement qu'elle avoit essuyé plusieurs assauts, après lesquels elle avoit *été* obligée de se rendre.

1556. Plus il avoit craint, plus sa joie fut grande lorsqu'il reçut la nouvelle de la Trève qui venoit d'être conclue à Vaucelles entre le Roi de France & l'Empereur Charles-Quint, qui céda l'Empire à son frere Ferdinand & se retira dans un Couvent en Espagne. Le Gouverneur de Coni fit publier la Trève à son de trompe avec grand empressement. Le Maréchal de Brissac qui s'étoit flatté de tirer de grosses contributions du pays qu'il avoit fort ménagé jusques-là, eut lieu d'en être fâché; mais cette Trève ne fut pas de longue durée. Elle finit le 3 Janvier, & la guerre se ralluma plus violemment qu'auparavant.

1557. Le Maréchal de Brissac prit Valence en dix jours, quoique dans le mois d'Avril où le froid étoit encore extrême. Le château de Valfenèse se rendit le 17. Le 24 il assiégea Cheras où il y avoit une garnison Allemande à la solde d'Espagne, le 29 il en fut maître, & la garnison prisonniere de guerre. Ayant assemblé un Conseil de guerre pour décider des opérations de la campagne, il y fut résolu de faire le siége de Coni. Il y marcha sur le champ avec une armée de 12000 fantassins & de 5000 chevaux, 19 pièces de gros canon, deux coulevrines & quelques pièces de campagne. Le Comte Charles de Lucerne étoit enfermé dans la place, n'ayant pour la défendre que six cens hommes, deux pièces de gros canon, quatre moindres & une vingtaine de pièces de campagne avec beaucoup de canonniers & de travailleurs. Le Gouvernur Vagnon avoit fait revêtir de murailles le bastion de la Madona del Olmo & quelques ouvrages en avant de la porte de la Piève: il avoit fait élever trois cavaliers aux bastions de Borgo, de Caraglio & de la Torrette; il avoit aussi fait creuser les fossés & réparer le chemin-couvert. Le Comte de Lucerne ajouta beaucoup d'autres ouvrages, fit élever onze autres cavaliers, fit de grands amas de fascines, & des provisions de toute espece, abbatit quelques maisons en avant de la ville qu'il mit en état de se bien défendre. Outre sa garnison, il arma tous les Bourgeois en état de porter les armes, fit entrer 150 paysans dont il fit une Compagnie, & exhorta si bien les Bourgeois & les Soldats, qu'ils lui jurerent unanimement de se défendre jusqu'au dernier soupir.

Le 2 Mai le Maréchal de Brissac fit avancer son Avant-garde pour être campé plus commodément. Le Gouverneur fit sortir le Capitaine Chiesa avec quelques Soldats pour défendre le passage de la Sture, & quelque cavalerie pour aller brûler plusieurs moulins sous la ville. Ils ne purent les brûler tous ni empêcher les François de s'emparer de deux qui les incommoderent fort pendant le siége. Le Gouverneur fit faire des moulins à bras dans la ville pour suppléer à ceux-là. Le Maréchal, pour investir la ville & empêcher qu'il ne lui vînt aucun secours, laissa une partie de son armée sur la gauche de la Sture & vint camper du côté de l'orient où il trouva un terrein fort commode pour resserrer l'Ennemi & lui ôter toute espérance de secours du côté de Nice. La Trinité Gouverneur de Fossan envoya la nuit le Capitaine Menigon avec 60 hommes pour renforcer Coni. Ce brave Officier passa au travers du Camp des Suisses & entra avec 27 hommes dans la place, les autres ayant été tués en voulant forcer le passage. Cependant le Maréchal tenta toutes les voies de douceur pour soumettre la ville; mais aucune ne lui réussit, & le Gouverneur lui fit dire de ne plus envoyer ni Tambours ni Trompettes, ou qu'il s'attendît à les voir tués: menace qui fut exécutée deux ou trois fois. Les Dames & les femmes du peuple ne montrerent pas moins de courage pour se défendre & servir à tout ce qu'on exigeoit d'elles. La femme du Gouverneur fit voir une fermeté fort au dessus de son sexe, abandonnant, pour ainsi dire, au berceau un de ses fils, que le Maréchal avoit pris & dont il vouloit se servir pour intimider le Gouverneur, qui fit céder la nature à son devoir, sans que jamais sa femme lui proposât rien contre ce devoir, dans la vue de ravoir son fils. Le Maréchal envoya proposer aux Dames qui voudroient sortir de la place, des passeports pour aller en sureté où elles voudroient. Elles répondirent qu'elles étoient chargées de la garde de la partie de la ville qu'on appelloit le Rivaze, qu'elles s'y défendroient, & qu'on les verroit là. Les Assiégés firent des sorties presque tous les jours & détruisirent plusieurs fois les ouvrages. Ils couperent le pont du Gezzo, & dans plusieurs occasions firent perdre beaucoup de monde aux François. Leur Général fit faire des cavaliers, où il fit monter du canon pour battre la ville; mais les Assiégés faisoient vis-à-vis des épaulemens qui mettoient à l'abri ce canon & rendoient les cavaliers inutiles. Par-tout où le Maréchal de Brissac fit des cavaliers, ils firent des épaulemens pendant la nuit; de sorte qu'on ne pouvoit les incommoder longtems & qu'ils rendoient tous ses travaux inutiles. La tranchée étoit à six pieds du chemin-couvert, & chaque jour les Assiégés faisoient des sorties & tuoient beaucoup de monde. Le Maréchal de Brissac ne se déterminoit point à attaquer le chemin-couvert.

AN. 1557.

AYANT vu qu'il n'y avoit qu'un vieux mur proche la porte de Carante, qui défendît la ville, il fit avancer des batteries de ce côté, & en deux jours la

An. 1557. brêche fut suffisante pour donner l'assaut. Il envoya la reconnoître; mais ceux qui y allerent, furent presque tous tués. Le Maréchal craignant de ne pas réussir de ce côté, où les Assiégés s'étoient tous portés pour soutenir l'assaut, changea d'attaque & battit le bastion del Olmo où il ne réussit pas mieux. Il tira dans la ville le plus de boulets qu'il put pour la ruiner: il essaya de faire des mines; mais la terre étoit crayonneuse, pierreuse, & peu propre aux mines: plusieurs s'écraserent, les Assiégés éventerent les autres, firent des sorties, tuerent quelques mineurs & se défendirent si courageusement que le Maréchal de Brissac commençoit à désespérer de la prendre. Le 52me. jour du siége il fit demander par Montbasin une entrevue avec le Gouverneur, qui la refusa d'abord, mais qui sortit enfin de la ville après avoir pris toutes ses suretés, accompagné du Syndic & de quelques Officiers de sa garnison. Montbasin se rendit aussi de son côté au rendez-vous dehors la porte de Gezzo avec quelques Officiers. Il employa toutes les raisons possibles pour porter le Gouverneur à se rendre; mais il n'en obtint réponse qu'au bout de 24 heures, qui fut, que la garnison étoit résolue de se défendre aussi longtems qu'il resteroit quelqu'un en vie. Le Gouverneur attendoit des secours de l'Empereur, & pour cette raison il avoit écouté Montbasin & demandé 24 heures pour se déterminer & assembler un Conseil, au bout desquelles il avoit donné cette réponse, sans pourtant discontinuer son feu.

Les François firent d'autres mines, & battirent en brêche le bastion de la Torrette. La brêche étant raisonnablement grande, le 25 Juin le Maréchal de Brissac rangea toute son armée pour la faire monter à l'assaut. Les mines ayant produit leur effet, & ouvert un chemin à passer à cheval, le signal fut donné pour l'assaut. Toute l'artillerie fit en même tems le feu le plus terrible: l'assaut commença à midi & ne finit qu'à cinq heures. Les Assiégés se défendirent avec un courage incroyable, repousserent toujours l'Ennemi & ne lui laisserent pas gagner un pied de terrein, se défendant avec toutes les choses qu'on peut employer, comme artifices & fascines gaudronnées qu'ils mirent tout enflammées devant la brêche, jettant des pots à feu au milieu des François, les brûlant avec des boules de souffre & faisant des décharges continuelles de leur canon & de leur mousqueterie.

Le Maréchal de Brissac voyant qu'il ne pouvoit l'emporter, fit sonner la retraite & rentrer les troupes dans le camp, après avoir perdu un monde considérable. Le lendemain il ne fit rien & le second jour il leva le siége sur la nouvelle que le Marquis de Pescara arrivoit avec 3000 hommes, au secours de la place. An. 1557.

Le Gouverneur envoya cette nouvelle au Duc de Savoie (Emmanuel Philibert) qui commandoit alors l'armée d'Espagne en Flandres. Il disoit que les François avoient eu trois mille hommes tués pendant ce siége & beaucoup plus de blessés; & que du côté des Assiégés il n'y avoit eu que 200 hommes de morts; mais il ne s'en trouva pas quarante dans toute la garnison qui n'eussent eu quelques blessures pendant le siége, qui dura 56 jours. Il ne restoit plus en tout que 500 livres de poudre dans la ville. Le Marquis de Pescara étant arrivé avec 3000 fantassins & 800 chevaux, le Gouverneur les fit passer à cheval par la brêche qu'il avoit défendue. Le Duc de Savoie écrivit en des termes pleins d'éloges à ceux de Coni pour les remercier de leurs bons services, & leur marqua tout le plaisir que cette nouvelle lui causoit. Le Marquis de Pescara retourna avec ses troupes à Fossan après avoir donné à ceux de Coni tous les éloges que leur valeur & leur courage méritoient. Les François essayerent de lui couper le chemin de la Lombardie; mais il repassa par Coni & prit le chemin des Landes avec de bons guides qui le conduisirent à Milan sans aucun accident. La Cavalerie étoit restée à Fossan: elle passa peu-à-peu par petits détachemens & se rendit de même à Milan.

Le Maréchal de Brissac piqué d'avoir manqué Coni, se jetta sur le château de Caraglio où il y avoit garnison Espagnole, & en peu de jours s'en rendit maître. Le Vidame de Charost s'avança pour faire le dégât dans le pays avec un gros détachement, mais Alexandre Masse étant venu de Coni à sa rencontre avec une bonne troupe d'Infanterie & de Cavalerie, l'obligea de faire volteface. Le Duc de Sessa s'étant rendu sous Coni avec une armée composée d'Allemans & d'Espagnols, ceux de Coni lui proposerent de faire le siége de Centale, prenant à bon augure la nouvelle qu'ils recurent de la bataille que le Duc leur Souverain avoit gagnée à St. Quentin sur les François, où le Comte d'Enguien qui lui avoit fait la guerre en Piémont en 1544 fut tué, le Connétable de Montmorenci, le Maréchal de St. André & le Duc de Montpensier faits prisonniers.

Le Duc de Sessa se présenta le 7 Septembre devant le Bourg de Centale, & n'employa que huit jours à prendre son château. Ses troupes furent renforcées d'une partie de celles de Coni qui ne se montrerent pas moins braves à attaquer qu'à se défendre.

Ceux de Coni se rendirent maîtres sans aucun secours de Roccavione, Roc- 1558.

AN. 1558. ca Sparviera & Démont. Ils se flattoient de pousser plus loin leurs conquêtes,
1559. lorsqu'ils reçurent la nouvelle que la Paix étoit heureusement faite à Cateau-Cambresis entre l'Espagne & la France après la mort de l'Empereur Charles-Quint, à condition que la France rendroit à l'Espagne 193 Villes ou Bourgs qu'elle lui avoit pris pendant la guerre, & qu'on rendroit au Duc de Savoie généralement tout ce qui lui avoit été enlevé de ses Etats, que Henri II. Roi de France donneroit sa fille en mariage au Roi Philippe, & sa sœur Marguerite au Duc de Savoie. L'armée d'Espagne se retira dans l'Artois après cette Paix, & celle de France repassa les Alpes.

1559. Le Duc de Savoie, pour reconnoître le zêle & la fidélité de ceux de Coni, leur accorda de grands priviléges, & déclara Coni Ville: jusques-là ce n'étoit qu'un Bourg. Elle fut la premiere de ses Etats après Verceil, Asti, Nice & Aoste. Il lui donna les Armes qu'elle porte encore aujourd'hui, & fit un Diplôme qui fait l'éloge de la nation de Coni. Le Duc vint à Paris après la Paix & fut témoin de la mort de Henri II. tué dans un tournois par Montgommery. Il laissa le trône de France à François II. après avoir, dans les onze jours que sa blessure lui laissa de vie, fait épouser sa sœur au Duc de Savoie qui le quitta pour aller joindre le Roi Philippe II. avant qu'il repassât en Espagne: il avoit de grandes négociations à faire avec lui. A son retour à Paris le Duc sollicita vivement le nouveau Roi de lui restituer une partie de ses Etats qu'il avoit gardée. Le Roi envoya le Comte de Chalar & Marin pour la lui remettre; & le Duc de Savoie partit de Paris, laissant au Comte Charles Provana le soin d'amener sa femme à petites journées, pendant qu'il s'embarqua à Lyon pour venir à Marseille: il y trouva ses Galeres sur lesquelles il se rendit par mer à Nice, où la Duchesse de Savoie arriva peu après.

1560. Les Epoux firent ensemble leur entrée dans Coni: elle fut des plus magnifiques. Le peuple chercha l'occasion de marquer son zêle & son amour pour son Souverain par les réjouissances & les fêtes qu'il y donna.

1561. Tous les sujets du Duc vinrent lui rendre hommage, excepté ceux des vallées d'Angrogne & de Lucerne incités à cette désobéissance par les Huguenots de France, & comptant sur la difficulté qu'il y avoit de venir dans leur pays; mais le Comte de la Trinité s'étant mis à la tête de ceux de Coni & de quelques autres, les soumit après plusieurs avantages qu'il remporta sur eux.

1562. Charles IX. depuis deux ans Roi de France, fit restituer au Duc de Savoie Turin, Chiari, Villanuova d'Asti & Chiras qui devoient être rendus par la

Paix de Cateau-Cambresis, quand les droits de la Duchesse d'Angoulême grand' An. 1562.
mere de Henri II. auroient été réglés.

Ce Prince qui étoit resté à Fossan pendant tous les troubles que les Hugue- 1563.
nots avoient fomentés dans ses terres, fixa sa demeure à Turin, qui depuis a toujours été la capitale de ses Etats. Pendant son séjour à Fossan il étoit venu plusieurs fois à Coni qu'il fit fortifier avec plus de soin qu'elle ne l'avoit encore été. Il fit un Edit par lequel toute autre Religion que la Catholique étoit défendue dans tous les pays de sa domination; les Huguenots condamnés à être brûlés, allerent chercher un autre genre de mort en France où Charles IX. les traita peu humainement.

On construisit une nouvelle Citadelle pour la joindre aux autres fortifica- 1566.
tions de Coni. Elle fut élevée proche la porte Carante où étoit l'Eglise de St. Ambroise qui fut reportée plus loin.

Quelques Huguenots des vallées de Lucerne & d'Angrogne s'étant revoltés 1567.
de nouveau, les milices de Coni se mirent en campagne, leur tuerent du monde & les forcerent à cacher le secret de leur Religion dans leur cœur.

Le Pape ayant chassé tous les Juifs d'Avignon, le Duc de Savoie leur permit 1570.
de venir s'établir à Coni, de même qu'ils avoient été reçus dans Avignon quand on les avoit chassés de Coni, cent quatre-vingts ans environ auparavant.

On ne buvoit que de mauvaises eaux à Coni: ce qui causoit beaucoup de 1572.
maladies. On y remédia par le secours des Ingénieurs employés aux fortifications. Ils firent des conduits pour porter l'eau de la Sture dans toutes les maisons de la ville qui voulurent se prêter à la dépense, & firent creuser une grande quantité de puits qui fournirent des eaux de sources excellentes.

Le Duc Philibert Emmanuel vint à Coni avec son fils Charles Emmanuel 1575.
à qui il fit prêter serment de fidélité par tous ses peuples, voulant qu'il régnât de son vivant.

Les Huguenots des vallées, auxquels il s'en étoit joint plusieurs autres qui 1576.
avoient été chassés du Piémont, donnerent encore occasion aux milices de Coni de marcher contre eux, & de les mettre si bas qu'on ne craignît plus rien de leurs entreprises.

Le Marquis de Bellegarde favori du Roi de France ayant perdu ses bonnes 1578.
graces, vint se réfugier à Saluces. Il eut quelque sujet de mécontentement du Gouverneur, & résolut de s'en venger: ce qu'il fit en se déclarant Chef des Huguenots. Il s'assura du château de Centale qu'il fit fortifier. Le Duc de

An. 1578. Savoie craignant que cette guerre ne devînt funeste à ses Etats, fit armer ceux de Coni & passa à Grenoble où étoit la Reine pour y traiter de la Paix qui se fit peu après, sans que le Marquis de Bellegarde eût fait autre chose que de se joindre avec quelques rebelles aux habitans des vallées de Lucerne & d'Angrogne qui n'entreprirent rien.

1580. Le Duc Charles Emmanuel succéda à tous les Etats de son pere qui mourut à Turin fort regretté de son peuple & particuliérement de la ville de Coni à laquelle il avoit accordé de très-grands priviléges & qu'il avoit honorée d'éloges qui marquoient son estime pour ce peuple.

1585. Le nouveau Duc passa en Espagne où il épousa Catherine d'Autriche, fille de Philippe II. Il la ramena dans ses Etats, débarquant à Villefranche de Nice avec un convoi de 40 Galeres qui l'escortoient depuis Barcelone. Coni lui fit une magnifique réception.

1588. Le Duc de Savoie voyant que Henri III. successeur de Charles IX. gardoit toujours le Marquisat de Saluces qu'il refusoit de lui rendre, chargea ceux de Coni de faire le siége de Centale, pendant qu'il se rendit maître de Carmagnol, de Revel, de Château-Dauphin, de la ville, du château & de tout le Marquisat de Saluces; ils s'emparerent de Centale qui ne tint pas longtems, & firent raser le château afin d'éloigner la guerre d'eux le plus qu'ils pourroient.

Henri III. prit ses mesures pour se venger du Duc de Savoie; mais ayant été assassiné par un Moine à St. Cloud, le Duc de Lesdiguieres fit cesser les hostilités & attendit de nouveaux ordres de la Cour qui n'étoit pas sans trouble à cause de la Religion que professoit Henri IV. qui devoit naturellement succéder au Roi défunt. Le Duc de Savoie fut fait Général de la Ligue Catholique contre les Huguenots, & avant de passer en Provence, où il prit la ville de Grasse, il s'empara de Bonne en Savoie, & en passa la garnison au fil de l'épée.

1590. Les Huguenots s'étant emparés, par la trahison du Gouverneur, de la ville de Barcelonette & du château de St. Paul, les Milices de Coni jointes à celles de Mondovi y marcherent, & après quelque résistance, reprirent ces deux endroits. Le Duc fit passer à Coni tout le canon de Carmagnol dont ses troupes s'étoient emparées, & ayant assemblé son Conseil, il fut résolu de fortifier la Butte de Démont. Il fit jetter les premiers fondemens d'un château qui est devenu redoutable depuis, & passa en Provence où il prit Marseille & Aix sur les Huguenots. Pendant ce tems le Duc de Lesdiguieres, pour faire une diversion

version des troupes du Duc, se jetta sur Barcelonette & le château de St. Paul AN. 1590.
qu'il prit.

La Duchesse, en l'absence de son Epoux, chargea le Marquis de Saux de 1591.
se mettre à la tête des milices de Coni & de Mondovi pour reprendre ces deux places: ce qu'il fit heureusement; mais par une noire trahison, il céda la ville dont la Duchesse l'avoit fait Gouverneur à la premiere sommation des Huguenots & ramena sa garnison à Coni où la Duchesse le fit arrêter; & son procès lui ayant été fait, il fut condamné à avoir le col coupé comme rebelle: ce qui s'exécuta dans la place de Coni.

Le Duc, revenu dans ses Etats, passa par la ville de Coni dont il récom- 1592.
pensa ceux qui avoient montré le plus de zêle pour son service aux cinq siéges de Barcelonette, soit dans l'attaque, soit dans la défense de cette place. Il apprit que le Duc de Lesdiguieres faisoit le siége de Pignerol; mais la résistance qu'il y rencontra, le contraignit de le lever.

Le Duc de Savoie s'empara d'Aceglio que les Huguenots essayerent en vain 1593.
de reprendre. Il sentit toute l'importance de conserver cette ville, regardée comme la clef du Piémont. On travailloit cependant fortement à terminer la guerre; Henri IV. s'étant fait Catholique Romain & reconnoître pour tel par le Pape.

La Paix fut heureusement conclue entre la France & la Savoie par l'entremi- 1595.
se du Pape. L'article de Saluces fut renvoyé à la décision du St. Pere, qui refusa de prononcer, craignant de s'attirer pour ennemi celui des deux à qui il ne l'adjugeroit pas. Le Roi resta donc en possession de tout le Marquisat, & engagea le Duc de Savoie à venir à Paris régler avec lui cette discussion. Le Duc
s'y rendit, mais en repartit sans aucune décision. Les fortifications nouvelles 1599.
de Coni s'acheverent pendant ce tems & le Duc vint les voir en passant. Il fut content de tout ce qu'on y avoit fait, & regarda Coni comme le rempart de ses Etats.

Henri IV. à la tête d'une armée commandée sous lui par les Ducs de Biron 1600.
& de Lesdiguieres vint faire une descente en Savoie. Le Pape craignant que cette guerre n'eût de longues suites, lui envoya le Cardinal Aldobrandin qui sçut le porter à céder le Marquisat de Saluces au Duc de Savoie, lequel de son côté céda la Bresse au Roi. Moyennant cette échange la Paix fut conclue: le Roi repassa les Alpes, & le Duc se mit en possession de Saluces.

Jusques-là Coni protégée par un Abbé dans son origine & souvent par des 1604.

An. 1604. Evêques, n'avoit point encore admis d'autres Religieux que ceux de son premier Seigneur. Son zêle pour la Foi Romaine dans le tems où elle essuyoit une violente persécution, lui fit appeller des Capucins à qui la ville fit bâtir proche la riviere de Gezzo un Couvent qui subsiste encore.

1607. Les maladies contagieuses qui se répandirent dans le Piémont, firent de grands ravages à Coni; & l'année suivante les inondations & les grêles causé-
1608. rent une disette affreuse dans tout le pays. Elle fut au point que bien des gens
1609. moururent de faim. Une abondante récolte à la suite fit cesser ce mal & régner le commerce dans le pays; comme il avoit plus de grain qu'il ne lui en falloit, il en vendit une grande quantité aux Génois.

1610. La mort de Henri IV. n'apporta point de changement en Piémont; mais celle du Duc de Mantoue occasionna une guerre dans laquelle le Duc de Savoie voulut faire valoir ses droits sur le Marquisat de Montferrat. Le Gouverneur de Milan ayant embrassé le parti contraire au Duc, lui fit craindre que la
1615. guerre ne s'allumât vivement. Le Pape, la France & l'Angleterre s'entremirent pour la paix, qui fut conclue sous leur médiation.

1617. Cependant la guerre ne tarda pas à se rallumer & ne finit que par le Traité d'Asti, par lequel le Duc de Mantoue cédoit au Duc de Savoie Alba & quelques autres places & châteaux: cession que le Duc de Savoie crut rendre plus autentique en la faisant confirmer par l'Empereur & la Diette de Ratisbone: cette précaution n'avoit été prise dans presque aucuns Traités des Ducs de Savoie où le Vasselage de l'Empire n'assujettissoit à aucun droit.

1619. Le mariage du Prince Victor Amédée I. avec une fille de Henri IV. fut la suite de ce Traité.

1623. Il y eut des inondations extraordinaires à Coni & dans tous ses environs bien avant que les neiges se fondissent: ce qui détruisit quelques fortifications qu'on ne tarda pas à réparer.

1627. Le Duc de Savoie ayant appris que la République de Gènes s'étoit emparée du Comté de Zucharelle, sur lequel il avoit des droits, lui déclara la guerre qui finit presqu'en commençant.

1628. Il n'en fut pas de même de celle que la France déclara à la Savoie pour soutenir le Duc de Nevers dans sa prétention sur le Marquisat de Montferrat après la mort du jeune Duc de Mantoue. Les François tenterent le passage par la vallée de Vraïte où ils eurent du désavantage dans un choc où les troupes de Coni s'opposerent à eux. Mais le Roi faisant en personne une autre attaque à la vallée de Suze où l'on avoit fait une triple barricade força le passage. Le Duc de Savoie signa la paix, remit Suze pour cautionement & ne tarda pas à rentrer en guerre. Le Roi renvoya ses troupes vers le Piémont, tandis que le Duc se renforça de l'alliance de l'Empereur & de l'Espagne. L'armée Françoise s'empara d'abord de Saluces. Le Duc mit ses soins à bien pourvoir Coni dont il fit le Marquis Philippe Formo Gouverneur & se retira à Saviglian, où il mourut, les uns disent du chagrin d'être dépouillé de tous ses Etats par Louis XIII. en cette seule campagne, d'autres disent de la peste, & les autres de la fièvre. La paix faite à Cherasque fut le terme de la guerre & de la vie de Charles Emmanuel qui laissa ses Etats à son fils Victor Amédée I. Jules depuis Cardinal de Mazarin avoit tenté vainement de négocier avec le Roi au nom du Duc de Savoie; mais il réussit à séduire le Cardinal de Richelieu qui se l'attacha par la suite. An. 1629. 1630.

La peste enleva un grand nombre d'habitans au Piémont, & à la ville de Coni qui fit beaucoup de vœux à St. Michel & à St. Ignace de Loyola, dont ils venoient depuis peu de recevoir des disciples auxquels ils avoient permis d'avoir un Collége pour instruire leur Jeunesse. La peste cessoit l'Hyver & reprenoit l'Eté. On prit toutes les précautions possibles pour arrêter ce mal, qui, malgré les vœux aux Saints, les remedes & les soins des Magistrats, avoit toujours son cours, & revenoit toujours dans un pays qu'on est étonné de trouver si mal-sain, tandis qu'il est si beau, si ouvert & si voisin des montagnes & des neiges qui purifient l'air. Ce mal paroissoit fini par les soins qu'on avoit pris; mais il reparut avec plus de violence que les années précédentes & fit périr un peuple innombrable, ne finissant que lorsque le grand froid & les neiges eurent emporté tout le mauvais air. 1631. 1632.

La Trève faite avec les Génois donna occasion à beaucoup de familles de la riviere de Gènes de venir s'établir à Coni & de remplir les maisons que la peste avoit rendues désertes. 1634.

Le Duc Victor Amédée ayant été contraint par la force des raisons & des instances de la France à se déclarer contre l'Espagne, dut faire marcher son armée dans le Duché de Milan. 1635.

Coni servit de lieu d'assemblée aux troupes, qui prirent leur quartier dans son territoire: ce qui ne se fit pas sans lui causer de grands dommages. 1636.

Le Duc Victor Amédée livra bataille aux Espagnols dans le Duché de Milan où il avoit fait passer ses troupes. Il remporta la victoire; & peu après il conduisit son armée à Verceil où une fièvre maligne l'emporta en quelques jours. 1637.

AN. 1637. La Ducheſſe Chriſtine ſœur de Louis XIII. reſta Régente des Etats de François Hiacinthe ſon fils qui mourut au bout d'un an ſans que l'avénement de Charles Emmanuel ſon frere changeât rien à la Régence.

1638. LA ville de Coni n'envoya que des Députés pour prêter le ſerment de fidélité à la Ducheſſe Régente. Elle les reçut avec beaucoup de bonté, quoiqu'elle ne les honorât pas du titre d'Ambaſſadeurs.

1639. CEPENDANT les Princes Maurice & Thomas de Savoie, oncles du jeune Duc, prétendoient la Tutelle qu'ils demanderent à la tête d'une armée d'Eſpagnols. Chriſtine ſoutint ſes droits avec les troupes de France, & la nation ſe vit entraînée dans une guerre civile. Les deux Princes s'emparerent d'Aſti qui ſe rendit à leurs armes. La France animée par la Régente, envoya le Cardinal de la Valette & le Duc de Longueville avec une nouvelle armée. La Ducheſſe envoya ſon fils dans le château de Chamberi, premiere réſidence des Ducs de Savoie, pour l'y mettre en ſureté. Le Cardinal de Savoie s'avança diligemment à Mondovi, à Bennes, à Saluces & autres lieux où il fut reçu; & voulant avoir une place de ſureté, il ſe jetta dans Coni où le Duc de Longueville ne le ſçut pas plus tôt qu'il accourut pour l'aſſiéger, ſe flattant d'emporter dans peu cette place. L'Avantgarde arriva près de Coni, & le lendemain toute l'armée s'y rendit: elle campa du côté de la porte de Nice, où le feu des Aſſiégés l'incommoda beaucoup. Le Duc de Longueville fit donner l'aſſaut à la place dès le troiſieme jour & crut l'emporter d'emblée en s'emparant d'une porte; mais les Aſſiégés ſe défendirent ſi courageuſement que les François furent obligés de ſe retirer en laiſſant un grand nombre de leurs morts dans les foſſés. Le Duc de Longueville vouloit continuer le ſiége; mais le Cardinal de la Valette lui envoya des ordres ſi précis de ſe retirer, qu'il fut contraint d'obéir. Le Cardinal de Savoie nomma le Comte de Rivalda Gouverneur de Coni en la place du Comte de St. Georges, ordonna de nouveaux ouvrages & partit pour Nice.

Le 22 Juillet.

1640. ON employa ſur le champ nombre d'ouvriers à fortifier de nouveau Coni qui ſe préparoit à ſoutenir le ſiége.

1641. LE Comte d'Harcourt, de la Maiſon de Lorraine, paſſé en Piémont pour y commander l'armée Françoiſe, après avoir gagné la bataille d'Ivrée ſur le Cardinal de Savoie & fait lever le ſiége de Chivas au Prince Thomas, avoit réſolu de faire celui de Coni dans l'eſpérance que par ſes armes ou par ſes intrigues il parviendroit à la rendre à la Ducheſſe Régente. La garniſon conſiſtoit en 1400 hommes, partie des troupes du Cardinal de Savoie commandées par le

Comte de Broglie, & partie d'Espagnols commandés par le Colonel Castanée, An. 1641.
tous deux aux ordres du Comte de Rivalda Gouverneur. Outre les Soldats, tous les Bourgeois avoient pris les armes, & l'on avoit fait entrer une grande quantité de travailleurs dans la place, bien garnie de munitions de bouche, mais de peu de munitions de guerre.

Le Comte d'Harcourt fit marcher à Coni le Marquis de Ville pour l'investir 25 Juillet.
avec 1500 chevaux de la Duchesse Régente & 1500 fantassins François. Il ne fut pas plus tôt proche de la Sture, qu'il essuya un feu fort vif d'un corps de Carabiniers qu'il força pourtant d'abandonner leur quartier & de rentrer dans la ville. Le Marquis de Ville ayant laissé un gros détachement devant Coni, vint à Borgo pour couper tous les secours qui pouvoient venir de Nice par le col de Tende, le seul chemin qu'on connût alors pour entrer de Nice en Piémont. Celui de Nice à Barcelonette étoit aussi fort fréquenté, mais n'avoit point de communication avec celui de Tende ni avec tout le pays qui se trouve entre-deux.

Le canon de Coni l'incommoda beaucoup dans sa marche & lui tua du monde, & la garnison fit une sortie de 300 hommes sur son arriere-garde sans beaucoup d'effet. Quatre cens hommes défendirent l'entrée de Borgo; mais le Marquis de Ville les força de se retirer & s'empara de cet endroit. Il voulut ensuite repasser la Sture pour se rendre maître de la Madona del Olmo, poste fort important; mais il y trouva tant de résistance de la part des milices du pays qu'il fut obligé de se retirer. Il tenta le passage plus haut: la riviere n'étant pas gardée, il arriva par l'autre côté de la Sture à la Madona del Olmo, où il entra sans la moindre résistance.

Quelques jours après le Comte d'Harcourt conduisit toute l'armée composée de 6000 soldats & de 2000 cavaliers devant Coni. Il commanda sur le champ Roquecerviere avec les compagnies d'Auvergne & des Gardes pour aller reconnoître la place du côté du Gezzo, & le Comte de Chatillon avec celles de Normandie du côté de la Sture. La ville fit un feu fort vif de son artillerie & leur tua quelques soldats. La nuit suivante il fit ouvrir la tranchée & élever de petits forts pour resserrer la place de plus près, & lui oter l'espérance d'être secourue. Ayant appris que le Prince Thomas marchoit avec quelques milices du côté de Turin, il envoya un gros détachement au devant. Son artillerie qui venoit par ce chemin, arriva heureusement dans son Camp. Elle n'y fut pas plus tôt qu'on poussa les ouvrages avec diligence. On dressa deux batteries, une en face du bastion de la Madona del Olmo sous les ordres du Comte de Castellane.

AN. 1641. Maréchal-de-Camp, & l'autre en face du bastion de Caraglio, commandée par le Comte du Plessis-Prâlin. Les ennemis firent une sortie sur les travailleurs qui étant soutenus par des soldats eurent une mêlée assez vive. Deux Capitaines des Assiégés furent tués, ainsi que nombre de soldats; mais les Assiégeans perdirent encore plus de monde. Pendant ce tems le Comte du Plessis-Prâlin tâchoit de se loger sur la contrescarpe, cheminant à l'abri des gabions & des sappes.

Le Comte d'Harcourt fit ouvrir une troisieme tranchée en face du bastion de Ste. Anne. Les Ennemis s'en étant apperçus mirent le feu à un baril de poudre au fond du fossé. Les François croyant que c'étoit une mine, se retirerent, & la garnison s'empara d'une redoute qu'on y avoit construite. Le Comte d'Harcourt voulut la racheter à quelque prix que ce fût. Il y fit marcher le bataillon de Morette & celui du Plessis qui attaquerent les ennemis avec beaucoup de courage: ils se défendirent avec autant de valeur; mais enfin ils furent chassés avec peu de perte. Le Colonel de Morette fut tué ainsi que beaucoup d'assaillans. Les Assiégés firent de fréquentes sorties sous les ordres du Comte de Broglie, & toujours heureuses, détruisant les ouvrages & tuant toujours quelques travailleurs. Ils firent aussi jouer quelques mines qui leur réussirent mieux qu'aux François qui ne tirerent nul avantage des leurs: en un mot, le Comte d'Harcourt désespéroit de prendre Coni.

La Duchesse de Savoie, pour ménager cette place & le sang de ses sujets ainsi que celui des François, tâcha d'engager le Prince Thomas à la lui faire rendre, mais il ne voulut entendre à aucun Traité avant la décision du siége. Pendant ces pourparlers les Assiégeans ne discontinuoient point leurs ouvrages, ni les Assiégés leurs sorties qui faisoient grand mal aux premiers. Enfin les François auroient levé le siége, s'ils n'eussent pas compté sur quelques intrigues qu'ils avoient dans la place. Les Assiégés avoient trouvé le secret de venir sous terre jusques sous la tente du Général, où ils avoient pratiqué une mine qui l'auroit fait périr avec nombre d'Officiers, si par esprit d'avarice on n'eût pas mis autant de poussiere que de poudre dans les barils qu'on employa: ce qui fit que la mine ne prit pas feu. Les François établirent une batterie sur le bord du fossé & firent travailler deux mines, l'une sous le bastion de l'Olmo, & l'autre sous celui de la Madona del Bosco. Quand elles furent finies, le Comte d'Harcourt envoya un Trompette au Gouverneur pour le sommer de se rendre; mais il fit réponse qu'il vouloit auparavant voir l'effet de la mine. Elle jetta par terre vingt-cinq pieds de la muraille. Le Comte d'Harcourt voyant une si belle brêche, voulut s'y loger par assaut; mais il fut obligé de se retirer après avoir perdu beaucoup de monde qu'on lui tuoit des deux flancs qui défendoient la brêche. Il eut recours à un second assaut pour gagner le haut du bastion & attacher le mineur à la brêche, entreprise qui fit répandre en vain beaucoup de sang François. Il fit ensuite élever une batterie de trois canons sur la contrescarpe du fossé pour abattre les défenses que les Assiégés avoient faites, & donner un troisieme assaut; mais quoique la Garnison & les Bourgeois fussent prêts à se défendre courageusement, ayant déjà réparé les ruines que les brêches avoient faites, le Gouverneur, les Syndics & les Conseillers jugerent à propos de se rendre & de ne pas attendre l'effet de la mine du bastion de l'Olmo, pour ne pas voir leur ville exposée au pillage. S'étant donc rassemblés dans un Conseil, on proposa de rendre la place le 11. Septembre, & chacun fut de cet avis. On fit quelques conventions avec le Comte d'Harcourt, & le Gouverneur pour la sureté de la ville régla: AN. 1641.

1. Qu'on accorderoit un pardon général & qu'on ne rechercheroit aucun Bourgeois pour avoir défendu la place.

2. Qu'on confirmeroit les Priviléges &c.

3. Que la ville seroit réintégrée dans la possession de ses biens, & qu'elle ne seroit pas taxée plus qu'une autre dans les Impositions.

4. Qu'on ne feroit aucune violence dans les Eglises, qui serviroient d'Immunités pour deux mois.

5. Que le Comte d'Harcourt feroit ses instances pour faire confirmer les Officiers de Justice.

6. Que la ville ne seroit point chagrinée pour le payement de contributions, de droit des Assiégeans &c., excepté ceux de l'Artillerie que le Comte d'Harcourt régleroit lui-même; ce corps s'étant fait un droit de s'emparer de toutes les cloches & matieres de fonte d'une ville prise par siége, ou de les enlever, si la ville ne les rachetoit pas.

La Capitulation pour la remise de la place fut:

1. Que la ville seroit livrée au Comte d'Harcourt, le 15 Septembre à 10 heures du matin, si l'on ne pouvoit pas faire entrer, de ce jour à ce terme, un renfort de 1000 hommes par vive force; qu'il y auroit suspension d'armes jusqu'à ce tems; mais que la garnison auroit ses gardes à l'ordinaire sans pouvoir faire aucune sortie pour favoriser le secours attendu.

2. Que personne ne pourroit sortir de la place sans un passeport du Com-

AN. 1641. te d'Harcourt, sous peine d'être traité comme Espion.

3. QUE le Gouverneur pourroit conduire à Revel un canon de 20 livres de balle avec douze coups à tirer & tout son équipage.

4. QUE la Garnison sortiroit avec tous les honneurs de la guerre pour aller à Asti, à Nizze & à Démont, qu'elle seroit escortée & conduite jusqu'en lieu sûr.

5. QUE le Comte d'Harcourt feroit fournir douze chariots attelés de bœufs pour porter les équipages.

6. QUE les blessés & les malades seroient traités jusqu'à leur guérison; qu'on leur donneroit alors des passeports pour rejoindre leurs Corps.

7. QUE tous les Prisonniers de guerre seroient relâchés sans rançon.

8. QUE ceux qui voudroient sortir de la ville, auroient deux mois pour le faire & emporter leurs effets.

9. QUE le Comte d'Harcourt promettroit ses bons offices pour faire payer les fonds assignés pour les fortifications.

10. QUE les Habitans de Coni ne seroient maltraités en aucune façon & qu'on leur conserveroit leurs Privilèges.

11. QUE le Comte d'Harcourt promettroit de s'employer pour qu'on laissât jouir de leurs biens les gens attachés aux Princes & qui n'auroient pas de charges militaires.

12. QU'IL seroit permis à deux Elus d'aller avec chacun cinq chevaux donner avis de la Capitulation aux deux Princes.

13. QUE pour sûreté de la présente Capitulation, on donneroit des ôtages de part & d'autre, sçavoir, de la part du Comte d'Harcourt, un Colonel & un Capitaine d'Infanterie, & de la part de ceux de Coni, quatre de même qualité, deux desquels ne seroient rendus qu'au retour des escortes qui auroient conduit une partie de la Garnison à Démont.

14. QU'ON cesseroit tous travaux de part & d'autre, & que pour cet effet on envercoit des Officiers François dans la ville, & de ceux de Coni dans le camp pour y faire tenir la main.

LE Comte d'Harcourt joignit à ces articles:

QUE les déserteurs François seroient arrêtés & mis en lieu de sûreté.

QU'ON donneroit une escorte de 20 Maîtres au canon qui iroit à Revel.

QU'ON donneroit vingt-cinq Maîtres pour les troupes qui iroient à Asti, & ordre pour les Etapes, qui seroient à la Trinité, à Bras & à Cazal.

QU'ON

Qu'on fourniroit 36 chariots à bœufs & 15 mulets pour les Equipages qui sortiroient de Coni. An. 1641.

Que les Bourgeois qui voudroient se retiter, pourroient suivre la Garnison.

Ces conditions furent remises au Gouverneur, & signées.

HENRY DE LORRAINE, COMTE D'HARCOURT.

Le secours n'étant pas entré dans la ville suivant le terme de la Capitulation, la garnison sortit de Coni le 15 Septembre au matin, & le Comte d'Harcourt établit le Maréchal-de-Camp de Salis, du pays des Grisons, Gouverneur de Coni, pour ne pas donner de jalousie à la Cour de Savoie en y mettant un François. La Duchesse de Savoie obtint du Roi par des ordres qu'apporta le Duc de Bouillon qu'on lui remît la place qu'elle fit occuper par une garnison Piémontoise commandée par le Maréchal-de-Camp de Marolles. Peu aprés la Duchesse fit la paix avec les Princes. Le Prince Maurice renvoya son Chapeau de Cardinal au Pape & lui demanda dispense pour épouser la Princesse Louise sa Nièce, fille de la Duchesse de Savoie. Il obtint cette grace dont il profita. 1642. 25 Mai.

Les grêles continuelles désolerent presque tout le territoire de Coni & une grande partie du Piémont. 1643.

La ville reçut encore plus de dommage d'une inondation extraordinaire des deux rivieres de Sture & de Gezzo qui renverserent quelques maisons, & ruinerent tous les endroits où elles passerent, emportant tous les arbres & les obstacles qui auroient pû l'arrêter. Cette inondation fut presque générale dans toute l'Italie. 1644.

Les maladies pestilentielles régnerent en plusieurs endroits & sur-tout à Coni où elles ne finirent que quand le froid commença. 1645.

Quelques bataillons François qui avoient passé dans la vallée de Sture pour aller porter du secours à Crémone qui étoit assiégée, causerent de grands dommages dans leur passage. La ville en fit des plaintes aux Officiers de qui elle n'eut aucune satisfaction. 1648.

Le Marquis de St. Damian renforcé des troupes de Coni, s'empara d'Oneglio où il fit quelques Officiers & beaucoup de Soldats prisonniers. 1649.

Les Espagnols étant plus forts en Italie que les François, vinrent faire une 1650.

AN. 1650. descente en Piémont pour tâcher de surprendre Turin & détacher la Duchesse de Savoie de la Ligue de France: n'ayant pu réussir ni à l'un ni à l'autre, ils se jetterent sur Crescence qu'ils prirent, mais qui fut bientôt repris par les troupes de la Duchesse qui vint à Coni avec son fils & toutes les Princesses de Savoie.

1655. IL tomba une si grande quantité de neige que les eaux du Gezzo & de la Sture s'étant extraordinairement enflées, emporterent, par la violence de leur cours, tout le bastion de St. François & firent, en plusieurs endroits des fortifications, des brêches d'une largeur à y faire passer des chariots.

1656. LE Prince Thomas de Savoie mourut peu après le Prince Emmanuel son fils. La peste qui vint de Naples à Gênes, fit prendre de grands soins à Coni pour l'éloigner de chez elle, & elle fut assez heureuse pour n'en être pas infectée.

1660. ON publia dans la ville à son de trompe la Paix des Pyrénées qui venoit d'être conclue entre les Rois de France & d'Espagne par le Cardinal Mazarin & Don Louis de Haro, dans laquelle la Duchesse Régente étoit comprise. La Cour de Turin vint à Lyon où étoit celle de France & où la Paix se célébroit avec éclat.

1663. LE Comte de Soissons Prince du sang de Savoie ayant épousé une Princesse de la Maison d'Orléans, toutes les troupes du Piémont prirent les armes pour les recevoir. Celles de Coni ne les quitterent qu'après avoir été subjuguer les Vaudois de Lucerne qui s'étoient révoltés de nouveau.

1665. LA Duchesse de Savoie mere du jeune Duc mourut à Turin, après avoir régné 24. ans; & cette mort fut suivie de celle de la Duchesse régnante. Le Duc se remaria avec la fille du Comte de Nemours son parent, ayant fait traiter ce mariage à Paris & obtenu les dispenses du Pape. La ville de Coni envoya des Députés pour en marquer sa joie à son Souverain.

1666. LE Duc vint à Coni avec le projet d'aller à Villefranche voir l'Infante Marguerite d'Autriche que l'Empereur venoit d'épouser; mais ayant sçu qu'elle en étoit déjà partie pour Final, il retourna à Turin.

1669. CONI essuya un grand tremblement de terre, mais qui ne fit presque aucun mal, & tout l'Eté il y eut des orages & des grêles. Le tonnerre tomba fréquemment & causa beaucoup de dommage.

1671. ON s'occupoit à rétablir les fortifications de Coni extrêmement endommagées par les inondations qui avoient laissé la place ouverte en plusieurs endroits; les portes étant devenues inutiles par la quantité de brêches qu'elles avoient faites. An. 1671.

La mort du Duc Charles Emmanuel fit passer ses Etats à son fils Victor Amédée II. Mais comme il n'avoit que neuf ans, la Duchesse sa mere fille du Duc de Nemours prit la Régence & sçut si bien se gouverner avec la France & l'Espagne qui remplissoient l'Europe du sang qu'on versoit pour leurs querelles, qu'elle conserva leur amitié & ne s'occupa qu'à rendre les Etats de son fils florissans; mais elle négligea l'entretien de ses places. 1673.

A la majorité du Duc, le Comte de Piazasque étant allé à la Cour pour rendre compte du mauvais état des fortifications de Coni, demanda plusieurs millions pour les faire rétablir. Le Duc de Savoie aima mieux en faire sortir son artillerie qu'il fit conduire en partie à Turin & en partie à Mondovi, remettant à des tems plus tranquilles à faire réparer ces dommages. Il avoit jusques-là presque toujours été en guerre, soit contre les Génois, soit contre les Vaudois de Lucerne & les Huguenots. 1685.

La Paix fut rompue entre le Roi de France & le Duc de Savoie, parce que le dernier, qui avoit fait son accommodement avec l'Empereur, refusoit de rendre justice au Roi sur quelques demandes qu'il lui fit. Pour l'obtenir, le Maréchal de Catinat conduisit une armée en Piémont, où le Duc chercha à l'amuser par des Traités qui ne finissoient jamais, jusqu'à ce qu'étant sûr des secours de la Ligue, il déclara la guerre à la France & se mit en campagne. Le Maréchal de Catinat le battit complettement à Stafarde, prit Suze & Saluces, & vint à Fossan qui n'est qu'à dix milles de Coni. C'est alors que cette ville craignant d'être assiégée, fit refaire à ses dépens le bastion de St. François, & tout ce que le Gezzo avoit emporté. 1690.

Le Comte Maximilien Rovero en ayant été nommé Gouverneur, s'y rendit sur le champ avec un Ingénieur en chef du Roi d'Espagne, qui fit élever de nouvelles fortifications malgré le froid de l'hyver, & tâcha de mettre la place en état de défense. Le Maréchal de Catinat s'étant rendu maître de Carmagnole, le Lieutenant-Général Feuquieres proposa le siége de Coni que le Maréchal ne voulut point entreprendre; mais ayant reçu des ordres exprès de la Cour d'en charger Feuquieres, qui s'étoit *acquis une réputation* militaire fort étendue, & qui disoit cette conquête aisée & peu couteuse, le Maréchal lui donna trois bataillons, six escadrons de Cavalerie & quatre de Dragons pour exécuter cette entreprise. 1691.

AN. 1691. LA ville étoit en mauvais état, quoiqu'on eût travaillé tout l'hyver à la fortifier. Elle étoit sans munitions avec une très-petite garnison de 700 hommes Religionnaires du bataillon de Juliers & quelques nouvelles compagnies.

LE Comte Rovero ayant sçu que Feuquieres marchoit à lui, assembla un Conseil de guerre pour sçavoir s'il se défendroit. L'avis unanime fut de ne se rendre qu'à la derniere extrémité: ce qui fit que le Gouverneur distribua les Soldats à tous les postes & se mit en état d'éviter toute surprise. Feuquieres ne fut pas plus tôt arrivé à Tarantasca à cinq milles de Coni, qu'il envoya une lettre aux Syndics pour les exhorter à se rendre; mais il n'en reçut pas une réponse favorable.

Le 13 Juin. IL continua sa marche & arriva vers les huit heures du matin sur les bords de la Sture. Il s'attendoit toujours qu'on lui apporteroit les clefs de la ville, lorsqu'il paroîtroit avec son armée; mais il fut fort surpris de se voir accueilli par le canon qui l'obligea de remonter plus haut pour passer la Sture. Il vint loger à la Tour de Bonade qui n'est qu'à un demi-mille de la porte de Nice, & fit camper le reste de son armée à fort peu de distance de son quartier sous le canon de la ville, qui lui tua quelque monde. Il fit le tour des murs pour reconnoître la place & écrivit de nouveau aux Syndics pour les engager à la lui rendre. Il leur disoit qu'ils ne pourroient jamais la défendre contre ses armes. On ne lui fit point de réponse; mais le Gouverneur envoya sur le champ demander du secours au Duc son maître.

LE canon des Assiégés fit un si grand feu, qu'il obligea les François de se retirer un demi-mille plus loin jusqu'au Couvent de la Madone des Anges, laissant pourtant quelques corps de garde autour de la place & au delà du Gezzo pour empêcher les secours qui pouvoient venir. Les Assiégés firent une sortie qui leur réussit assez heureusement. Les François, pour investir la ville, se présenterent à l'endroit où avoit été bâtie la Citadelle; mais le grand feu de l'Ennemi les fit retirer avec perte.

LE Marquis de Bennes arriva à Mondovi avec un détachement composé d'un bataillon de Saluces que commandoit le Marquis de Voghera, quelques compagnies de Wirtemberg, de Salzbourg & d'Italiens, & 50 dragons aux ordres du Comte Palavicini.

Le 14 IL séjourna à Mondovi pour prendre ses mesures afin de faire entrer surement ce détachement dans Coni qu'il instruisit de son arrivée.

Les Assiégés firent une sortie du côté du Gezzo & obligerent les François An. 1691.
à reculer leurs gardes qui s'étoient fort avancées.

Le Comte Garette avec 500 hommes armés, de la Province de Mondovi Le 15 Juin.
& de Ceve, accompagna le Marquis de Bennes qui vint par le chemin de
Maroze & par des lieux sûrs & couverts, hors de la portée des gardes des
François, jusqu'auprès de Coni où il se tint jusques à la nuit. Les François,
ne l'apperçurent que lorsqu'il passa le Gezzo où il avoit de l'eau jusqu'à la ceinture. Ayant séparé leur cavalerie en trois corps, ils vinrent à bride abbatue,
& ne purent attaquer que l'Arriere-garde du détachement composée des milices de Mondovi qui prirent la fuite: le reste étoit déjà dans Coni. Le Colonel Julien soutenant avec son Régiment le gros du détachement, arrêta les
François, & fit passer le secours dans la place.

Feuquieres divisa ses troupes en deux camps dont il plaça l'un de l'autre Le 16
côté du Gezzo pour empêcher qu'il ne vînt de nouveaux secours de Mondovi, & l'autre entre les deux rivieres de Sture & de Gezzo.

Quelques volontaires sortirent de la place, mais sans causer aucun dom- Le 17
mage.

Le Maréchal de Catinat, peu content de l'intrigue par laquelle Feuquieres
lui avoit fait ordonner par le Ministre de la guerre de le charger de ce siége, plus mal-satisfait encore du peu de succès qui suivoit les promesses de Feuquieres, envoya le Lieutenant-Général de Bullonde avec de nouvelles troupes
pour prendre le commandement & la suite du siége de Coni. Feuquieres mon- Le 18
ta la premiere tranchée avec 600 travailleurs & deux bataillons. Il fit une Le 20
premiere parallele de 300 toises vis-à-vis de la vieille muraille, à soixante &
quinze toises au plus de la palissade des Ennemis qui firent un feu terrible, &
lui tuerent beaucoup de monde. Le canon de la tranchée ne fut en état de ti- Le 21
rer, ainsi que les mortiers à bombes, que le troisieme jour, & ne discontinua pas tout ce jour.

Le quatrieme sur les 6 à 7 heures du matin, au signal de quatre bombes & Le 22
de trois coups de canon, douze compagnies de Grenadiers soutenues de deux
bataillons & d'un détachement de quatre hommes choisis par chaque compagnie
de tous les Régimens de l'armée & de deux cens dragons armés de haches &
de coignées, s'avancerent à la palissade qu'ils jetterent en bas, & arriverent
jusqu'à la demi-lune appellée Balbienne. Le Colonel Julien qui la défendoit,
se retira à la courtine, d'où il fit un feu si vif, soutenu par les bastions de la

AN. 1691. Madona del Bosco & de Caraglio qui étoient à sa droite & à sa gauche, que
Le 22 Juin. les Assiégeans furent contraints d'abandonner la demi-lune & de se retirer. Le canon & la mousqueterie les suivant dans leur retraite, le Marquis de Voghera avec le bataillon de Saluces les prit en flanc & fit occuper sur le champ la demi-lune par un détachement de son bataillon. Les François se retirerent avec mille hommes de perte sans compter les blessés, & les Assiégés n'en perdirent que 150 sans les blessés.

Le 23 LE lendemain se passa de part & d'autre en canonnades, (car le canon des Assiégeans n'avoit jamais pu faire taire celui de la ville) cependant on avançoit les travaux de la tranchée. Le neuvieme jour, ils joignirent la palissade sur l'angle de la contrescarpe. On se préparoit à attaquer le chemin-couvert, lorsque les Assiégés firent deux sorties consécutives, la premiere sur un corps de garde qu'ils forcerent de reculer, & la seconde en plein midi sur les travailleurs dont ils tuerent un grand nombre. On fit à la hâte des épaulemens derriere lesquels on plaça quelque cavalerie pour soutenir les travailleurs, & fondre sur les Ennemis qui feroient de nouvelles sorties. Cette vigoureuse défense des Assiégés & la nouvelle que le Prince Eugene arrivoit avec un gros corps de cavalerie au secours de la place à qui il fit faire les signaux de Mondovi, détermina le Lieutenant-Général de Bullonde à se retirer. Il fit partir à minuit l'artillerie & les bagages: les mortiers ne cesserent de jetter des bombes toute la nuit, pour couvrir la marche.

Le 28 L'ONZIEME jour le Gouverneur n'entendant plus tirer & ne voyant plus les batteries des François à leur place, envoya des détachemens dehors, qui lui rapporterent que les François se retiroient du côté de Ville-fallet. Peu après, le Prince Eugene arriva avec un secours de deux mille cinq cens chevaux & de quelque infanterie. On tint Conseil de guerre pour sçavoir si l'on poursuivroit l'Ennemi; mais il fut décidé que non. On trouva beaucoup d'outils que les François avoient laissés dans leurs tranchées, & 70 blessés au couvent de la Madone des Anges, parmi lesquels étoient un Ingénieur & deux Officiers. On fit monter la perte des François pendant tout le siége à 4000 hommes, & celle des Assiégés à un peu plus de 1000, tués ou blessés. La ville de Coni envoya sur le champ un Député pour porter cette agréable nouvelle au Duc de Savoie.

Le 29 ON détruisit les tranchées des François & on répara à la hâte les fortifications les plus endommagées, afin de prévenir un autre siége. Le Duc de Savoie

accorda de grands priviléges à Coni, & écrivit au Gouverneur une lettre plei- An. 1691.
ne de remercîmens & d'éloges de sa bravoure.

Comme on craignoit que les François ne revinssent en plus grand nombre, le 1692.
Duc de Savoie fit travailler en toute diligence à réparer ses fortifications qu'il fit continuer pendant les plus grands froids de l'hyver en laissant la direction au Gouverneur. Le printems ne fut pas plus tôt venu, que le Duc de Savoie passa en Dauphiné où il s'empara de la ville d'Embrun. Il avoit laissé une grosse garnison dans Coni qu'il avoit rafraîchie de munitions de toute espece.

On ne discontinua pas de travailler aux fortifications avec beaucoup de dili- 1693.
gence. On apprit que le Maréchal de Catinat, après avoir gagné la bataille de Marsaille, avoit reçu ordre du Roi d'assiéger Coni; mais les neiges commençant déjà à tomber (c'étoit dans le mois de Novembre) & sçachant qu'il y avoit une grosse garnison, il écrivit au Roi les difficultés qu'il trouveroit à ce siége, qui fut remis à un autre tems.

La ville de Coni ayant représenté au Duc de Savoie l'embarras que lui 1694.
causoient toutes les troupes qu'on y logeoit, ce Prince fit bâtir des cazernes qu'on y voit encore aujourd'hui.

Craignant ensuite que Coni ne fût assiégée de nouveau par les François, 1695.
il fit camper plusieurs bataillons sous Démont & marcha à Casal dont il se rendit maître.

Le Maréchal de Catinat rentré dans le Piémont avec une bonne armée, me- 1696.
naçoit Coni malgré la garnison considérable qu'il sçavoit y être; mais la Paix négociée par le Comte de Tessé, & conclue le 4 Juillet sous le nom de Neutralité de l'Italie, arrêta ses projets & délivra Coni de toute inquiétude.

Les cazernes furent achevées, & l'on y bâtit de gros magasins avec des 1697.
voutes à l'abri des bombes.

Les Bourgeois de Coni firent rebâtir leur Tour qui avoit été ruinée; & à 1699.
l'imitation des Trophées érigés en l'honneur de Louis XIV. à Paris, ils la décorerent de quelques ornemens remplis d'Inscriptions & de Trophées des victoires remportées par leur milice & par les troupes qui s'étoient jointes à elle dans les diverses guerres qu'elle avoit soutenues.

Depuis ce tems le Duc de Savoie devenu successivement Roi de Chypre, de 1700.
Jérusalem, de Sicile & enfin de Sardaigne, n'a rien épargné pour fortifier Coni suivant le systême des Ingénieurs modernes, ayant fait travailler le plus entre les

An. 1700. deux Rivieres; mais il a négligé la partie qui regarde le Gezzo.

La guerre de 1733 ne porta pas les armes des François contre le Roi de Sardaigne qui fut leur Allié; mais Coni fut le théâtre de leur guerre en 1744.

1744. On a vu dans l'Histoire de la campagne de cette année, que le Prince de Conti, par la plus admirable disposition, avoit forcé le passage des Alpes, & & rassemblé son armée pour la faire entrer en Piémont par la vallée de Sture; qu'il avoit pris Démont & mis le siége devant Coni; qu'à peine l'avoit-il attaquée par son côté foible, que le Roi de Sardaigne étoit accouru avec une armée plus forte en Infanterie & plus foible en Cavalerie que celle des Alliés, leur livrer bataille proche de la Madona del Olmo: qu'il se retira sans succès, mais qu'il fit entrer un secours dans Coni. La disette, la mauvaise saison, ces pluyes dont on a vu des effets si terribles en divers tems, la lenteur des Couriers de Madrid qui devoient apporter des décisions sur tous les détails du siége & les opérations de la campagne, les maladies enfin, & tout ce qu'on a déjà dit, firent que le 22 Octobre l'armée des Espagnols & les François leurs Auxiliaires se retirerent de devant Coni après quarante jours de tranchée ouverte avec plus de 40000 hommes, sans avoir pris, & presque sans avoir attaqué les ouvrages les plus avancés & détachés de la place.

Le même Prince qui commandoit les François à ce siége, les employa seuls, mais tout autrement, deux ans après, à Mons, St. Guilain & Charleroi.

Le Roi de Sardaigne n'ayant presque rien à réparer des désordres du siége, a fait travailler depuis à quelques fortifications du côté du Gezzo. Les tems ayant changé, Coni n'a plus envoyé d'Ambassadeurs à son maître, & n'attire aucune attention par son commerce, ni par le nombre de ses habitans, ni par sa richesse. Elle se trouve confondue avec nombre de Provinces qui n'intéressent que leurs voisins. Dans l'ordre des fortifications actuelles, elle est bien loin d'être regardée comme une Place de la première force. Et quant à la politique, depuis que les grands fiefs ont absorbé les petits, il n'est plus question des intérêts ou des droits des Villes & des Communautés; à peine sçavent-elles définir ce qu'elles veulent qu'on entende par le mot de franchise. Coni est à la Cour de Turin, ce que les Seigneurs de fiefs sont dans les royaumes gouvernés par des Rois puissans.

FIN DE L'HISTOIRE DE CONI.

TABLE

TABLE CHRONOLOGIQUE

Des Evénemens arrivés à CONI.

TABLE CHRONOLOGIQUE.

Fin de la Table.

TABLE DE

POLYBE.

Annibal, à environ quatre journées de l'embouchure du Rhône, entreprit de le passer, parce que le fleuve n'avoit là que la simple largeur de son lit. *Chap.* VIII. *pag.* 45.

Annibal, après avoir passé le Rhône, marche le long du fleuve, prenant sa route, de la mer vers l'orient, comme s'il eût voulu entrer dans le milieu des terres Européennes...... il arrive après quatre jours de marche à une isle que le Rhône & la Saone aiguisent en pointe: elle ressemble au Delta d'Egypte, avec la différence qu'un des côtés du Delta des Gaules est fermé par une chaîne de montagnes presqu'inaccessibles, tandis que l'autre est fermé d'un côté par la mer. *Chap.* X.

Annibal trouve dans cette isle deux freres qui se disputoient le Royaume des Allobroges: le plus ancien mit Annibal dans ses intérêts, & le pria de le maintenir dans la possession où il étoit. Annibal prit les armes & se joignit à l'aîné pour chasser le cadet. L'aîné fournit à son armée des vivres & des munitions en abondance. La plupart de ses soldats eurent leurs armes renouvellées & furent chaussés & vêtus.

Le nouveau Roi suit jusqu'aux pieds des Alpes Annibal qui n'entroit qu'en tremblant dans les terres des Gaulois nommés Allobroges, & l'escorte jusqu'à l'endroit d'où il devoit entrer dans les Alpes. Il avoit déja marché pendant dix jours, & avoir fait environ huit cens stades de chemin le long du fleuve; déjà il se disposoit à mettre le pied dans les Alpes lorsqu'il se vit dans un danger auquel il étoit très-difficile d'échapper.

Il campe au pied des Alpes & envoye reconnoître l'ennemi; il fait une marche de nuit, & s'empare de leurs postes; les Barbares néanmoins l'attaquent le lendemain; Annibal les bat, détruit leurs villes & tous leurs bourgs & villages dont il abandonne le pillage à son armée.

Le lendemain on continue de marcher: au quatrieme jour un péril nouveau se présente. Les peuples de cette route viennent au devant de lui portant des rameaux d'oliviers à la main, & des couronnes sur la tête: c'est le signal de paix & d'amitié chez ces Barbares comme le Caducée chez les Grecs. Annibal les reçoit dans son amitié, il les prend pour guides, ils marchent pendant deux jours à la tête de l'armée, ils l'égarent & la conduisent dans un vallon inaccessible de tous les côtés, ou ces perfides attroupés fondent sur son arriere-garde. Annibal combat tout le jour & passe la nuit sur un rocher fort & découvert pour veiller à la défense des chevaux & des bêtes de charge. Le jour suivant les ennemis s'étant retirés il joignit sa cavalerie & s'avança vers la cime des Alpes. *Chap.* X.

Après neuf jours il arriva enfin au sommet des montagnes, où plusieurs chevaux & bêtes de charge qu'on croyoit perdus le rejoignirent. *Chap.* X.

On étoit alors sur la fin de l'automne & déja la neige avoit couvert le sommet des montagnes. Les Carthaginois perdant courage, Annibal les assemble; & comme du haut des Alpes qui semblent être la citadelle d'Italie, l'on voit à découvert toutes ces vastes plaines que le Pô arrose de ses eaux, il se servit de ce beau spectacle, l'unique ressource qui lui restoit pour remettre ses troupes de leur frayeur.

Il descend les Alpes, & arrive à certain défilé qui s'étend à la longueur d'un stade & demi, que ni les éléphans ni les bêtes de charge ne pouvoient franchir: un éboulement de terre avoit rendu ce penchant encore plus rapide. Annibal campe à la tête du défilé. On creusa un chemin par ses ordres: au bout du jour qu'il avoit été entrepris, les bêtes de charge & les chevaux descendirent sans beaucoup de peine. Des Numides acheverent en trois jours de rendre ce chemin praticable pour les éléphans.

L'Armée descendit la derniere; & au troisieme jour elle entra dans la plaine, cinq mois & demi après son départ de Carthage-la-neuve, y compris les quinze jours qu'elle avoit marché dans les Alpes.

Il planta ses étendarts dans les plaines du Pô, chez les Insubriens. *Chap.* XI. *pag.* 80.

Annibal arrive en 25 jours de marche de l'Isle du Delta dans la plaine du Piémont.

TITE-LIVE.

Annibal étoit arrivé au pays des Volces, nation puissante qui possédoit des terres des deux côtés du Rhône: il envoye Hannon, fils de Bomilcar, passer ce fleuve vingt-cinq milles au dessus de l'endroit où il se trouvoit, vis-à-vis d'une grande isle qui donne plus d'étendue à l'eau du fleuve. Hannon prit les Gaulois à revers; & tandis qu'il met la confusion dans leur Camp, Annibal passe le Rhône devant eux. *Tite-Live. Liv.* XXI. §. XXVI.

Annibal dirigeant sa marche vers le centre des terres de la Gaule vient camper le quatrieme jour dans une Isle au confluent du Rhône & de l'Arar, ne cherchant point à prendre le chemin le plus droit pour aller aux Alpes, mais voulant éviter tout combat avec les Romains, avant que d'être en Italie. *Liv.* XXI. §. XXXI.

Les Allobroges voisins du Rhône étoient en guerre, deux freres se disputoient le Royaume. Annibal fut fait arbitre de cette querelle & donna le Royaume à Brancus l'aîné des deux freres, lequel en reconnoissance le fournit de vivres, de munitions, & de tout ce dont son armée eut besoin. §. XXXI.

Après avoir pacifié les Allobroges, Annibal voulant gagner les Alpes ne prit pas le chemin le plus droit, mais il se détourna par sa gauche vers les Tricastins, passa par l'extrémité du pays des Voconces, & de-là traversant les terres des Tricoriens il arriva sans obstacle ni rencontre à la Durance. Cette riviere est la plus dangereuse des Gaules, n'ayant point de rivages fixes, ni de lit certain, ne pouvant jamais porter bateau, par le grand nombre de pierres & de rochers qu'elle entraîne avec elle.

Annibal envoye reconnoître le pays par les Gaulois ses alliés qui différoient peu de langage & de coutumes avec les Gaulois Allobroges. Les Carthaginois perdent courage à la vue des hautes montagnes dont la cime couverte de neige se perd dans les cieux, des cabanes semées sur les rochers, des êtres sauvages & hâves qui habitent ce pays. Annibal les harangue, releve leur courage, surprend ses ennemis, les bat, détruit leur ville & leur pays, donne le pillage à son armée, & reste un jour à cet endroit. § XXXII. & XXXIII.

Etant ensuite arrivé chez un autre peuple au sein de ces montagnes dans un endroit où le pays est plus cultivé, il y fut attaqué par la ruse & la trahison. Les Castelains & députés du pays viennent à sa rencontre lui demander son amitié qu'il leur accorda & reçut leurs otages; il se remet en marche, sa cavalerie & ses éléphans à la tête. Quand il fut dans le défilé le plus étroit dominé par des hauteurs escarpées, il fut attaqué de tous côtés, en face & en queue, où les Barbares porterent leurs plus grands efforts. L'armée ayant été coupée en deux, Annibal fut obligé de passer la nuit sans cavalerie & sans équipages.

Le jour suivant les ennemis en plus petit nombre & moins entreprenans lui firent peu de mal, il continua sa route à son aise & lentement, car ses éléphans l'arrêtoient souvent à cause des chemins étroits & difficiles où ils devoient passer: enfin après bien des détours occasionnés par la fraude des guides ou le peu de confiance en eux, l'armée arriva le neuvieme jour sur la sommité des Alpes: elle s'y reposa deux jours, & reçut plusieurs chevaux & bêtes de charge qu'on croyoit perdus dans les précipices. §. XXXIV & XXXV.

La chute des neiges acheve de décourager l'armée. Annibal l'assemble sur un promontoire qui dominoit au loin, leur montre l'Italie & les plaines du Pô, qu'ils voyoient auprès d'eux au pied des Alpes, les ranime, & commence à descendre. Presque toute la route étoit sur une pente fort roide, étroite & très-glissante. Il arrive ensuite à un passage de rocher beaucoup plus étroit & si fort en pente que le Soldat le plus entreprenant pouvoit à peine y passer en se tenant par les mains aux racines & aux arbrisseaux voisins: la neige nouvelle tombée sur la vieille, rendoit ce rocher absolument impraticable. La cavalerie s'arrête, Annibal arrive, voit qu'il est impossible de tourner & d'éviter ce rocher. Il campe sur le haut de la montagne, fait écarter la neige pour le camp & les chemins. Il conduit ses Soldats à ce rocher, leur fait couper une grande quantité d'arbres, dont ils font un bucher immense qu'ils dressent contre. Le vent rend le feu plus vif: ils putréfient le rocher ardent, en y répandant du vinaigre. C'est ainsi qu'avec le secours du fer, ils parviennent à ouvrir le rocher rougi par le feu, & faisant divers zigzags pour adoucir la pente, ils font un chemin ou non seulement les chevaux, mais même les éléphans peuvent passer. Après quatre jours employés à travailler à ce rocher, ils arrivent dans des vallées plus cultivées.

C'est ainsi qu'ils parviennent (suivant quelques auteurs) à la plaine du Piémont, cinq mois & demi après leur départ de Carthage-la-neuve, ayant employé quinze jours de marche dans les Alpes.

Livre XXI. §. XXXVI, XXXVII & XXXVIII.

Annibal arrive en 25 jours de marche de l'Isle du Delta dans la plaine du Piémont.

COMPARAISON.

St. SIMON.

Annibal passe le Rhône entre le Pont St. Esprit & Viviers à vingt & une lieues de son embouchure de la mer, & à vingt-cinq milles, ou environ huit lieues d'une grande Isle qui se trouve entre Baix sur la droite & Mirmande sur la gauche du Rhône. Le Rhône entre le Pont St. Esprit & Viviers, n'a que la simple largeur de son lit.

Annibal suit d'abord le Rhône, & prenant une ligne de direction entre les Alpes cis & transalpines il entre dans une Isle formée par le Rhône & l'Isere, & par une chaine de montagnes presqu'inaccessibles qui s'étendent des environs de Grenoble jusqu'au lac du Bourget: cette Isle forme un triangle parfait, dont Lyon, Valence & le pont de Beauvoisin font les trois angles.

Annibal fait vingt-trois lieues en quatre jours de marche.

Deux freres se disputoient le Royaume des Allobroges, où les Carthaginois campoient. Annibal se porte à Vienne, Capitale des Allobroges, établit Brancus le frere ainé sur le trône, il en reçoit des vivres, des munitions, & toutes les choses dont son armée avoit besoin, qui ne pouvoient se trouver que dans une ville capitale.

Partant du Camp de Vienne, Annibal prit sur sa gauche & fit environ 800 stades ou trente lieues le long du fleuve pour arriver au pays des Tricastins: il passa peu loin de Vaisons dans le Comtat: (c'étoit la Capitale ou une des principales villes des Voconces) Delà il traversa le pays des Tricoriens, aujourd'hui le Gapençois, pour arriver à la Durance qu'il trouva telle que Tite-Live la depeint. Il avoit fait dix jours de marche dont trente lieues le long du Rhône, lorsqu'il se vit dans un danger très-pressant.

Les Carthaginois passent la Durance. Annibal envoie reconnoître l'ennemi, surprend ses postes en marchant de nuit; il est attaqué dans sa marche, bat les montagnards, détruit la Breoule, Ubaye & tous les environs, fait le dégât dans le pays où son armée ne prend qu'un jour de séjour.

Il arrive le long de la vallée d'Ubaye très-difficile d'abord, mais plus aisée ensuite, à Barcelonette, où les députés du pays viennent au devant de lui, avec des branches d'olivier à la main; arbre qui croît uniquement dans cette seule vallée des Alpes, & qui étoit le signal ordinaire de paix de ce peuple, comme le Caducée chez les Grecs. Annibal leur accorde son amitié, reçoit leurs otages, les prend pour guides, & s'avance dans les montagnes. Au-lieu de le conduire du côté de l'Est vers le col de l'Argentiere, ils le menent à l'Ouest de Tournous & de St. Paul d'Ubaye, dans les plus dangereuses montagnes des Alpes, & l'attaquent de tous côtés.

Annibal y combat tout le jour, & passe la nuit sans équipages & sans sa cavalerie que les ennemis avoient coupés.

Le lendemain les ennemis ne l'attaquerent que foiblement. Annibal rejoignit sa cavalerie & ses éléphans, & continua sa marche: il fut neuf jours à gagner la sommité des Alpes, qu'il cherchoit toujours sur sa droite; & après ce terme & des fatigues incroyables il arriva sur le mont Viso, le plus haut de toutes les Alpes, qu'il avoit pu remarquer de presque tous les sommets de montagnes qu'il avoit passés; le mont Viso étoit plus proche de lui que le mont Genêvre ou le mont Cénis: la plupart de ses équipages crus perdus, le rejoignirent sur cette montagne.

La neige couvroit son sommet, & découragea les Carthaginois. Annibal les assemble, leur montre l'Italie & particulierement les plaines qu'arrose le Pô qui prend ses sources au pied du mont Viso sur lequel ils étoient & d'où ils découvroient son cours jusqu'à Turin: ce mont ne peut mieux être désigné que par le mot de promontoire qui ne convient qu'à la sommité du mont Viso, qui s'éleve sur les Alpes, comme un promontoire sur les bords de la mer. Annibal parvient à ranimer les Soldats découragés. Il continue sa marche en descendant les Alpes. Il trouve un chemin escarpé & si glissant, qu'il ne peut y passer qu'en brisant le rocher. Il y fait un sentier en zigzag, après avoir amolli ou calciné le rocher par un grand feu, & jetté du vinaigre sur la pierre ardente pour ouvrir ses pores & disposer le rocher à céder plus aisément aux instrumens de fer qu'il employe: il fait tracer une route comme on fait sur tous les terreins en pente, ajoutant d'un côté du chemin ce qu'il ôte de l'autre, & le mettant ainsi de niveau, ne lui donnant que la largeur & la solidité nécessaire pour le besoin actuel. Le quatrieme jour de cette entreprise les éléphans & l'armée entiere passent le défilé & arrivent en trois jours au bout de la vallée du Pô où la plaine commence, cinq mois & demi après le départ d'Annibal de Carthagene, ayant mis quinze jours de marche dans les Alpes.

Annibal arrive, en 25 jours de marche, de Vienne dans l'Isle du Delta dans la plaine du Piémont.

FOLARD.

Annibal passe le Rhône entre Avignon & Orange environ à quinze lieues de son embouchure dans la mer.

Observations sur le Chap. IX. de Polybe page 87.

Annibal vient camper auprès de Romans & fait trente lieues en quatre jours, en partant des bords du Rhône entre Avignon & Orange.

Brancus Roi des Allobroges en guerre avec son frere cadet appelle Annibal à son secours. Ce Général sans sortir de Grenoble où il s'est porté de Romans, pacifie les deux freres, & confirme l'aîné dans la possession de son Royaume: il en reçoit tous les secours dont il avoit besoin pour son armée.

Annibal prenant le chemin le plus court & le plus droit pour gagner les Alpes, en quittant Grenoble vint le second jour à Vizile; il remonta la petite riviere de Romance pendant six ou sept lieues, & arriva le troisieme jour au bourg d'Oisans.

Le quatrieme au mont de Lentz.

Le cinquieme au Lautaret. C'est là qu'il soutint un combat contre ceux du pays.

Le sixieme sur les bords de la Durance qui n'est qu'un petit filet d'eau près de Briançon, parce que ses sources en sont fort proches.

Le septieme jour de sa marche, il passa la Durance & vint camper sur le mont Genêvre à la sommité des Alpes.

Le huitieme il descendit les Alpes & campa à Sézane où coule la riviere de Doire qui va par Suze le long de la vallée de ce nom jusqu'à Turin.

Le neuvieme, il quitte la vallée de Sézane, passe le col de Cestrieres, à l'entrée de la vallée de Pragelas où coule la riviere de Cluson qui descend à Pignerol dans la vallée de Pragelas.

Le dixieme il quitte la vallée de Pragelas & rentre à Suze dans celle de ce nom.

L'onzieme il quitte la vallée de Suze qui va droit à Turin, & vient sur le col de la Fenestre qu'il avoit à sa gauche, par le haut de la montagne. C'est sur le plateau de cette montagne où est aujourd'hui le village de Barboté qu'Annibal dut camper afin de faire travailler aux chemins pour arriver à Fenestrelle.

C'est de ce Camp qu'il montra l'Italie à ses Soldats à trois grandes marches du Pô, c'est-à-dire de la plaine du Piémont.

Le douzieme jour Annibal arrive à Pignerol dans la vallée de Pragelas.

On me permettra d'être un peu décisif sur ce point que je possede bien, cela me sied beaucoup mieux qu'à un autre qui ne les aura ni vûes ni étudiées comme j'ai fait dans les Alpes & les Pyrénées.

Le voilà placé où il doit être pour avoir affaire à ceux de Turin & pour continuer sa marche le long du Pô, qu'il laisse toûjours à sa droite.

Observations sur la marche d'Annibal pag. 86.

Dans l'observation suivante le Chevalier Folard donne une carte & une description de cette attaque qu'il croit avoir été faite dans la vallée de Pragelas où les Barbares rangés en bataille & en phalanges attaquent Annibal en face. Les Carthaginois y sont rangés dans le même ordre de bataille que les Barbares & comme s'ils étoient dans une plaine.

Observations sur le Chap. IX. pag. 92.

Annibal arrive en 12 jours de Grenoble, dans l'Isle du Delta, à Pignerol dans la vallée de Pragelas, à l'entrée de la plaine du Piémont.

PLAN DE DEMONT et des environs.

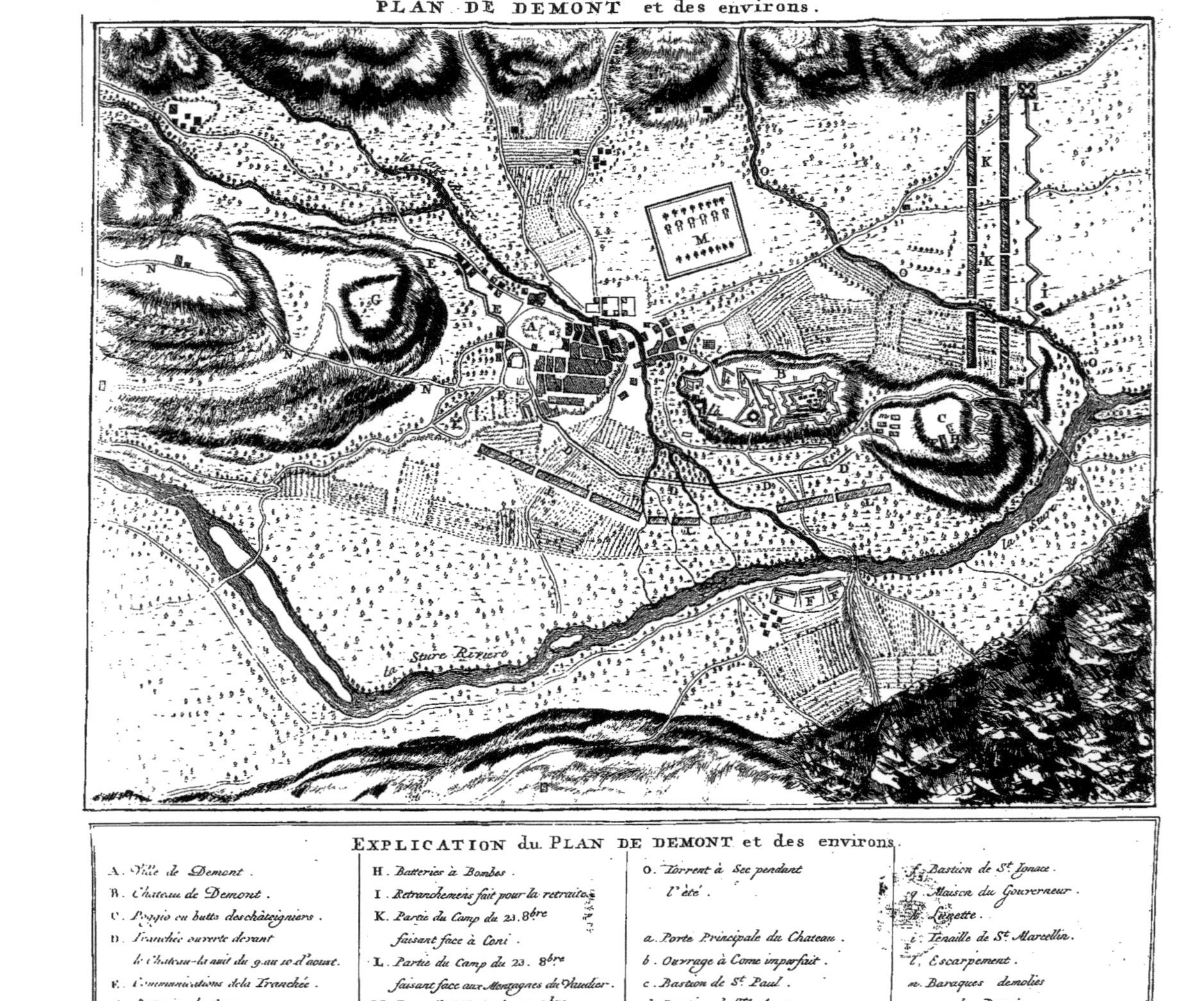

EXPLICATION du PLAN DE DEMONT et des environs.

A. Ville de Demont.
B. Chateau de Demont.
C. Poggio ou butte des châteigniers.
D. Tranchée ouverte devant le Chateau la nuit du 9 au 10 d'aoust.
E. Communications de la Tranchée.
F. Batteries de Canons.
G. Butte de la justice.

H. Batteries à Bombes.
I. Retranchemens fait pour la retraite.
K. Partie du Camp du 23. 8bre faisant face à Coni.
L. Partie du Camp du 23. 8bre faisant face aux Montagnes du Vaudier.
M. Parc d'Artillerie du 23. 8bre
N. Chemin de Demont à Vinai.

O. Torrent à Sec pendant l'été.

a. Porte Principale du Chateau.
b. Ouvrage à Corne imparfait.
c. Bastion de St. Paul.
d. Bastion de Ste. Anne.
e. Bastion Coupé.

f. Bastion de St. Ignace.
g. Maison du Gouverneur.
h. Lunette.
i. Tenaille de St. Marcellin.
l. Escarpement.
m. Baraques demolies sur le Poggio.

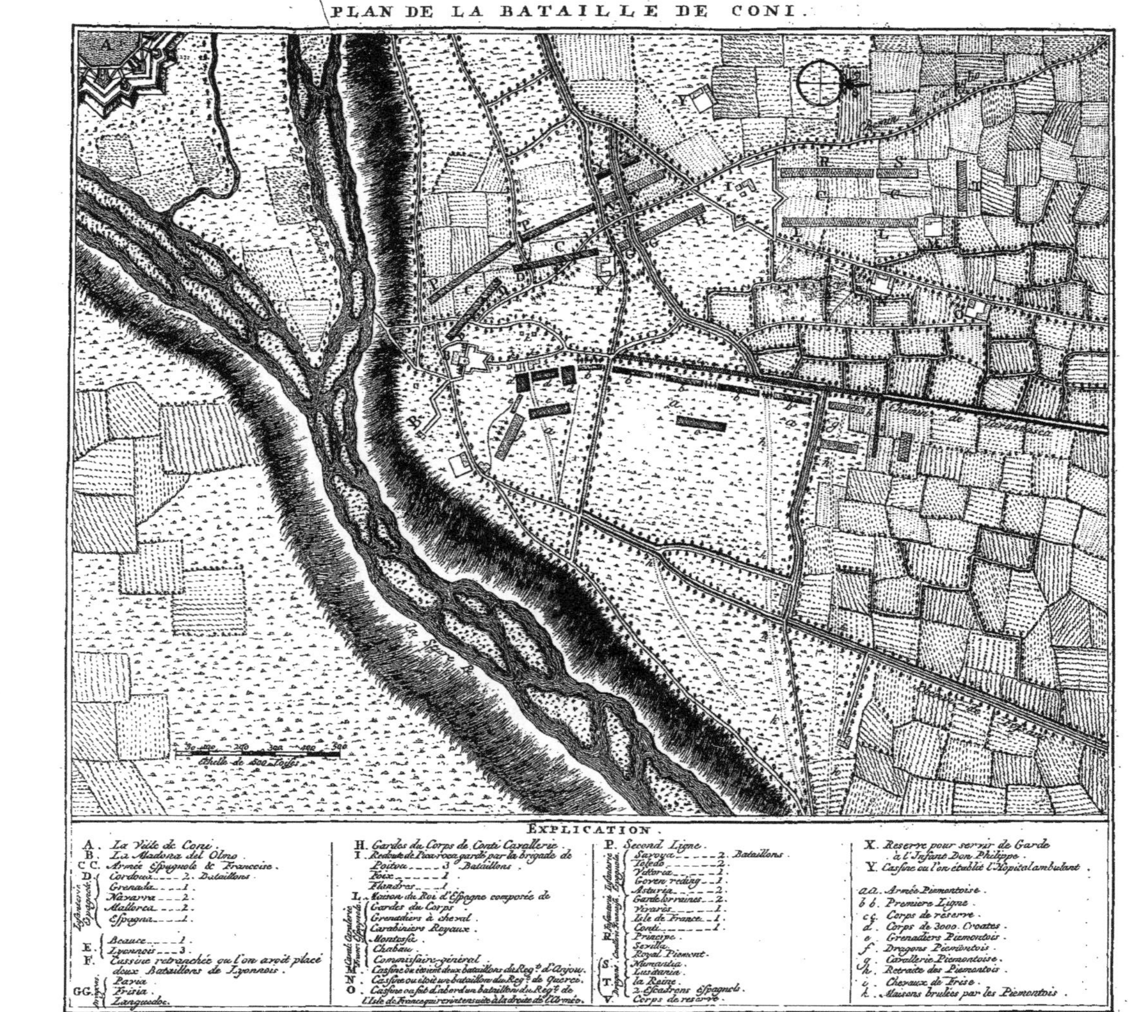
PLAN DE LA BATAILLE DE CONI.
Echelle de 500 Toises
EXPLICATION.
A. La Ville de Coni.
B. La Madona del Olmo.
C C. Armée Espagnole & Françoise.
Infanterie Espagnole. D. Cordoue ---- 2. Bataillons.
Grenada ---- 1.
Navarra ---- 2.
Mallorca ---- 2.
Espagna ---- 1.
E. Beauce ---- 1.
Lyonnois ---- 3.
F. Cassine retranchée ou l'on avoit placé deux Bataillons de Lyonnois.
Dragons. GG. Pavia.
Frisia.
Languedoc.
H. Gardes du Corps de Conti Cavallerie.
I. Redoute de Pierroca gardé par la brigade de
Poitou ---- 3 Bataillons.
Foix ---- 1.
Flandres ---- 1.
L. Maison du Roi d'Espagne composée de
Caval: Cavalerie Franc: Espagnole. Gardes du Corps.
Grenadiers à cheval.
Carabiniers Royaux.
Montesfa.
Chabau.
Commissaire-général.
M. Cassine ou étoient deux bataillons du Regt. d'Anjou.
N. Cassine ou étoit un bataillon du Regt. de Quercï.
O. Cassine ou fut d'abord un bataillon du Regt. de l'Isle de France qui revint ensuite à la droite de l'Armée.
P. Second Ligne.
Infanterie Infanterie Espagnole. Savoya ---- 2. Bataillons.
Toledo ---- 2.
Vitoria ---- 1.
Goven reding ---- 1.
Asturia ---- 2.
Garde lorraines ---- 2.
Vivarès ---- 1.
Isle de France ---- 1.
Conti ---- 1.
R. Cavallerie Françoise. Principe.
Sevilla.
Royal Piemont.
S. T. Dragons. Numantia.
Lusitania.
la Reine.
2. Escadrons Espagnols.
V. Corps de reserve.
X. Reserve pour servir de Garde à l'Infant Don Philippe.
Y. Cassine ou l'on établit l'Hôpital ambulant.
aa. Armée Piemontoise.
b b. Premiere Ligne.
c c. Corps de reserve.
d. Corps de 3000. Croates.
e. Grenadiers Piemontois.
f. Dragons Piemontois.
g. Cavallerie Piemontoise.
h. Retraite des Piemontois.
i. Chevaux de Frise.
k. Maisons brulées par les Piemontois.

Carte du Chevalier Folard
Dans son Commentaire sur Polybe

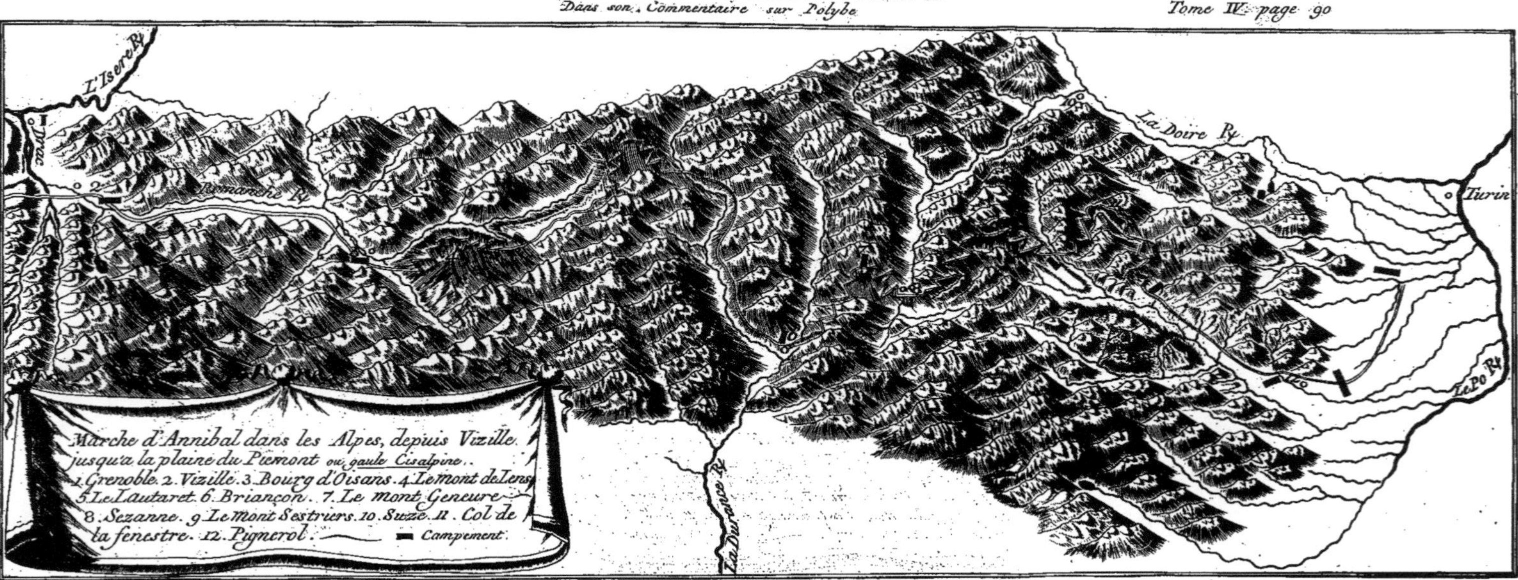

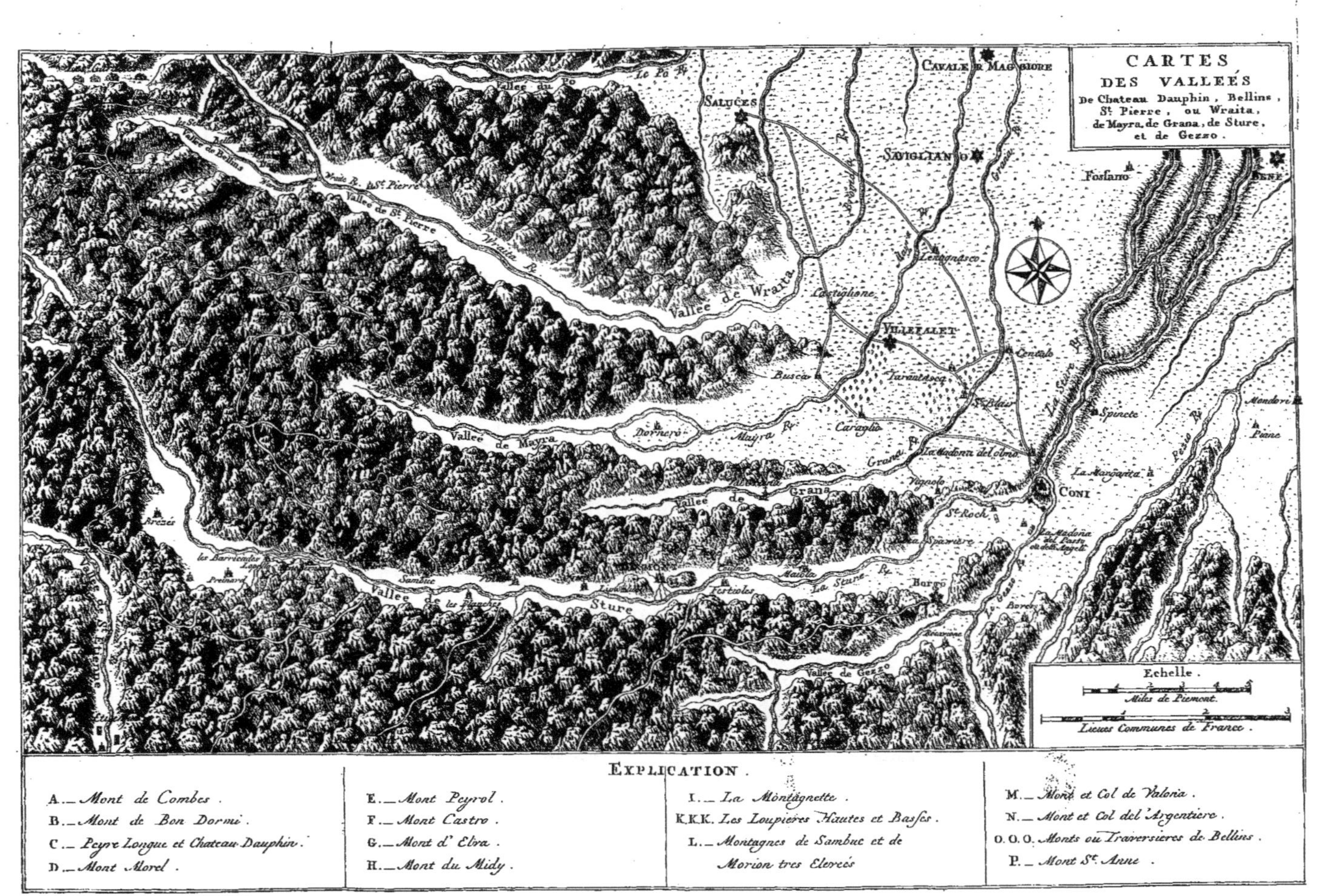

EXPLICATION.

A.—Mont de Combes.
B.—Mont de Bon Dormi.
C.—Peyre Longue et Chateau Dauphin.
D.—Mont Morel.

E.—Mont Peyrol.
F.—Mont Castro.
G.—Mont d'Elva.
H.—Mont du Midy.

I.—La Montagnette.
K.K.K. Les Loupieres Hautes et Basses.
L.—Montagnes de Sambuc et de Morion tres Elevées

M.—Mont et Col de Valoria.
N.—Mont et Col del'Argentiere.
O.O.O. Monts ou Traversieres de Bellins.
P.—Mont St. Anne.

CARTE DES ALPES
ENTRE LA MER, ET LE LAC DE GENEVE
Pour faire voir les Douze Vallées, et
Rivieres, qui Coulent en Piemont et Savoye.
PIEMONT
MER
MEDITERRANEE
PROVENCE
DIGNE
SENEZ
CASTELLANE
GRASSE
SISTERON
COMTAT VENAISIN
CAVARES
OU
CARPENTRAS
VAISONS
ORANGE
AVIGNON
PONT St. ESPRIT
St. PAUL
TROIS CHATEAUX
VIVIERS
MONTELIMART
TRICORIENS
ou Gapençois
GAP
VOCONCES
ou Diois
DIE
CHABEUIL
VALENCE
ROMANS
TOURNON
TEIN
VIENNE
LYON
TREVOUX
VILLEFRANCHE
BELLEVILLE
LAGNIEU
BELLEY
NANTUA
SEISSEL
GENEVOIS
GENEVE
CHABLAIS
BONNE
LA BONNE VILLE
CLUSE
ANNECY
SION
TURIN
CHIVAS
IVREE
Le PO R.
ROIAUME DES ou Partie de Dauffhine
Echelle

www.ingramcontent.com/pod-product-compliance
Ingram Content Group UK Ltd.
Pitfield, Milton Keynes, MK11 3LW, UK
UKHW020310230726
13925UKWH00001B/327